Kollege kommt gleich

Miriam Kaefert

Kollege kommt gleich

*33 Frauen erzählen von
kooperativen Kollegen, unwiderstehlichen Chefs
und talentierten Praktikanten*

Schwarzkopf & Schwarzkopf

Vorwort
SEITE 8

1. GESCHICHTE VOM SEX MIT KOLLEGEN
Mogelpackung
SEITE 11

2. GESCHICHTE VOM SEX MIT KOLLEGEN
Der Grüne Salon
SEITE 19

3. GESCHICHTE VOM SEX MIT KOLLEGEN
Mädchen für alles
SEITE 29

4. GESCHICHTE VOM SEX MIT KOLLEGEN
Wilde Jungs – wo die Liebe hinfällt
SEITE 37

5. GESCHICHTE VOM SEX MIT KOLLEGEN
Die Praktikanten-Premiere
SEITE 47

6. GESCHICHTE VOM SEX MIT KOLLEGEN
Karriereturbo Mann – ein Mittel zum Zweck
SEITE 53

7. GESCHICHTE VOM SEX MIT KOLLEGEN
Sex unter Laborbedingungen
SEITE 61

8. GESCHICHTE VOM SEX MIT KOLLEGEN
Führ mich, bitte
SEITE 69

9. GESCHICHTE VOM SEX MIT KOLLEGEN
Eisblau
SEITE 79

10. GESCHICHTE VOM SEX MIT KOLLEGEN
Aus allen Wolken gefallen
SEITE 89

11. GESCHICHTE VOM SEX MIT KOLLEGEN
Der Mann, der mir passiert
SEITE 99

12. GESCHICHTE VOM SEX MIT KOLLEGEN
Willkommen im Club
SEITE 103

13. GESCHICHTE VOM SEX MIT KOLLEGEN
Vorgeführt
SEITE 111

14. GESCHICHTE VOM SEX MIT KOLLEGEN
Die Ernüchterung nach dem Rausch
SEITE 119

15. GESCHICHTE VOM SEX MIT KOLLEGEN
Hannover all-inclusive
SEITE 127

16. GESCHICHTE VOM SEX MIT KOLLEGEN
Lorem ipsum
SEITE 137

17. GESCHICHTE VOM SEX MIT KOLLEGEN
Die Weihnachtsfeier
SEITE 145

18. GESCHICHTE VOM SEX MIT KOLLEGEN
Das ganz große Glück – für einen Moment
SEITE 153

19. GESCHICHTE VOM SEX MIT KOLLEGEN
Döner macht glücklich
SEITE 161

20. GESCHICHTE VOM SEX MIT KOLLEGEN
Hassliebe mit Happy End
SEITE 169

21. GESCHICHTE VOM SEX MIT KOLLEGEN
Auf Liebe und Tod
SEITE 177

22. GESCHICHTE VOM SEX MIT KOLLEGEN
Crazy Kasper-Kino
SEITE 183

23. GESCHICHTE VOM SEX MIT KOLLEGEN
Die Welle des Grauens
SEITE 193

24. GESCHICHTE VOM SEX MIT KOLLEGEN
Eine Bilderbuchfamilie
SEITE 203

25. GESCHICHTE VOM SEX MIT KOLLEGEN
Family Affairs
SEITE 211

26. GESCHICHTE VOM SEX MIT KOLLEGEN
Wo ist der Fehler?
SEITE 221

27. GESCHICHTE VOM SEX MIT KOLLEGEN
Abgeblitzt
SEITE 229

28. GESCHICHTE VOM SEX MIT KOLLEGEN
Der Mann meines Lebens
SEITE 237

29. GESCHICHTE VOM SEX MIT KOLLEGEN
Mehr geht nicht
SEITE 245

30. GESCHICHTE VOM SEX MIT KOLLEGEN
Im Nahkampf
SEITE 253

31. GESCHICHTE VOM SEX MIT KOLLEGEN
Atemberaubend
SEITE 261

32. GESCHICHTE VOM SEX MIT KOLLEGEN
Supermarkt-Manni
SEITE 269

33. GESCHICHTE VOM SEX MIT KOLLEGEN
Ja, Chef!
SEITE 275

Vorwort

Liebe Leserinnen und Leser!

Steffi Graf und Andre Agassi haben es getan. Und Angelina Jolie, die ebenfalls. Auch der Kaiser Franz Beckenbauer konnte sich nicht beherrschen: Alle hatten Sex im Job. Bei den ersten beiden war der Tennis- der Arbeitsplatz. Angelina krallte sich Brad Pitt beim Dreh zu *Mr. & Mrs. Smith*. Und der Kaiser war nach einer Weihnachtsfeier des FC Bayern noch so gut in Form, dass er die Sekretärin schwängerte.

Never fuck the Company? Von wegen, die Firma ist doch ein großartiges Beischlaf-Jagdrevier. Was ziemlich unschön ausgehen kann, wie bei einer Freundin, die bei ihren freiwilligen Überstunden mit dem Abteilungsleiter unter dessen Schreibtisch kniend erwischt wurde. Von seiner Ehefrau. Oder romantisch, wie beim Fußball-Franz – der ist jetzt mit seiner Heidi glücklich verheiratet.

Meiner ersten großen Liebe begegnete ich an meinem ersten Arbeitstag als Praktikantin in der Nachrichtenredaktion einer Tageszeitung. Er war Ressortleiter und einige Wochen später wurde in der Kaffeeküche schon verbreitet, man hätte uns beim Knutschen im Druckerraum beobachtet. Was ziemlich schlecht recherchiert war, denn wir waren weder zusammen im Druckerraum gewesen, noch hatten wir uns überhaupt schon mal geküsst. Bis es dazu kam, dauerte es noch Monate – und es war noch Zeit für das aufregend-aufreibende und unvergessliche Gastspiel eines

Regisseurs. Der Kollege kam nicht, er schickte mich weg. Mehr dazu in Geschichte 22.

Sex mit dem Praktikanten, eine Affäre mit dem Chef, der Totalabsturz auf der Weihnachtsfeier – ich habe in den letzten Jahren so viele lustige, tragische, wilde und heftige »Betriebsunfälle« meiner Freundinnen gehört, diskutiert und analysiert, dass man darüber ein Buch schreiben könnte. Und das habe ich getan – für mich war das ein großer Spaß, für meine Leber nicht so sehr. Die wichtigsten Hilfsmittel bei der Recherche waren nämlich Rotwein, Zigaretten und mein rotes Curry, mit dem ich Freundinnen und Bekannte in meine Küche lockte und sie erst entließ, wenn sie ihre betrieblichen Sünden umfassend gebeichtet hatten. Viele hatten nur heftige Affären, aber bei einigen war es die große Liebe. Mancher Kollege, der kommt, bleibt eben auch.

Miriam Kaefert,
Hamburg, im Herbst 2010

P.S.: Alle Namen in diesen Geschichten sind geändert. Etwaige Namensähnlichkeiten sind reiner Zufall.

Versuchungen sollte man nachgeben.
Wer weiß, ob sie wiederkommen.
OSCAR WILDE

1. GESCHICHTE VOM SEX MIT KOLLEGEN

Mogelpackung

*Sandra (27), Versicherungstrainee, Köln,
über
Boris Hildebrandt (36), Abteilungsleiter, Köln*

Endlich! Endlich ging es los! Vorbei die Zeiten als »studentische Aushilfe«. Ich hatte meinen ersten richtigen Job. Mit Gehaltsabrechnung und 28 Urlaubstagen! Endlich kein Mensa-Essen mehr, endlich genug Geld, um abends in meiner Lieblingskneipe Gin Tonic statt Bier zu bestellen. Ich war einfach nur glücklich: Mein Studium hatte ich beendet – und jetzt würde es losgehen, mein Leben als coole Karrierefrau.

Ich freute mich total auf meinen ersten Arbeitstag in dem Versicherungsunternehmen, das mich sofort nach dem Studium als Trainee in der Personalabteilung eingestellt hatte. Und die Krönung des Ganzen: Meine Schulfreundin Sara arbeitete ebenfalls dort, sie hatte sich das Studium gespart und direkt nach der Schule als Versicherungskauffrau angefangen. Sara, die Arme, war zwar nicht wirklich glücklich mit ihrem Job – aber mal ganz ehrlich, es kann auch niemanden glücklich machen, den ganzen Tag Schadensberichte über zerbeulte PKWs zu bearbeiten.

Nun ja, bei mir würde das ja ganz anders werden. Ich sah mich schon in marineblauem Businesskostüm durch die Flure eilen, von einem Vorstandsbüro ins andere, Meetings, Konferenzen, Flipcharts, das volle Programm! Sandra Dollinger, die aufstrebende

Nachwuchskraft! Großartiger Gedanke. Ich würde mich einfach so sehr in die Arbeit stürzen, dass ich gar keine Zeit mehr für dieses ekelhafte Selbstmitleid hätte, das mich zu Studienzeiten immer überfiel, wenn ich abends allein mit meinen Stochastik-Unterlagen auf dem Sofa hockte und mich hässlich und einsam fühlte. Diese Zeiten waren vorbei. Ich war jetzt selbstbewusst und erfolgreich!

Die ersten Tage waren anstrengend und aufregend: Mein Arbeitsplatz war ein kleines Büro im achten Stock eines zehnstöckigen Betonklotzes aus den Achtzigern. Die Kollegen waren freundlich, aber gestresst und ich war eigentlich nur damit beschäftigt, mir die wichtigsten Dinge zu merken: Herr Strieselowski, Produktentwicklung, lustiger Schnurrbart, und sein Büro ist links neben dem Herrenklo. Frau Dürrkopp, Personalreferentin, Gesicht wie ein Frettchen, ihr Büro ist neben dem vom Strieselowski. So bekam ich allmählich System in das Namensgewirr.

Am zweiten Tag war ich das erste Mal mit Sara verabredet und schaffte es sogar, den direkten Weg vom achten in den dritten Stock bis zu ihrem Büro zu finden. »Da bist du endlich, komm her«, rief meine Freundin, sprang auf und nahm mich in den Arm. »Toll, in Zukunft machen wir das jeden zweiten Tag, das ist doch großartig, dass wir in derselben Firma arbeiten«, sprudelte es aus ihr hervor. Sara, meine mopsig-lustige Quasselstrippenfreundin! Wenn wir uns trafen, war ich normalerweise neunzig Prozent der Zeit mit Zuhören beschäftigt.

»Bist du immer noch Single? Weißt du was, ich kann dir hier echt einige Typen empfehlen, einige sind aber auch totale Sesselpupser, schlimm ...« Ihr Redefluss wurde dadurch unterbrochen, dass sich die Tür öffnete und ein Mann ins Büro kam, der rein optisch nicht in die Sesselpupser-Kategorie passte. Groß, mittelblond, kurze, leicht gewellte Haare und Sonnenbräune im Gesicht. Dabei war es Mitte Oktober. »Sara, hast du die Präsentation für die Zusatzpolicen fertig? Oh hallo, ich bin Boris Hildebrandt«, stellte er sich vor, kam auf mich zu und gab mir die Hand.

»Ich, äh, ich bin die Neue, also die Freundin von Sara!«, stieß ich hervor. »Also nein, ich bin neu hier und kenne Sara schon lange«, verbesserte ich mich hastig. »Freut mich«, sagte Boris Hildebrandt nur lächelnd. »Ich komme heute Nachmittag noch mal, macht ihr nur erst Mittagspause«, fügte er hinzu und mit einem Blick auf mich: »Dann sehen wir uns ja jetzt vielleicht häufiger!« Meine Antwort, die ich mir hätte sparen können: »Das wäre super, oh ja!«

In der nächsten Woche traf ich Sara täglich zum Mittagessen, natürlich holte ich sie jedes Mal aus ihrem Büro ab. Jedes Mal fand Boris Hildebrandt einen Vorwand, um genau in dem Moment, in dem ich da war, in Saras Büro zu kommen. Montag brauchte er eine Unterschrift, Dienstag hatte er seine Reisekostenabrechnung verlegt und Mittwoch benötigte er dringend die Telefonnummer der Geschäftsstelle in Kiel. »Die steht im Telefonverzeichnis im Intranet, mein Lieber«, bemerkte Sara grinsend. »Ich gehe dann jetzt mal mit deiner zukünftigen Verlobten essen, wenn es genehm ist«, scherzte sie. »Äh, sehr lustig, Sara. Was soll das denn? Herr Hildebrandt, äh, der muss doch seinen Job machen, irgendwie«, stieß ich hervor. Kompletter Dünnsinn. Wie üblich, wenn ich nervös war. Mann, wie unlässig war ich denn? Von wegen coole Businesslady! Ich trug zwar jetzt Hosenanzug und Pumps, aber im Inneren war ich noch die dusselige kleine Studentin.

»Er hat mich nach deiner Handynummer gefragt«, eröffnete mir Sara am nächsten Mittag. »Das ist für den schon so was wie ein Liebesbeweis! Boris ist eigentlich eher ein schüchterner Typ. Mal ehrlich, der mag dich wirklich!« Eine Aussage, an der ich in den nächsten Tagen doch sehr zweifelte. Denn er hatte zwar jetzt die Nummer. Aber offenbar wählte er sie nicht. Mein Telefon blieb stumm. Und in Saras Büro tauchte er auch nicht mehr auf, wenn ich sie mittags abholte. Ich beschloss, mir darüber nicht den Kopf zu zerbrechen. Wahrscheinlich hatte er festgestellt, dass 25-jährige Berufsanfängerinnen, die ständig rot werden, doch nicht so ganz sein Beuteschema waren. Aber süß ist er schon, dieser Gedanke schlich sich immer wieder in meinen Kopf. Boris Hildebrandt, ruf mich an, und zwar schnell, das dachte ich auch oft. Aber er widersetzte sich meinen gedanklichen Befehlen. Und schwieg. Ach Mann, ich hatte in der nächsten Woche Urlaub, weil meine beiden Chefs auf Fortbildung waren und ich noch nicht genügend eingearbeitet war. Eine Woche frei, eine Woche keine Mittagsdates mit Sara und keine Begegnung mit meinem zukünftigen Verlobten, wie Sara es genannt hatte. Aber gut, eine Woche sollte andererseits auch reichen, um den Typen zu vergessen. Es war ja gar nichts gelaufen. Aber er hätte halt irgendwie gut in mein neues Leben als schicke Karrierefrau gepasst. So rein optisch. Vom Wesen auch, ja, er war schon sehr, sehr süß.

Donnerstag vor meinem Urlaub klingelte mein Handy. Unbekannter Teilnehmer. Na ja, das hieß gar nichts, vielleicht irgendein Kollege. Vielleicht aber auch ein ganz bestimmter Kollege. Nach dem dritten Piepsen ging ich ran. »Ja? Hier ist Sandra«, sagte ich zögernd. »Und hier ist Boris, ich äh, ich habe deine Nummer von Sara.« Er war es tatsächlich! Mein Herz klopfte, jetzt bloß ruhig bleiben. Aber ich musste gar nichts sagen, er sprach schon von ganz allein weiter: »Also, ich wollte dich etwas fragen. Du hast doch nächste Woche Urlaub – und ich habe auch frei. Hast du Lust, mit mir nach Paris zu fliegen?« Hatte ich mich verhört? »Was?«, rutschte es mir heraus. »Was? Nach Paris, wir beide? Ich meine, wir kennen uns doch kaum – und ich habe gar kein Geld!«, stammelte ich. »Das würden wir schon hinbekommen, du bist doch eingeladen! Ich fand die Idee einfach sehr, sehr romantisch«, sagte er leise, »weißt du, ich bin schon sehr fasziniert von dir und, na ja, wir würden uns mal richtig kennenlernen …«

Ich war völlig überfordert mit der Situation. Damit hätte ich nun wirklich nicht gerechnet! Aber mit einem Mann in den Urlaub fliegen, den ich kaum kannte? War das romantisch verrückt – oder einfach nur total bescheuert? Ich war mir nicht ganz sicher. »Die

Idee ist sehr süß«, sagte ich, »äh, kann ich dich in einer halben Stunde zurückrufen und dir sagen, ob das klappt?« Ich musste Zeit gewinnen. Ich musste meine Mutter fragen. Das tat ich immer in schwierigen Entscheidungsprozessen. Mama wird es schon wissen. »Sieht er gut aus?«, fragte meine Mutter am anderen Ende der Leitung. »Ja, Mutti, er sieht sehr gut aus!«, erwiderte ich. »Er ist charmant, hat einen guten Job, sieht toll aus und du fragst mich, ob du mit ihm eine Woche nach Paris fliegen sollst? Du bist 25 Jahre alt, das kannst du selbst entscheiden. Aber ich würde keinen Moment zögern!«, stellte meine Mutter klar.

Vier Tage später trafen wir uns am Düsseldorfer Flughafen. Ich hatte weiche Knie und lange Arme von meiner vollgestopften Handtasche und dem Hartschalenkoffer, in den ich alle Klamotten gestopft hatte, die mir irgendwie stylish oder sexy vorkamen, na gut, auf ein Paar Turnschuhe konnte ich nicht verzichten, schließlich würden wir sicher Hand in Hand lange Spaziergänge an der Seine machen, Pont Neuf überqueren, Saint-Germain-de-Prés zu Fuß erkunden …

Meine Paris-Fantasien wurden durch ein lautes »Hallo Sandra!« unterbrochen. Boris stand schon in der Schlange am Check-in, winkte zu mir herüber, ließ seine Koffer einfach stehen und kam im Laufschritt auf mich zu, in der Hand eine rote Rose. »Das freut mich so! Das ist so schön, dass du mitkommst«, rief er, umarmte mich überschwänglich und drückte mir die Rose in die Hand. Ich war schon wieder überfordert. Vor einigen Tagen war er noch der freundliche, aber zurückhaltende Kollege gewesen, jetzt der charmesprühende Rosenkavalier? Ich lächelte verlegen. Süß war er aber, wirklich süß. Meine Knie wurden noch ein bisschen weicher.

Drei Stunden später stiegen wir vor dem Hotel Relais Saint Sulpice am Boulevard Germain aus dem Taxi. Ein gehobenes Stadthotel, klein und schick. Eindeutig nicht meine Preisklasse: Die Nacht kostete bestimmt um die hundertfünfzig Euro. Na ja, er würde schon bezahlen, der Urlaub war ja wohl eine Einladung gewesen. »Ich habe das Hotel im Internet gefunden, ich fand es sehr romantisch und passend«, erklärte Boris und fügte lächelnd hinzu: »Jetzt stellt sich natürlich die Gretchenfrage: Ein Zimmer oder zwei Zimmer?« Ich schaute ihn an. Ich lächelte während ich dachte, dass zwei Zimmer eigentlich vernünftiger wären. Es könnte ja doch sein, dass wir uns nicht verstehen würden. »Ein Zimmer, das ist schon in Ordnung«, antwortete ich.

Als wir unser gemeinsames Domizil für die nächsten Tage betraten, machte Boris hinter mir die Tür zu, nahm meine Hand und sah mir in die Augen. »Sandra, Sandra, du machst mich ganz verrückt«, murmelte er und küsste mich ganz zärtlich auf die Nasenspitze. »Als ich dich gesehen habe, war ich hin und weg.« Jetzt war seine Stimme nur noch ein Flüstern und er küsste mich auf den Mund. Ich spürte, wie mir ganz flau vor Aufregung und Vorfreude wurde.

Boris nahm mich in den Arm, griff dann nach meiner Hand und führte mich in die Mitte des Raumes. »Was ist das denn?«, fragte ich fassungslos. Das Bett war mit roten Rosenblättern bedeckt, auf dem Nachttisch stand ein Champagnerkühler mit Inhalt. Das perfekte Ambiente für eine wundervolle Liebesnacht. »Ich bin eben ein alter Romantiker«, erklärte Boris lächelnd und küsste mich. Ich ließ mich aufs Bett fallen, mir war fast schon schlecht, so gerührt und aufgekratzt zugleich war ich. »Küss mich, küss mich, hör nicht mehr auf«, rief ich, schlang meine Arme um ihn und genoss das Gefühl. Boris war so zärtlich, so aufmerksam, er bemühte sich um mich. »Fühlt sich das gut für dich an?«, fragte er immer wieder. Kein Mann hatte mich jemals zuvor so hingebungsvoll verwöhnt wie er. Es war einfach alles perfekt.

In den nächsten Tagen erfüllten sich all meine Romantik-Fantasien. Wir liefen tatsächlich händchenhaltend durch Saint-Germain-de-Prés, küssten uns auf der Place de la Bastille, schlürften Austern im Quartier Latin, es war wunderschön. Und immer, wenn ich mein Portemonnaie zückte, sagte Boris: »Lass mal, ich verdiene doch mehr als du. Das ist schon in Ordnung. Du kannst ja die Metro-Tickets zahlen!« Am letzten Abend saßen wir in einem kleinen Restaurant im Marais, schauten uns tief in die Augen und schmiedeten Zukunftspläne. »Ich freu mich so auf die Zeit mit dir!«, seufzte ich. »Und heute werde ich dich einladen!« Boris hatte nichts einzuwenden, er lächelte nur und nahm meine Hand. Später im Hotel jedoch war er ungewohnt schweigsam. Und wir gingen das erste Mal ins Bett, ohne Sex zu haben. Ich schob es allerdings darauf, dass mein Liebster einfach traurig war, dass unsere traumhaften Tage in Paris schon vorbei waren.

Ich ahnte ja nicht, dass nicht nur der Urlaub vorbei war, sondern auch jegliche Romantik irgendwo in Paris bleiben würde. Im Flieger war sie jedenfalls nicht mehr vorhanden. Boris wirkte gestresst, wühlte ständig in seinem Rucksack herum, holte schließlich einen Notizblock heraus und fing an, hektisch etwas einzutragen. »Was ist denn los, was schreibst du da?«, fragte ich ihn vorsichtig. »Das geht so alles nicht«, stieß er hervor. »Sandra, wir müssen das noch mal durchrechnen. Der Urlaub war teurer, als ich dachte. Das geht ja auch nicht an, dass ich alles bezahlt habe. Nein, du solltest auch deinen Anteil beitragen. Was hältst du davon, wenn du die Hotelrechnung übernimmst?« Mir blieb fast das Herz stehen.

Ich starrte meinen vermeintlichen Gentleman fassungslos an und spürte, wie mir Tränen in die Augen schossen. Was für eine miese Nummer! Erst den Gönner mit der dicken Hose markieren und hinterher mit spitzem Stift die Abrechnung machen! Er hatte so oft gesagt, ich solle mich entspannen, er würde bezahlen, alles wäre gut. Und jetzt das. Die Tränen liefen mir mittlerweile die Wangen hinunter, ich schluchzte. »Was ist denn los? Warum weinst du?«, fragte Boris und aus seinem Blick sprach echte Verständnislosigkeit.

In diesem Moment schämte ich mich sehr dafür, dass ich nicht wenigstens jetzt cool reagieren konnte, aber sein Verhalten schockierte mich einfach zu sehr. Ich kam mir so klein und dumm vor. »Ich, äh, ich wollte nicht den Eindruck erwecken, dass ich dich ausnehme, ich bin nicht so«, stieß ich hervor. Er streichelte mir über den Kopf. Vor einigen Minuten hätte ich das noch als zärtlich empfunden, jetzt wirkte es irgendwie gönnerhaft. »Ach, das wird schon. Wir setzen uns noch mal hin und rechnen das alles auseinander. Da findet sich schon ein Weg!«

Es war absolut unbegreiflich, aber den liebevollen Romantiker sah ich außerhalb von Paris nie wieder. Boris bestand nach dem Urlaub darauf, dass ich zumindest die Hälfte der Hotelrechnung übernahm. Und ich tat das, aus Unsicherheit, aus Angst vor Stress und weil ich mich dummerweise wirklich in ihn verliebt hatte. Wir blieben auch einige Monate lang ein Paar, im Büro bekam das außer Sara allerdings niemand mit, darauf legte Boris Wert. Im Nachhinein betrachtet waren die Tage in Paris so spektakulär, wie die Monate danach langweilig waren. Boris war immer freundlich, immer zuvorkommend. Aber von Romantik war keine Spur mehr. Und wenn wir essen gingen, bestand ich schon aus Prinzip auf getrennten Rechnungen. Fünf Monate später trennte ich mich von ihm, was mir sehr schwerfiel. Ich hatte den zauberhaften Romantiker aus Paris einfach nicht vergessen können. Aber ich hatte etwas gelernt: Manche Dinge lassen sich nicht in den Alltag transportieren. Die Romanze mit Boris Hildebrandt war so ein Fall.

2. GESCHICHTE VOM SEX MIT KOLLEGEN

Der Grüne Salon

*Marie (30), Stylistin, Köln,
über
Viktor (44), Fotograf, Berlin*

Ich bin eine Verführerin. Ich liebe das Spiel mit den Männern, ich liebe es, sie zu locken und zu reizen – und dann zu benutzen. Aber ich bin auch eine Geschäftsfrau. Und ich bin schlau genug, das eine vom anderen zu trennen. Job ist Job und Sex ist Sex. So halte ich das. So habe ich das immer gehalten. Mit einer Ausnahme. Und die war ein schrecklicher Fehler!

Ich bin Stylistin und Make-up-Artist, früher hat man das Maskenbildnerin genannt, aber die englischen Begriffe klingen eben einfach cooler. Mir soll es recht sein, ich bin gut im Geschäft, ob auf Deutsch oder auf Englisch. Ich verschönere Menschen für Fotoshootings, ich weiß, welcher Lippenstift zu welchem Hautton passt und welchen Lidschatten ich einer mittelblonden, blassen Frau um die dreißig verpasse, damit sie jung und frisch wirkt. Ich bin Single, weil ich es sein kann. Was das bedeutet? Ich arbeite extrem viel, bin in einer Woche manchmal in drei verschiedenen Ländern. Ich habe kaum Zeit. Und kaum Energie, um mich mit den Macken eines Partners herumzuschlagen.

Ich kann gut allein sein, weil ich es so selten bin. Ich definiere mich nicht über den Erfolg anderer, sondern über meinen eigenen. Das klingt jetzt alles sehr hart, aber ich bin ein zufriedener

Mensch. Sex habe ich mit einem kleinen, feinen Kreis guter Freunde und Bekannter, ihre Zahl schwankt zwischen drei und fünf. Ich bin keine Freundin von One-Night-Stands, ich finde es nicht aufregend, mich von einem betrunkenen Aufriss flachlegen zu lassen. Matthias, Jens, Moritz, die drei sorgen momentan dafür, dass mir im Bett nicht langweilig wird.

Aber ich will ja von Viktor erzählen. Viktor, dem großen, starken Mann. Der mich fast aus der Bahn geworfen hätte. Ich traf ihn im letzten Frühsommer bei einem Job für einen TV-Sender. Eine dieser Verkupplungsshows, bei der reiche, aber verzweifelt geltungssüchtige Menschen im Fernsehen einen Partner suchen. Es gab ein offizielles Fotoshooting für Pressebilder, ich war für das Styling verantwortlich, Viktor war der Fotograf. Wir trafen uns am Set, einem großen Gutshaus in Mecklenburg. Ich war wie immer ein bisschen zu spät, die Anreise war weit und anstrengend gewesen, Viktor stand schon in der Kulisse, einer perfekt ausgeleuchteten Landhausküche, und machte Testaufnahmen.

Das Erste, was ich von ihm sah, war sein breiter Rücken. Und als er in die Knie ging, um ein Foto zu machen, blitzte zwischen seinem engen grauen Baumwollshirt und der Jeans ein Streifen Haut auf. Ich blieb stehen und konnte den Blick nicht abwenden. In diesem Moment kam mir dieser Rücken mit dem Stückchen nackter Haut vor wie das Sinnbild von Männlichkeit. Ich spürte ein leichtes Ziehen. Seltsamerweise dachte ich an die Frau, die diesen Rücken berühren durfte, die von diesen starken Armen gehalten wurde. Und war neidisch auf sie. Viktor stand auf, legte die Kamera neben sich und drehte sich um, er hatte mich auf meinen schwarzen Lackpumps wohl kommen hören.

»Ganz schön spät«, bemerkte er knapp, als er mich ansah. »Hallo, ich bin Marie Bienert, die Stylistin«, antwortete ich, ohne auf seine Stichelei einzugehen. Er sagte nichts mehr, drehte sich weg und verließ das Set. Unhöflicher Idiot. Trotzdem gefiel er mir, die blauen Augen, die schwarzen Haare, zu einem Pferdeschwanz gebunden, die breiten Schultern; dieser Mann war groß und stark, wog bestimmt über neunzig Kilo. Ich mochte die extrem männliche Ausstrahlung. Schade eigentlich, dachte ich kurz, dass er ein Kollege ist. Ich habe einfach zu viele Horrorgeschichten von Stylistinnen und Fotografen gehört. Die Branche ist klein und irgendwann begegnet man sich immer wieder – nicht schön, wenn es sich bei dem Fotografen einer wichtigen Produktion um den Exlover handelt. Außerdem wird ständig gelästert. Ich war ziemlich stolz darauf, noch nie schwach geworden zu sein.

Als ich dem Hauptdarsteller, einem blässlichen blonden Jungunternehmer, das Gesicht leicht abpuderte, tauchte er wieder hinter mir auf. »Ich bin Viktor«, stellte er sich doch noch vor. »Schön«, entgegnete ich, ohne den Blick von TV-Kandidat Ferdinand zu wenden, und fuhr mit Pudern und Plaudern fort. »Ja, ich bleibe über Nacht hier, ich kenne mich hier gar nicht aus«, erzählte ich dem Darsteller der TV-Schmonzette, »können Sie mir einen Tipp geben, wo ich heute Abend noch einen Wein trinken kann? Ich hasse Hotelbars.«

Nach einem anstrengenden Tag, ich hatte immerhin acht Darsteller der Sendung vor mir sitzen gehabt und war danach noch vierzig Kilometer vom Land zurück nach Schwerin gefahren, saß ich gegen 22 Uhr in einer Weinstube – der Empfehlung des Kandidaten. Das Ambiente war modern, aber gemütlich, perfekt, um zwei Gläser Rotwein zu trinken und die feierabendliche Ruhe zu genießen. Ich hatte das zweite Glas Rioja gerade bestellt, da betrat ein großer, breiter Mann den Laden. Viktor.

Er hatte mich wohl nicht gesehen, ging auf mich zu, ohne dass sich unsere Blicke trafen. Ich war kurz irritiert, aber dann sah er mich – und blieb an meinem Tisch stehen. »Die Stadt ist ja wirklich klein«, bemerkte er ein bisschen spöttisch. Dann setzte er sich auf den Barhocker mir gegenüber. »Darf ich? Oder bist du noch verabredet?« Ich war ein bisschen überrascht von dieser plötzlichen Forschheit. Aber gut, so hatte ich angenehme Gesellschaft und schöne Ausblicke – in seine blauen Augen, auf seine großen Hände. Wir redeten über die Branche, den Job und die Kollegen. Und ja, ich war scharf auf ihn. Aber das passiert häufiger mal, das bedeutet zum Glück nicht, dass ich die Kontrolle verliere. Ich bin ziemlich gut in Sachen Disziplin. Gucken, Flirten und ein paar schmutzige Gedanken waren schon drin. Bis um halb zwölf, da wollte ich zahlen, was er mir freundlicherweise abnahm, und dann stiegen wir ins Taxi. Erst in mein Hotel, dann in seins. Gut gemacht, dachte ich mir und schrieb sofort meinem momentanen Bett-Favoriten Moritz eine SMS, dass ich ihn am übernächsten Tag sehen wollte. Irgendwo musste ich meine sexuelle Energie ja kompensieren.

Am nächsten Tag ging es schon morgens um neun los, die zweite Ladung Kandidatinnen wartete darauf, von mir dramatisch verschönert zu werden. Der Drehplan sah vor, dass die »Bewerberinnen« den Junggesellen dann einzeln ein paar Minuten sprechen dürften – und der wählte am Ende aus, welche drei er näher kennenlernen wollte. Ich fand die Sendung schaurig und frauenverachtend. Aber der Sender zahlte gut und als Selbstständige war ich absolut käuflich. Also gab ich mein Bestes – und das war auch nötig, denn es hatten sich weiß Gott nicht die schönsten Elfen unter der Sonne um das Herz des blassen Kerls beworben.

Als ich Frauke aus Hessen gerade das Stupsnäschen puderte, vibrierte das Handy in meiner Tasche. Eine SMS. »Das war schön gestern. Wir könnten das wiederholen – was essen gehen, oder wir trinken gleich. Du bist interessant … V.« Ich musste schlucken. Das war auf seine Art charmant, klar. Aber es ging mir auch zu weit. Ich hatte es gerade geschafft, den Typen auf eine neutrale Ebene zu befördern, ich hatte es geschafft, nicht über ihn nachzugrübeln. Und dann schickt der mir so etwas. Schnell schob ich das Telefon wieder in die Tasche und pinselte weiter in Fraukes fettigem Gesicht herum.

Mittags gab es eine Pause, ich nutzte sie, um mir das Gutshaus mal genauer anzusehen. Ich fand es faszinierend, dieser junge

Schnösel hatte sich das einfach für Hunderttausende gekauft – und residierte jetzt wie ein Graf! Wie es sich wohl anfühlte, in so alten Gemäuern, mit Möbeln, die museumsreif waren, zu leben? Unbemerkt vom Team verließ ich das Set. Das Haus war riesig, hinter der Küche lag eine Diele, von der vier Türen abgingen. Ich öffnete die gegenüberliegende und trat in einen kleinen, rechteckigen Raum mit grünen Stofftapeten und dunklen Holzdielen auf dem Boden. So was nennt man wohl Salon. In der Mitte stand ein runder Mahagonitisch, um den vier mit braunem Samt bezogene, schwere Holzstühle drapiert waren. Was mich aber viel mehr interessierte, waren die Ölbilder an den Wänden. Röhrender Hirsch und Jagdgesellschaft – da war kein Klischee ausgelassen worden.

Ich war so in die Betrachtung vertieft, dass ich gar nicht bemerkte, wie sich die Tür hinter meinem Rücken öffnete. »Die Dame ist auf Entdeckungstour? Du hast meine SMS nicht beantwortet«, sagte Viktor, »hast du Angst, dass ich dir gefährlich werde?« Ich hatte mich erschrocken, riss mich aber zusammen und drehte mich um. »Ja, das habe ich«, sagte ich mit fester Stimme. »Weißt du, ich habe überhaupt keine Lust auf Komplikationen. Ich gehe nicht mit Kollegen ins Bett.« Klare Worte, die ich gelassen aussprach. Viktor, der heute ein weißes Longsleeve trug, das seine kräftigen Oberarme extrem betonte, machte einen Schritt auf mich zu. Ich atmete tief ein. Und spürte ihn. Seinen Geruch. Oh nein, dachte ich. Ich hatte ihn in der Nase, diesen sanft-männlichen Duft, den er verströmte. Mein Gehirn funktioniert blendend, aber der richtige Geruch eines Mannes macht mich schwach. Und das ist nicht gut.

»Ich muss zurück«, sagte ich und wollte gehen. Aber Viktor machte einen Schritt auf mich zu. Blieb direkt vor mir stehen, sah mir in die Augen und griff nach meinem Oberarm. Fest, aber nicht schmerzhaft. Ich versuchte, zurückzuweichen, aber hinter mir stand einer dieser massiven Stühle und aus seinem Griff gab es ohnehin kein Entkommen. Ich zischte: »Lass mich los! Was willst du?« Er zog mich ein Stück zu sich heran, beugte sich herunter. Ich spürte seinen Atem an meiner Wange, seinen Geruch, der mich fast wahnsinnig machte: »Ich will, dass du die Kontrolle verlierst«, flüsterte er mir ins Ohr. Dann ließ er mich abrupt los, drehte sich um, verließ den Raum und schloss die Tür leise hinter sich.

Zurück blieben sein Geruch und meine Empörung. Nein, es war eher Wut. Was nahm der Kerl sich raus? Glaubte er wirklich, mit seiner »Ich-weiß-doch-was-du-willst«-Masche könnte er mich rumkriegen? Die funktionierte vielleicht bei den Mädchen, denen ich hier die Nase puderte. Aber nicht bei mir. Ich atmete tief durch, verließ den Salon und machte mich wieder an die Arbeit. Steffi aus Magdeburg wartete auf Verschönerung.

An diesem Abend ging ich direkt in mein Hotelzimmer. Ich hatte keine Lust auf unerwartete Begegnungen. Wirklich nicht. Nur ein bisschen. Na gut: Eigentlich hatte ich doch Lust auf unerwartete Begegnungen. Eigentlich hatte ich sogar sehr große Lust, Viktor zu treffen. Und in Wahrheit hatte ich auch ziemliche Lust, mit ihm ins Bett zu gehen. Die Episode im Grünen Salon, wie ich den Ort unseres Zusammentreffens jetzt ganz vornehm nannte, hatte mich schon ziemlich scharf gemacht. Am Ende war ich doch so eine Magdeburg-Steffi, verdammt. Weiber, dachte ich mir, die sind doch alle gleich. Und ich bin auch eins! Aber trotz der Versuchung, Viktors SMS doch noch zu beantworten – ich hörte auf meine Vernunft. Und die sagte mir, dass der Typ nicht gut für mich sei. Er wollte zu nah an mich heran. Er war zu nah an mir dran – oder woher hatte er gewusst, dass ich im Salon war? Er war mir gefolgt! Und er hatte mich grob angefasst, sein Benehmen war unmöglich, so viel war mal klar. Also ging ich früh ins Bett und war am nächsten Morgen um halb sieben fit und ausgeschlafen für den letzten Tag Tussi-Tuschen. So würde ich das natürlich niemals öffentlich sagen! Ich bin schließlich ein Profi!

Während ich Steffi und ihre Konkurrentinnen wieder fernsehfein pinselte, dieses Mal sollten alle Abendkleider und ein glamouröses Make-up verpasst bekommen, hatte ich einen heftigen Kampf mit mir selbst auszufechten. Sollte ich oder nicht, fragte ich mich, während ich Annemarie aus der Pfalz grünen Lidschatten aufs Auge drückte. Nachdem ich ihren Schmollmund mit reichlich Gloss zum Glänzen gebracht hatte, tat ich es. Ich, die coole, beherrschte Frau fischte hektisch mein Handy aus der Tasche und tippte an den großen, breiten Fotografen, der nur ein paar Meter von mir entfernt im heißen Scheinwerferlicht schwitzte. »Mittagspause im Grünen Salon? 13.30 Uhr!«, schrieb ich nur. Und bat schnell die nächste Kandidatin auf den Schminkstuhl. Bloß nicht zu viel darüber nachdenken, was ich da jetzt angerichtet hatte!

Um 13.34 Uhr war das Landhausküchen-Set menschenleer. Das Team und die Darsteller standen draußen im Cateringzelt herum und stopften matschige Nudeln und Schokoriegel in sich hinein. Ich öffnete die Tür zum Salon. Und er stand schon da, an den großen Tisch gelehnt, mit hochgezogenen Augenbrauen sah er mich an. »Sie wollten mich sehen, Mylady?«, fragte er ein bisschen spöttisch. »Ach, ich dachte, das Vergnügen läge auf Ihrer Seite? Du hast mich schließlich um ein Wiedersehen gebeten«, erwiderte ich schnippisch und stellte mich direkt vor ihn.

Ich hatte mir vorher überlegt, was ich ihm jetzt sagen würde. »Okay, ich bin offen: Ich bin keins von den Modelmäuschen, die du sonst so abschleppst«, hob ich an. »Ich schleppe niemals Modelmäuschen ab«, sagte er ruhig und zog wieder spöttisch eine Braue hoch, »und wenn du mir jetzt erzählen willst, dass du nur Sex willst, es auf keinen Fall jemand erfahren darf und du mich umbringen wirst, falls ich auch nur ein Wort darüber verliere – dann musst du gar nicht weiterreden. Ist okay. Was ich noch sagen will: Du bist eine tolle Frau und eigentlich hatte ich es nicht auf einen Quickie in einem muffigen Salon angelegt. Aber ganz wie du willst.«

Dann kam er auf mich zu und küsste mich. Gut so, ich hätte auch nicht gewusst, was ich darauf erwidern sollte. Wir küssten uns, meine Anspannung war zum Glück sehr schnell weg. Ich ließ mich gehen und vergaß nach zwei Minuten sogar, aus lauter Angst, jemand könnte uns erwischen, ständig auf die Tür zu schielen. Nach wenigen Minuten saß er mit offener Jeans auf einem der grünen Sessel, ich mit hochgeschobenem Rock auf ihm, mit ihm zugewandtem Rücken und mich langsam bewegend. Ich schloss die Augen, spürte ihn und das herrlich entspannende Gefühl, endlich wieder richtig guten Sex zu haben. Er umfasste von hinten meine noch brav im Kleid verpackten Brüste – ich musste mich wirklich beherrschen, nicht laut aufzustöhnen. »Ja, das ist gut, das ist gut«, flüsterte ich und legte den Kopf nach hinten, sodass wir Wange an Wange waren. »Fass mich an«, raunte ich und er nahm eine Hand und fing an, mich zwischen den Beinen zu massieren, während ich mich auf ihm bewegte. Ich keuchte, sein Geruch in meiner Nase, er in mir, das war einfach perfekt. Ich ließ mich richtig schön fallen, absurd eigentlich, dachte ich noch, schließlich könnte jeden Moment jemand …

»Das glaube ich jetzt nicht!«, hörte ich eine Stimme und erstarrte. Viktors Hand, eben noch zwischen meinen Beinen, schnellte zurück, als hätte er sie in Salzsäure getaucht. Ich wollte mich ruckartig aufrichten, Viktor hatte offenbar denselben Impuls. Wir schraken beide hoch, und obwohl ich quasi auf ihm festgeschraubt war, verlor ich das Gleichgewicht. »Argh!«, kreischte ich, ruderte hilflos mit den Händen in der Luft und versuchte, mich irgendwo abzustützen. »Ahhhh«, entwich es mir noch mal. »Ohhh«, machte Viktor und fing mich in letzter Sekunde auf.

Erst jetzt erkannte ich, wer da plötzlich in der Tür stand. Monsieur Blass! Bleich wie der Tod! Dem Armen war das Blut in den Adern gefroren. Schockgefroren! »Das, das, das ist ja empörend«, stammelte er und starrte uns an. »Auf meinen Biedermeier-Stühlen …«, er rang nach Worten. Ich rang nach Luft. »Das ist ein Versehen«, japste ich. »Das, das wollte ich nicht, es ist einfach so … Sie wissen doch, Sie kennen das doch!«, stotterte ich und sprang hektisch von Viktors Schoß. Der schnellte hinter mir hoch. Ach ja, die Hose, der Schwanz, das war ja alles offen und nackt und überhaupt, die Situation war ein Albtraum. Schlimmer noch. Sie war Realität.

»Es tut uns leid, was hier passiert ist. Aber Sie sehen, bei uns hat die Kuppelei schon funktioniert«, hörte ich Viktor sagen. Ferdinand fand das nicht lustig. Er schüttelte den blonden Kopf und zischte: »Wenn hier irgendetwas beschmutzt ist, mache ich Sie dafür haftbar! Und jetzt kommen Sie ans Set! Wir sind in Zeitnot. Ich möchte mir von Ihnen nicht meine Fernsehkarriere kaputt machen lassen!« Dann drehte er sich auf dem lackierten Absatz um und knallte die Tür hinter sich zu.

Ich kann mich nicht erinnern, wie ich den Tag überstanden habe. Aber Steffi & Co. bekamen ihr Glamour-Make-up und ich perfektionierte offenbar meine Fähigkeit zur Selbstdisziplinierung. Der TV-Junggeselle sprach mit keinem von uns beiden ein Wort. Ich redete dafür mit Viktor, nach Abschluss der Produktion. Er fand es geradezu lustig. »Mir egal, was der Typ von mir denkt. Der Job ist gemacht, fertig, aus.« Für mich war es die grässlichste und peinlichste Situation, die ich mir vorstellen konnte. Am Set einer Produktion in flagranti mit dem Fotografen erwischt zu werden – schlimmer ging es nicht. Ich habe keine Ahnung, ob Ferdinand gepetzt hat. Von dem Sender habe ich seitdem jedenfalls keine Jobs mehr bekommen. Und Viktor war schlau genug zu wissen, dass nach dem Malheur zwischen uns gar nichts mehr läuft.

Ich widme mich jetzt wieder Matthias, Jens und Moritz. Die sind ungefährlich.

3. GESCHICHTE VOM SEX MIT KOLLEGEN

Mädchen für alles

*Marion (44), Bürokauffrau, Hagen,
über
Herbert (50), Versicherungsfachwirt, Hagen*

Herbert war sechs Jahre lang mein Chef, bevor ich es gemerkt habe. Herbert hat ein Versicherungsbüro in Hagen. Er kümmert sich um die Kunden, ich mache den Schreibkram. Und ich bin sein Mädchen für alles – ich besorge auch jedes Jahr das Weihnachtsgeschenk für seine Mutter in Gelsenkirchen. Mach ich ja gern. Ich mochte meinen Chef von Anfang an, aber er hat nun einmal einen Schnauzbart und auf Schnauzbärte stehe ich nicht. Welche Frau tut das schon? Herbert trägt auch sehr gern bunt gemusterte Krawatten und er hat eine Wampe, über die er sich gern und ausgiebig beklagt. »Früher war ich ein schlanker Hering«, jammert er gern. Dass er jetzt eher ein mopsiger Karpfen ist, daran bin ich vielleicht nicht ganz unschuldig. Ich bestelle ihm mittags nämlich sehr gern Tortellini in Schinken-Sahne-Soße beim Lieferservice »Ali Fix«. Die mag er doch so gern! Und wir gehen jeden Donnerstag zum Griechen um die Ecke und schaufeln reichlich Souflaki mit Tsatziki in uns hinein. Danach gibt's Ouzo für alle, also für uns beide, und das eine oder andere Weizenbier. Unsere Donnerstage sind uns heilig. Waren sie schon immer. Und damit fing alles an. Also eigentlich fing alles mit Tim an, meinem damaligen Freund.

»Du bist scharf auf den Typen, gib es doch zu«, warf der mir immer wieder vor. »Wie bitte? Was für ein Schwachsinn! Wir kennen uns ewig, ich könnte mir das niemals vorstellen!«, das war meine Standardantwort. Woraufhin er mit verächtlichem Blick sagte: »Er aber schon. Ich sehe doch, wie der dich anstarrt. Der dicke geile Sack!« Es war wie ein Drehbuch, immer wieder dieselben Dialoge, immer wieder dieselbe Situation. Immer wieder donnerstags. Also mindestens einmal pro Woche Krach, manchmal hatte sich Tim aber auch am Freitag noch nicht wieder beruhigt, es war wirklich sehr, sehr anstrengend. Dabei war mein Verhältnis zu Herbert wirklich rein platonisch, nicht nur wegen des Schnurrbarts und der peinlichen Krawatten und der Wampe. Und ich war wirklich spätestens um elf Uhr abends wieder brav zu Hause, wenn wir uns trafen.

Zu Hause bei meinem eifersüchtigen Freund, der normalerweise vor dem Fernseher hockte und so tat, als gäbe es mich nicht. Kurz vorher in der Taverna Plaka hatte ich noch über schlechte Versicherungsvertreter-Witze gekichert, kaum kam ich nach Hause, schlug mir die Galligkeit meines Freundes entgegen wie eine fiese Knoblauchwolke. Aber ich liebte Tim, und Herbert war mein Arbeitgeber, mehr nicht, das stellte ich auch niemals infrage.

Oder besser gesagt: Das hätte ich niemals infrage gestellt. Wenn mein lieber Herr Lebensabschnittsgefährte mir nicht ständig eingeredet hätte, dass zwischen Cheffe und mir was gehen würde. Komischerweise hatte er aber kein Problem damit, dass ich jeden Tag zur Arbeit ging und dem »Fettsack«, wie er Herbert nannte, zwangsweise begegnete. »Der will dich knallen, aber bei der Arbeit reißt er sich zusammen, der will ja, dass du was wegschaffst«, das war seine merkwürdige Theorie.

Ja, man könnte denken, dass Tim ein fieser Möpp ist. Eigentlich ist er das auch. Meine Freundinnen mochten ihn von Anfang an nicht und meine Eltern guckten sparsam, aber ersparten mir ihre Kommentare – im Gegensatz zu meiner kleinen Schwester Biggi, die fand ihn »unsympathisch und hässlich«. Hässlich, das war so nicht richtig. Tim ist groß, schlaksig, hat ohrläppchenlange dunkelbraune Haare und eine Vorliebe für Haarwachs – damit schmiert er sich seine Matte eng am Kopf zurück. Außerdem trägt er eine dicke Intellektuellenbrille, auf der an der Seite »Prada« steht. Die hat er für 15 Euro am Strand von Antalya gekauft. Tim will eben lieber aussehen wie ein Werber aus Berlin-Mitte und nicht wie ein Handy-Verkäufer aus Hagen / Westfalen. Ich fand ihn aber nun einmal cool, und zwar genau deshalb – weil er so anders war als all die langweiligen Blödköppe, mit denen ich vorher meine Zeit verschwendet hatte. Und dass er unhöflich war, das nahm ich in Kauf. Genau wie seine Vorliebe für Kettensägenmassaker-Filme, seine Besserwisserei und seine ständige Eifersucht.

So ist das eben, wer liebt, der liebt. Und wen man liebt, das kann man sich ja meistens nicht aussuchen. Ich war mir sicher, ich liebte Tim, und zwar sehr. Aus die Maus, finito. Wenn ich zu ihm »Aus die Maus, finito« sagte, dann verdrehte er immer die Augen hinter seiner Fake-Brille. Ich glaube, er fand mich peinlich.

Trotzdem hätte ich ihn wohl niemals verlassen. Wir hatten schließlich eine frisch renovierte Dreizimmerwohnung in Hagen-Ernst. Und überhaupt, welcher Mann ist schon perfekt, dachte ich mir. Die Erkenntnis, dass es tatsächlich einen Mann gibt, der perfekt zu mir passt, die verdanke ich Tim, seiner Eifersucht und zwei Flaschen Ouzo.

Es passierte an Herberts fünfzigstem Geburtstag. Er hatte einige Kunden, einige Kumpels, mich und Tim eingeladen. Weil Herbert nämlich höflich ist, sagte er mir zwei Wochen vorher noch extra, ich solle »diesen Tim« doch mal mitbringen zu seiner Feier in der Taverna Plaka. Dazu hatte ich zwar eigentlich gar keine Lust, weil ich schon ahnte, dass der Abend in einem Scharmützel enden würde. Aber andererseits war das vielleicht eine Chance, Tim davon zu überzeugen, dass seine ständige Eifersucht wirklich unnötig war.

»Ich soll zum Geburtstag zum Fettsack? Zu eurem piefigen Griechen, wo ihr immer hockt und über mich lästert? Na herzlichen Dank«, das war Tims Kommentar, als ich ihm von der Einladung erzählte. Natürlich kam er dann trotzdem mit, die Gelegenheit wollte er sich nicht entgehen lassen. »Bin ja mal gespannt, was da für spießige Versicherungsfuzzis abhängen, das kann ja ein lustiger Abend werden«, grummelte Tim, als wir zu Fuß Richtung Taverna marschierten, praktischerweise wohnten wir nämlich nur zehn Gehminuten entfernt. Als wir ankamen, war der Tisch hinten in der Ecke schon fast belegt, ungefähr 15 Leute saßen da und es wurden schon die ersten Ouzos gereicht.

Als Herbert uns sah, sprang er auf und ich stellte erleichtert fest, dass er eine dezente graue Krawatte und ein schlicht-weißes Hemd trug. »Was für ein Kasper«, zischte Tim, als Herbert sich zwischen den Stühlen durchkämpfte, um uns persönlich zu begrüßen. »Schön, dich mal kennenzulernen«, sagte er mit einem Lächeln zu Tim und streckte die Hand aus, »es ist doch okay, wenn wir uns duzen?« Tim grummelte etwas, das klang wie »Geht schon klar«, und schüttelte Herbert widerwillig die Hand. Ich war schrecklich angespannt, die Situation war ja auch irgendwie ungemütlich. Als Herbert mich herzlich umarmte, wurde es aber schon besser. Irgendwie war ich immer entspannt, wenn mein Chef in meiner Nähe war, da konnte auch Tims Anwesenheit nichts gegen ausrichten.

Wir setzten uns, ich bestellte bei Kosta freudig ein Bier und mein Freund orderte ein Wasser. Na, das konnte ja eine feuchtfröhliche Sause werden! Mit zunehmendem Alkoholpegel fiel es mir zum Glück immer leichter, mich nicht von Tims miesepetriger Miene runterziehen zu lassen. Ich unterhielt mich wirklich nett mit Erika und Jürgen, einem befreundeten Paar von Herbert. Zu viert hatten wir richtig was zu lachen, während Tim gelangweilt neben mir lümmelte und demonstrativ an seinem Handy herumspielte.

Gegen ein Uhr, wir waren nur noch sechs Leute, schlug Herbert vor, wir könnten ja bei ihm noch einen Absacker nehmen. Erika und Jürgen entschuldigten sich, sie müssten früh aufstehen. Jonas, ein Bowling-Kumpel von Herbert, rief sich auch lieber ein Taxi und so blieben nur noch wir drei übrig. Ich war mittlerweile so angeschickert, dass ich die Aussicht, mit meinem schlecht gelaunten Freund und meinem gut gelaunten Chef auf dessen Sofa zu sitzen, ziemlich lustig fand. »Suuuper, wir sind die dreisten Drei und nehmen jetzt noch einen«, frohlockte ich und knuffte Tim in die Seite. Er verzog das Gesicht und knurrte: »Na denn. Ich will dem jungen Glück ja nicht im Wege stehen.« In Wahrheit wollte er nur wissen, wie Herbert wohnte, um dann später noch besser ablästern zu können. Das vermute ich jedenfalls. Anders kann ich mir nicht erklären, dass er wirklich mitkam. Wir stiegen zu dritt ins Taxi und fuhren nach Hagen-Haspe.

Kaum in Herberts wirklich geschmackvoller Wohnung ohne Schnickschnack und Gedöns angekommen, steuerte der Gastgeber Richtung Küche, um Getränke zu holen. Tim und ich nahmen im Wohnzimmer Platz, er auf dem Ledersessel neben dem Sofa. Also saßen Herbert und ich nebeneinander, und weil Tim wie üblich nicht viel sagte, waren wir bald in ein Gespräch vertieft. Ich war bestens gelaunt, schlürfte meine Weißweinschorle und versank immer tiefer in den Polstern.

»Sag mal, hattest du eigentlich schon mal etwas mit einer Kollegin?«, fragte ich Herbert, darüber hatten wir tatsächlich noch nie gesprochen. Ich glaube, das Thema fanden wir in dem Moment beide unglaublich wichtig – jedenfalls begann ein längeres Gespräch über Liebe am Arbeitsplatz. Tims Anwesenheit hatte ich in meinem beduselten Zustand eigentlich schon völlig vergessen, bis er sich erhob und verkündete, er würde jetzt mal pinkeln gehen. »Ja, Schatz«, erwiderte ich automatisch und wandte mich wieder Herbert zu.

Schöne braune Augen hat der, dachte ich, während er mir von seiner Exfrau erzählte, die er als Versicherungsvertreter vor 16 Jahren kennengelernt hatte. Und nachdem ich das zum ersten Mal bemerkt hatte, rutschte ich gleich noch ein bisschen näher an ihn heran. Huch, da war ja ein Knopf von seinem Hemd offen, direkt über seinem süßen Waschbärbauch. »Halt mal, Chef«, murmelte ich, beugte mich hinüber und begann, an ihm herumzufummeln, um das Ding wieder zu schließen. »Das muss doch gehen, das blöde Knopfdingens«, fluchte ich und rutschte noch näher ran. Herbert sah meinen Bemühungen interessiert zu, fragte dann aber flüsternd: »Sag mal, wo ist eigentlich dein Freund?«

Ich schreckte zurück. Tim! Den hatte ich ja ganz vergessen. »Aufm Pott!«, rutschte es mir heraus und halblaut fügte ich hinzu: »Komisch, der braucht aber lange. Dem ist wohl die Rhodos-Platte nicht bekommen!«

Als Tim fünf Minuten später immer noch nicht zurück war, machten wir uns auf die Suche. Aber er war nirgends zu finden. Die Tür des Gäste-WC stand offen, in der Küche war er auch nicht und das Schlafzimmer war dunkel und leer. »Ach, egal«, sagte ich, schnappte mir Herberts große, warme Hand und zog ihn Richtung Wohnzimmer. »Wir haben ganz andere Sorgen. Der Knopf muss doch zu!« Als ich mich wieder über ihn beugte, nahm er plötzlich mein Gesicht in seine Hände und zog mich ein Stückchen hoch, sodass ich ihm direkt ins Gesicht sah. »Über die elektrische Parmesanreibe zum Geburtstag habe ich mich sehr gefreut«, sagte er, »aber eigentlich habe ich mir schon lange etwas ganz anderes gewünscht.«

Dann küsste er mich ganz vorsichtig. »Ihhh, dein Schnurrbart kribbelt«, entfuhr es mir. Oh nein, Mist! Wie blöd von mir! Herbert wich zurück. »Äh, nein, halt, das bin ich nur nicht gewöhnt«, sagte ich schnell und küsste ihn einfach wieder. Ja, das Teil kribbelte schon ein bisschen beim Knutschen, aber es war trotzdem wunderschön. So zärtlich! Und so innig, wow, so hatte Tim mich schon lange nicht mehr geküsst. Ganz liebevoll hielt Herbert mich im Arm, streichelte mir immer wieder über die Wangen. Ich guckte ihn an und in mir breitete sich ein ganz warmes Gefühl aus. Er wollte etwas sagen, aber ich küsste ihn und kuschelte mich dann an seine Schulter. »Das fühlt sich so gut an, danach habe ich mich so lange gesehnt«, flüsterte er mir ins Ohr und das Gefühl wurde noch wärmer, »bleibst du hier?«

Irgendwie war mir in dem Moment klar, dass er nicht die nächsten Stunden meinte. Und irgendwie war mir klar, dass ich bleiben wollte, so verrückt das auch war. Es fühlte sich so an, wie es sich anfühlen muss und wie es sich schon ewig nicht mehr angefühlt hatte. Mein Herbert! Mein Chef! Statt zu antworten, befreite ich mich aus seiner Umarmung, stand auf und sagte: »Komm, lass uns schlafen gehen.« Mir war klar, dass die Sache mit Tim und unserer frisch renovierten Wohnung damit erledigt sein würde. Ich hatte schon ordentlich einen intus, aber in diesem Moment war ich ganz klar. Und als ich neben Herbert lag, mich erschöpft und glücklich an ihn kuschelte, da war Tim schon ganz weit weg. Es war so schön gewesen, so liebevoll und so vertraut, ich war wirklich ganz überwältigt und konnte es eigentlich gar nicht glauben.

»Ja, ich bleibe«, flüsterte ich, kurz bevor ich in seinen Armen einschlief. Ich bin geblieben, bis heute. Und es war die beste Entscheidung, die ich treffen konnte. Jetzt bin ich Herberts Sekretärin, sein Mädchen für alles und seine Frau fürs Leben. Ich liebe ihn mitsamt seinem Schnauzbart und seinem kuscheligen Bauch. Nur neue Krawatten habe ich ihm gekauft.

Ach ja und Tim, der rennt immer noch mit seiner gefälschten Prada-Brille durch die Gegend und verbreitet schlechte Laune.

4. GESCHICHTE VOM SEX MIT KOLLEGEN

Wilde Jungs –
wo die Liebe hinfällt

*Maxime (33), Sängerin, Düsseldorf,
über
Karl (35), Lichttechniker, Köln*

Den Kalle, den habe ich nie vergessen. Die Sache ist jetzt über zehn Jahre her, aber ich muss sagen: An Kalle denke ich immer noch, wenn mir mein Herzchen mal wehtut. Dann stelle ich mir vor: Mädchen, wenn du den jetzt noch hättest, dann wärest du nie in diesen Mist geraten. Kalle hat mich wirklich von Herzen geliebt, der hat alles für mich getan. Dabei war der nun ganz bestimmt nicht der Typ, von dem irgendjemand gedacht hätte, dass der sich in eine Transe verguckt!

Wenn du als Mann lieber eine Frau wärst, dann gibt es drei Möglichkeiten, na ja, das dachte ich jedenfalls früher immer. Möglichkeit Nummer eins: Du versteckst dich, führst nach außen ein biederes Leben als Ehemann und lässt dich irgendwann von deiner Frau in ihrer eigenen Unterwäsche erwischen. Und die ist meistens auch noch viel zu klein, was den Anblick noch erschreckender macht. Möglichkeit Nummer zwei: Du versuchst es im Showbusiness und hoffst, dass du mit einer Travestie-Show eines Tages so was wirst, was die Leute dann liebevoll Kult-Transe nennen. Und Möglichkeit Nummer drei: Du wirst Prostituierte, aber was machst du dann mit über vierzig?

Möglichkeit Nummer eins kam für mich nicht in Betracht, keinen Moment lang. Ich habe schon ganz früh gemerkt, dass ich anders war als die anderen Kinder, aber ich musste ja selbst erst mal herausfinden, was das denn überhaupt hieß. Als mir das so einigermaßen klar war, habe ich Farbe bekannt. Am Tag nach meinem 16. Geburtstag habe ich einen Familienrat in unserem Wohnzimmer mit Eichenschrankwand und Perserteppich einberufen – und da hab ich dann meinen Eltern mit klopfendem Herzen gestanden, dass ihr einziger Sohn sich eigentlich eher wie die einzige Tochter fühlt. »Mein Junge, aber was willste denn als Frau beruflich machen?« Das war die erste Reaktion von meinem Vater. Wobei ich sagen muss, dass der tapfere Vati insgesamt doch recht gefasst reagiert hat. Und meine Mutter, die war auch gleich auf meiner Seite, sie hat zu mir gesagt: »Sohn, wenn du mal darüber nachdenkst, dich ganz zur Frau operieren zu lassen, dann sei dir sicher, wir stehen hinter dir. Egal ob du Jan oder Janina bist!«

Statt Janina bin ich Maxime geworden: Ich habe mich mit Anfang zwanzig für das Showbusiness entschieden. Ich muss sagen, das war genau die richtige Entscheidung, beruflich läuft es seitdem nämlich ganz prächtig bei mir. Was mit Sicherheit auch daran liegt, dass ich bisher immer ein bisschen Glück hatte im Leben. Na gut, zumindest, was das Berufliche angeht, aber jetzt zurück zum Privaten!

Also, ich lernte den Kalle kennen, da war ich schon gut im Geschäft: als Conférencieuse bei einer Travestie-Show. Wir hatten einen Pianisten, einen Haufen Glitzerfummel, dramatische Gesten und Lieder von Abba bis Zarah Leander im Programm. Ja, und damit sind wir in ganz Deutschland in Varieté-Theatern aufgetreten – vom Pulverfass in Hamburg bis zum Friedrichsbau in Stuttgart. Ich habe als rothaariger Vamp Maxime LaFemme durch das Programm geführt, herrliche Marlene-Dietrich-Klassiker wie

Ich bin von Kopf bis Fuß auf Liebe eingestellt gesungen und charmante Scherzchen mit den männlichen Gästen getrieben. Einer musste gegen Ende der Show zu mir auf die Bühne kommen und mit mir den Maxime-Knotentanz vollführen, das war der Knüller des Abends.

Und bei allem, was ich da oben so getrieben habe, stand ich immer im besten Licht da: mal unter einer rosa angestrahlten Discokugel und mal im gleißenden Spotlight. Unser Beleuchter, das war nämlich der Kalle. Klaps-Kalle, so habe ich ihn genannt. Zwar hat er seinen Job wirklich gut gemacht, aber ich konnte diesen Mann überhaupt nicht ausstehen. Er hieß eigentlich Karl, war damals so Mitte zwanzig, ein richtiger Frauentyp: dunkelhaarig, groß, durchtrainiert. Und seine Lieblingsbeschäftigung war es, schlechte Witze zu erzählen, während er das Licht für die Show aufbaute:

»Steht eine Transe an der Tankstelle und hält sich den Zapfhahn in den Hintern. Kommt eine Oma vorbei und sagt: ›Also, das ist aber nicht normal!‹ – ›Ne, das ist Super!‹«

Das war genau Kalles Niveau. Diesen Witz habe ich bestimmt 783-mal von ihm gehört, den hat er nämlich in jeder Stadt, in der wir waren, nacheinander dem Theaterchef, der Kassiererin, dem Barmann und jedem, der ihm über den Weg lief, erzählt. Wie peinlich das war! Aber Kalle war unkündbar, sein Bruder war nämlich unser Manager, was wichtig klingt, aber man hätte ihn auch »Mädchen für alles« nennen können. Ganz nebenbei war er auch für mein Herzklopfen verantwortlich, Olav war nämlich auch mein großer Schwarm. Er hatte rein optisch schon viel Ähnlichkeit mit Kalle. Aber er war charmant, höflich – und schwul.

»Der wäre doch was für dich«, sagte meine Freundin und Mitbewohnerin Susanna immer zu mir. Wobei es Susanna eigentlich vollkommen egal war, wen ich mir angelte. Hauptsache, ich angelte mir überhaupt mal einen! Sie war Krankenschwester und seit sechs Jahren mit Manfred, ihrem Freund, zusammen. Manfred arbeitete bei den Stadtwerken, die beiden hockten jeden zweiten Abend in unserer Wohnung herum, guckten Fernsehen – und schienen sich dabei ganz besonders schlimm zu langweilen. »Wir könnten so schöne Spieleabende zu viert machen, wenn du endlich mal einen Freund hättest«, quengelte Susanna nämlich immer. »Oder wir machen Pärchen-Kochen! Du brauchst dringend einen Freund, dann würden wir bestimmt auch viel mehr unternehmen, so mit zwei Paaren, das wäre doch toll!«

Mein Gott, wie dieses Mädchen mir manchmal auf den Geist gegangen ist mit ihrem Verkuppel-Drang. Ich fand mich nämlich eigentlich ganz gut als Alleinunterhalterin – auf der Bühne und im wahren Leben.

Auch äußerlich war ich damals längst eine Frau, und das nicht nur während der Show. Die Kleider, die Schuhe, das war ja alles keine Verkleidung, das war ja ich. Deshalb habe ich auch früher schon keine Perücken, sondern lange Haare getragen. Dank Diane 35, meiner täglichen Tabletten-Dosis weiblicher Hormone, hatte auch meine Figur allmählich weibliche Formen angenommen. Nur an der Oberweite mangelte es für meinen Geschmack – dafür hatte ich untenherum noch einige Zentimeter zu viel. Aber insgesamt fühlte ich mich doch sehr wohl in meiner zarten Haut.

Trotz Knackpo, Charme und langer Beine ignorierte allerdings Olav meine Flirtversuche weiterhin. Oder er kapierte sie nicht, ich war mir nicht so sicher. Sein missratener Bruder hingegen hackte ständig auf mir herum, was mich an manchen Tagen wirklich den letzten Nerv kostete. Wir haben uns richtig gekabbelt, er brachte mich mit seinen Hetero-Macho-Sprüchen, den schimmeligen Schwulen-Witzen und seinen spöttischen Bemerkungen über meine Auftritte regelmäßig zur Weißglut.

Bis zu der Nacht, in der Olav seinen dreißigsten Geburtstag feierte. Unser Manager hatte in eine Schwulenbar in Düsseldorf geladen, es waren mehr als achtzig Gäste da: Schwule, Transen, Heteros, alles fröhlich gemischt. »Heute Nacht wird es passieren!«, verkündete Susanna strahlend, als wir uns in unserem Bad drängelten, um uns zu schminken. »Heute Abend wirst du dich endlich verlieben. Und wer weiß, vielleicht gibt es morgen schon ein fröhliches Vierer-Frühstück in der Küche!« Fröhliches Vierer-Frühstück, die Frau hatte Ideen! Ich würde einem Verehrer sicher nicht schon am ersten Morgen zumuten, mit meiner dauersabbelnden Freundin und ihrem morgenmuffeligen Freund in unserer WG-Küche altes Toastbrot zu kauen.

Die Party war, wie sie sein sollte: wild, bunt und lustig. Und ich tat genau das, was ich mir beim Schminken schon vorgenommen hatte: Ich spielte Badewanne und ließ mich langsam volllaufen. Je mehr Wodka Lemon ich intus hatte, desto aufgeschlossener reagierte ich auf Susannas Verkupplungsversuche. Als Alkoholvorräte und Party sich gegen drei Uhr nachts allmählich dem Ende näherten, schlug sie Olav vor, noch mit zu uns zu kommen, wir hätten nämlich noch drei Flaschen Crémant im Kühlfach. Er reagierte nicht so, wie er reagieren sollte. Trotz diverser Drinks war der Mann immer noch so verdammt zurückhaltend und murmelte etwas, das klang wie: »Ach, na ja, ob das jetzt noch sein muss?« Dafür packte mich sein Bruder am Arm, strahlte mich an und sagte: »Da bin ich doch dabei! Wir köpfen den Crémant und drehen ganz gepflegt eine Runde durch!« Durchdrehen? Gute Idee! Was wollte der denn plötzlich? Die Reaktion war an und für sich ja richtig, aber der Bruder war der Falsche!

Ach, es war mir mittlerweile egal. Ich würde einfach noch mehr trinken, dann würde ich das Gestichel und Generve von Klaps-Kalle schon irgendwie ertragen. Zehn Minuten später saß ich mit ihm, Susanna und dem total blauen Manfred im Taxi zum Stadtteil Pempelfort. In der Wohnung angekommen, stürmte Kalle in die Küche, steuerte direkt auf den Kühlschrank zu, stand sekundenlang irritiert davor, wahrscheinlich auf der Suche nach dem versprochenen Crémant. Na gut, da hatte Susanna ein bisschen übertrieben. Aber Soave aus dem Discounter ist doch auch lecker!

Und immerhin, das mit den zwei Flaschen war richtig gewesen. Eine davon fischte Kalle heraus und riss anschließend sämtliche Schubladen auf, weil er keinen Korkenzieher fand. »So geht das nicht, mein Hasilein«, rief ich, als ich in die Küche kam. Ich wusste, dass er es nicht ausstehen konnte, wenn ich ihn »Hasilein« nannte – und um ihn richtig zu ärgern, tätschelte ich ihm auch noch von hinten zärtlich den Po. Ich hatte erwartet, dass er angewidert zur Seite springen würde. Aber nichts da: Kalle drehte sich langsam um, schaute mich grinsend an, gab mir auch einen Klaps auf den Hintern und sagte: »So, meine Süße, jetzt hol mir mal den Korkenzieher, sonst versohl ich dir den nackten Arsch!«

Huch! Ich war so perplex, dass ich wortlos den Hängeschrank öffnete und das gewünschte Teil herausholte. Bevor ich mir in meinem beschwipsten Kopf eine angemessene Reaktion zurechtdenken konnte, kam Susanna in die Küche. »Ihr beiden, wir gehen jetzt doch schon ins Bett, der Manfred, der ist so breit, da geht nichts mehr. Aber ihr kommt ja hier schon zurecht!« – »Spinnst du?«, rutschte es mir heraus, »ihr könnt uns doch nicht allein lassen!« Das konnten Susanna und Manfred allerdings doch und das taten sie auch. Bevor meine Mitbewohnerin ihre Zimmertür hinter sich erst schloss und dann auch noch abschloss, raunte sie mir noch zu: »Dann nimm halt den! Der ist doch total spitz auf dich – und eigentlich sieht er auch noch ordentlich was besser aus als sein Bruder!«

Mit diesem Ratschlag überließ sie mich meinem Schicksal. Und Kalle. Der hatte es sich auf meinem Bett gemütlich gemacht. Also mal wirklich, dachte ich bei mir, wie kann denn das jetzt sein? Was will denn der Kerl bloß von mir? »Komm her«, grunzte er und zog mich zu sich aufs Bett. »Weißt du was, du kleines Luder? Ich finde dich richtig scharf. Schon lange, lange, lange, aber das hab ich dir natürlich nie gesagt!« Sein beschwipstes Nuscheln, dazu das schiefe Grinsen und seine große, männliche Hand, die meinen Hintern tätschelte, das gefiel mir ehrlich gesagt schon ganz gut.

Also beschloss ich, das Gespräch zu beenden, und küsste ihn. Und das gefiel mir noch besser, wir wälzten uns wild knutschend im Bett, er fummelte an meinem Kleid herum, fand schließlich den Reißverschluss und zog es mir sanft von den Schultern. Ich trug zwar einen schicken schwarzen Spitzen-BH – allerdings ließ der Inhalt zu wünschen übrig. Aber Kalle blieb tapfer, er knutschte einfach weiter, stöhnte leise und ich spürte, wie seine Hand kraulend und kratzend immer tiefer wanderte in Richtung ... »Halt«, stöhnte ich und packte sein Handgelenk. »Weißt du eigentlich, was dich da erwartet?«, stieß ich heiser hervor. Man musste dem Jungen ja eine Chance geben, den Rückzug anzutreten, bevor es zu Begegnungen kommen würde, die der kleine Klaps-Kalle womöglich nicht verkraften würde. »Da erwartet mich das beste Stück der Frau, die ich vögeln will«, erwiderte der allerdings erstaunlich geistesgegenwärtig und schaute mir tief in die Augen. »So, und nun lass mich ran.«

Ein paar Minuten später waren wir beide nackt und die ganze Angelegenheit begann, irgendwie anstrengend zu werden. Kalle gab sich mit meinem Schwanz mindestens genauso viel Mühe wie mit der richtigen Belichtung der Discokugel – aber damit hatte er einfach mehr Erfahrung. Unbeholfen rubbelte und zuppelte er an mir herum – als hätte er nicht selbst auch so ein Teil in der Hose! Er war aber nicht von seiner Expedition abzubringen. »Ich will, dass du kommst«, flüsterte er mir immer wieder ins Ohr. »Wenn du so weitermachst, kann ich mir die OP sparen, dann fällt das Teil gleich von ganz allein ab«, raunte ich zurück. Das wirkte! Er nahm die Hand von meinem Schwanz und mich in den Arm. »Das lerne ich noch«, flüsterte er mir ins Ohr. Ich erwiderte gar nichts, weil ich einfach nur dalag und vollkommen ausgelastet damit war, betrunken, verwirrt, angestrengt und irgendwie auch gerührt an die Decke zu starren. Dabei bin ich dann auch eingeschlafen.

Der nächste Tag begann mittags um halb eins mit einem Schock. »Du bist ja immer noch hier!«, rief ich entsetzt. Ja, er war noch da. Nicht ganz nüchtern, aber nicht mehr im Vollrausch. Ich hatte erwartet, dass Macho-Kalle längst verschwunden sein würde, wenn ihm langsam zu Bewusstsein käme, was hier passiert war. Oder eben aufgrund technischer Defizite seinerseits eben nicht passiert war. Stattdessen gähnte dieser Kerl, reckte sich genüsslich in meinem Bett und schnappte sich meine Hand. »Du denkst, das wäre alles nur geschehen, weil ich blau war«, sagte er leise. »Aber so ist es nicht. Ich habe mich in dich verliebt, in dich als Menschen. Ich bin nicht schwul, ich stehe nicht auf Männer. Ich stehe auf dich, auf deinen Humor, deine Sprüche, deine Eleganz, ich mag deine Haare, deine Augen und wie du auf der Bühne mit dem Hintern wackelst«, jetzt wurde sein Griff um meine Hand etwas fester, »Süße, ich habe das schon länger gemerkt. Aber ich wollte das nicht.« Ich wollte das auch nicht. Das, was jetzt hier vor sich ging. Kalle, in mich verknallt? Ich war vollkommen fassungslos.

Um die Sache kurz zu machen: Wir sind dann gemeinsam frühstücken gegangen, mit Susanna und Manfred und trockenem Toast, ganz wie sie es sich gewünscht hatte. Das war aber auch die einzige gemeinsame Aktivität, die wir in drei Jahren mit den beiden auf die Reihe bekamen. Drei Jahre, genau. So lange waren Kalle und ich ein Paar, wir tourten zusammen, er machte das Licht, ich sorgte für den Glamour auf der Bühne. Ein glückliches Paar – bis auf seine furchtbare Eifersucht. Er war sogar dagegen, dass ich mir endlich anständige C-Körbchen-Brüste machen ließ. Habe ich dann trotzdem getan, kurz danach kam die Trennung. Ich konnte es nicht mehr ertragen, dass er mich ständig kontrollierte.

Aber geliebt habe ich ihn wie verrückt. Na, mal ehrlich, eigentlich tu ich das heute noch. Aber Kalle ist verheiratet, seit sieben Jahren, er hat zwei Kinder. Er hatte wohl recht, auch wenn ich das am Anfang nicht geglaubt habe: Unsere Liebe, die hatte nichts damit zu tun, dass er gern mal mit einem Mann oder mit einer Transe ins Bett wollte. Er hat mich geliebt, mich als Wesen, unabhängig vom Geschlecht. Dass er verheiratet ist, das weiß ich von seinem Bruder, von Olav. Kalle und ich, wir haben uns nach unserer Trennung nämlich nie wiedergesehen. Ich glaube, wir werden einander niemals vergessen.

5. GESCHICHTE VOM SEX MIT KOLLEGEN

Die Praktikanten-Premiere

Melanie (28), Speditionskauffrau, Marburg,
über
Kai (20), BWL-Student, Marburg

Er war zwanzig Jahre alt, acht Jahre jünger als ich. Ein großer Junge mit großen braunen Augen. Sein Blick war unsicher, er betrat den Raum, ohne mich anzuschauen, schien nicht genau zu wissen, ob er sich setzen dürfte. Also blieb er in der Tür stehen. Er wirkte mit der Situation überfordert, blickte aber nun direkt zu mir. Wir schauten uns an, sekundenlang verhakten sich unsere Blicke, unangemessen lange, intensiv, verstörend. Ich, an meinem Schreibtisch sitzend, und er, an der Tür am anderen Ende des Raumes.

War das wirklich Hilflosigkeit, die aus seinen Augen sprach, war er wirklich verunsichert oder war das nur ein Spiel? Er schaute nicht weg. Kam nicht auf mich zu.

»Guten Tag«, sagte er. Nur zwei Worte, leise ausgesprochen, aber seine tiefe männliche Stimme überraschte mich so, wie sein Verhalten mich irritierte. Doch ich erlöste ihn und mich nicht aus dieser Spannung, bot ihm keinen Platz an. Ich schaute ihn an, ohne ein Wort zu sagen, ohne seinen Gruß zu erwidern. Ich ließ meinen Blick über ihn schweifen, ich sah, dass er seine kastanienbraunen Haare mit ein wenig Wachs in Form gebracht hatte, er hatte sich Mühe gegeben heute Morgen. Ich betrachtete kurz sein Gesicht, seine blasse Haut, seine schön geschwungenen, weichen Lippen, die leicht geöffnet waren, als wollte er noch etwas sagen. Doch er schwieg jetzt. Mein Blick glitt tiefer, er trug einen schwarzen Rollkragenpullover, dunkelblaue Jeans, er war groß. Sein Körper schien athletisch. Mein tiefes Ausatmen klang in der Stille, die zwischen uns herrschte, laut, fast schon obszön. Seit er den Raum betreten hatte, waren ungefähr zehn Sekunden vergangen. Eine winzige Zeitspanne. Aber schweigend, unter Anspannung verbracht, können zehn Sekunden sich anfühlen wie Minuten.

Schließlich durchbrach ich die Stille, die Spannung im Raum: »Guten Tag, Sie sind Herr Drews?« Meine Stimme durchschnitt das Schweigen unangemessen laut. Ich blickte ihm direkt in die Augen. Er erwiderte den Blick. »Ja«, sagte er nur. »Ich bewerbe mich um das Logistik-Praktikum.«

Ich bat ihn, Platz zu nehmen. Als er sich auf den Stuhl direkt vor meinem Schreibtisch setzte, wehte sein Geruch zu mir herüber, ein Hauch nur. Aber diese herb-süße Mischung aus Aftershave und frischem Schweiß, dieser männliche Geruch an diesem Jungen, erregte mich. So, wie sein allererster Blick mich erregt und gleichzeitig provoziert hatte. Zum Schweigen provoziert, dazu, ihn zu betrachten und seine Irritation ein bisschen zu genießen. Zehn Minuten lang dauerte unser offizielles Gespräch, ich fragte die üblichen Dinge, nach seiner Motivation, seinen Zielen, warum er sein Praktikum ausgerechnet bei uns machen wollte.

Keine seiner Antworten interessierte mich.

Dass er wiederkommen würde, war klar, seit er den Raum betreten hatte. Ich spürte ihn bereits körperlich, als er nur vor mir saß und ich seinen Geruch in der Nase hatte. Es war die Wärme, die ich zwischen meinen Beinen spürte. Ich wollte ihn haben. Und ich hatte ihn verdient. Die letzten Monate waren schmerzhaft gewesen. Ich hatte nur Trauer und Verletzung gefühlt, wegen einer Liebe, die ich nicht hatte halten können. »Denk mal nur an dich, gönne dir etwas«, hatten meine Freunde mir geraten. Und seit ich ihn gesehen hatte, spürte ich sie endlich wieder, die reine sexuelle Lust. Warum dieses Gefühl mich bei einem jungen Praktikanten überfiel, diese Frage kam mir in den Sinn, häufig und drängend. Weil von ihm keine Gefahr ausging? Weil ich keine Angst haben müsste, verletzt zu werden von einem Jungen, der von mir abhängig war? Ich weigerte mich, weiter darüber nachzudenken. Keine Fragen, keine Skrupel. Diese Lust würde ich mir gönnen. Und niemand außer uns beiden würde jemals davon erfahren.

Ich wurde mir meiner Sache jeden Tag sicherer. Ich wollte ihn vögeln. Ich wollte, dass seine braunen Augen mich ansahen, meine Nacktheit betrachteten. Ich wollte seine Gier spüren, seine Gier, meinen Körper anzufassen, zu lecken, zu fühlen. Ich wollte den Jungen und den Mann, der er auch war, außer sich sehen. Seinen jungen Körper rasend vor Geilheit machen.

Zwei Wochen nach seinem ersten Arbeitstag war ich entschlossen, mir eine Gelegenheit zu verschaffen, meine Fantasien wahr werden zu lassen. Dabei hatte ich immer wieder Unsicherheit gefühlt. Die Blicke, die wir uns zuwarfen. Sein Lächeln, wenn er mich morgens sah. Die Tatsache, dass er immer wieder in mein Büro kam, die Tür hinter sich schloss, um sich dann auf den Stuhl vor meinen Schreibtisch zu setzen, sodass ich ihn riechen, ihn körperlich fühlen musste. Tat er das, um mir nah zu sein, weil es ihm ähnlich ging wie mir? Oder war es ganz anders, war er wirklich an den Abläufen interessiert?

Unsere Gespräche in meinem Büro waren stets rein beruflich: Der Praktikant fragt die Chefin, langweilige Dialoge zu Lieferfristen und Disposition. Doch da war mehr, oder interpretierte ich nur mehr hinein? Wir schauten uns in die Augen, nur eine Sekunde zu lange – wenn wir uns gegenübersaßen, passierte es immer wieder. Ich war verwirrt und fragte mich abermals: Warum wollte ich mit einem Praktikanten ins Bett? War ich durch meine letzte Beziehung so verunsichert, dass ich jetzt jüngere Männer brauchte, um mich begehrenswert zu fühlen? Nein, das war nicht so, darum ging es mir nicht. Seine Unsicherheit und die gleichzeitige Lässigkeit, die er ausstrahlte, reizten mich ebenso wie die Aussicht auf schnellen, aber intensiven Sex. Auf Erlebnisse ohne Verletzungen, ohne Schmerz, ohne tiefe Gefühle. Mit dem Körper statt mit dem Kopf wollte ich ihn haben.

Meine Lust wurde an einem Freitag in meinem eigenen Büro befriedigt.

Wegen einer Tourenplanung war er länger geblieben, ich hatte ihm angeboten, daran mitzuarbeiten. Um 18 Uhr waren wir allein, wir saßen in meinem Büro. Ich auf den Schreibtisch gestützt vor dem Computer, er hatte sich einen Stuhl direkt neben mich gestellt. Ich spürte wieder die Wärme zwischen meinen Beinen, als ich ihn roch, seine Präsenz spürte. Ich erklärte ihm unsere Ortec-Software, die wir zur Tourenplanung einsetzten. Ich wusste, dass ihn das langweilen musste, aber ich tat es, weil ich immer noch unsicher war. Vielleicht war er wirklich nur aus einem Grund länger geblieben: weil er etwas lernen wollte – und nicht, weil er ein Abenteuer suchte. Mit einer Frau, die viel älter war, und vor allem: mit einer Frau, mit der es noch nicht einmal einen wirklich offensichtlichen Flirt gegeben hatte. Da waren immer nur diese kurzen elektrisierenden Blicke gewesen. Während ich sprach, spürte ich, wie er mich von der Seite ansah. Er wendete den Blick nicht ab, ich versuchte, weiterzusprechen. Doch ich stockte, drehte mich zu ihm und unsere Blicke trafen sich. Keiner von uns senkte den Blick, wir starrten uns an, mit fast unerträglicher Spannung.

Ich atmete laut ein, laut wieder aus, ich sagte etwas. Wie bei unserer ersten Begegnung klang meine Stimme in unserem Schweigen unangenehm laut.

»Du willst mich«, sagte ich, ihm weiter in die Augen schauend. Dann hob ich meine Hand, umschloss seinen Nacken und zog ihn fast schon grob zu mir heran. »Ja«, flüsterte er, so leise, dass ich es kaum hören konnte. Ich beugte mich ein Stück vor und küsste seine weichen, vollen Lippen. Als ich ihn berührte, fiel die unangenehme Spannung, die Unsicherheit von mir ab. Ich fühlte nur noch mit geschlossenen Augen, wie er meinen Kuss erwiderte, langsam, genießerisch. Seine Hand lag auf meinem Oberschenkel, er massierte mich sanft. Das hatte ich spüren wollen, schon lange, dieses ziehende Gefühl im Bauch, die feuchte Wärme zwischen meinen Beinen, danach hatte ich mich gesehnt in den letzten Monaten.

Und ein zwanzigjähriger Praktikant gab es mir zurück, das Lustgefühl, das innere Schmelzen.

Wir hatten Sex auf meinem Schreibtisch. Ich saß darauf, er stand vor mir. Es war nicht wild, es ging nichts kaputt dabei, keine Papiere flogen umher, wir inszenierten es nicht. Wir waren beide nackt, wir wollten uns spüren, mein junger Liebhaber und ich. In meinem Büro, nach Feierabend, alles so unglaublich klischeebeladen. Der Gedanke daran kam uns nicht. Es war keine kichernde, giggelnde, schnelle Nummer. Er war vorsichtig, behutsam, er schaute mich an, wirkte wieder fast unsicher, als er in mich eindrang. Wir küssten uns, ich war erfüllt, sah seinen Blick, seine braunen Augen, die er immer wieder schloss, hörte sein leises Stöhnen, das immer lauter wurde, unterbrochen von meinem Seufzen. Ich klammerte mich an ihn, fühlte seine straffe Haut, die Schultern, den Rücken, seine Muskeln, ich war wie betäubt von seinem Geruch, seinem Rhythmus, dem ganz puren Gefühl, gevögelt zu werden. So hatte ich es mir gewünscht.

Mein Orgasmus war laut und heftig.

Er war stiller, nur ein Stöhnen, ein tiefes, heftiges Stöhnen, ein Zucken, geschlossene Augen, er verzog das Gesicht fast schmerzhaft. Ich umarmte ihn, hielt ihn fest, er umschlang mich, sah mich an und sagte: »Das werde ich niemals vergessen. Dich werde ich niemals vergessen.« Dann wandte er sich ab, atmete laut ein und aus – und flüsterte fast unhörbar: »Du warst die Erste.«

Ich konnte es nicht fassen. Sein erstes Mal?! Ich hatte ihn entjungfert? Nein! Erst wollte ich es ihm nicht glauben, aber seine

Unsicherheit, ja fast Verschämtheit war so groß, dass ich ihn in den Arm nahm, fast schon mütterlich – und mir irgendwie schmutzig vorkam, als hätte ich ihm etwas weggenommen, was mir gar nicht gehörte.

Wir haben nie wieder Sex gehabt. Ich konnte nicht, ich kam mir ihm gegenüber plötzlich vor wie eine lüsterne ältere Frau, wie in einem schlechten Film. Er machte sein Praktikum zu Ende, er verschwand aus meinem Leben. Ich werde in seinem stets präsent bleiben, als die erste Frau, mit der er Sex hatte. Mittlerweile macht mich das fast ein bisschen stolz.

6. GESCHICHTE VOM SEX MIT KOLLEGEN

Karriereturbo Mann – Ein Mittel zum Zweck

*Janina (36), Projektentwicklerin, Köln,
über
Clemens Eggerstedt (51), Bauunternehmer, Lüdenscheid*

Das darf doch nicht wahr sein! Wenn ich Ihnen den Auftrag erteile, dann erwarte ich pünktliche Lieferung«, dröhnte die Stimme aus dem Büro meines Chefs. »Sie sind ein Versager! Sie haben mir gesagt, dass das Projekt termingerecht abgeschlossen wird! Haben Sie eine Vorstellung, was das kostet?«

Die Stimme, die sich da vor Wut fast überschlug, war nicht die meines Chefs. Sondern die unseres wichtigsten Kunden. Das Bauprojekt, das er bei uns in Auftrag gegeben hatte, entschied über die Zukunft unserer Firma. Also auch über meinen Job. Ich machte mir langsam ein bisschen Sorgen, weil ich die Stimme meines Chefs nur sehr leise und fast schon flehend durch die gepolsterte Bürotür dringen hörte. Herr Lieselowski, der Stiesel. Ließ sich einfach so unterbuttern. Fachlich war er absolut kompetent, aber in Machtspielchen mit Kunden versagte er regelmäßig. Dass das Projekt in Verzug war, das lag jedenfalls nicht nur an unserer Firma, da kamen eine Menge Faktoren zusammen.

Am liebsten hätte ich die Bürotür aufgerissen und den feinen Herrn Eggerstedt mal richtig zur Schnecke gemacht. Wie unglaublich großkotzig der sein konnte, dabei fand ich ihn eigentlich ganz lässig. Der war eben nicht so ein Konsens-Kasper wie mein Chef. Schon rein äußerlich: Hansjoachim Lieselowski war eher der Typ Jean Pütz, was jetzt überhaupt nicht negativ gegen Jean Pütz gemeint ist. Aber als Chef einer Baufirma würde der schnurrbärtige Bastler auch keine beeindruckende Figur abgeben. Clemens Eggerstedt hingegen war groß, souverän und männlich. Der frühe Dennis Quaid gegen Jean Pütz – das war ja nun wirklich kein faires Duell.

Ich beschloss, mein Chefchen zu unterstützen. Ein gut gemachter Latte würde die Situation auflockern und ich hätte einen Vorwand, ins Büro zu gehen – eventuell könnte ich da noch etwas retten. Meine fachliche Kompetenz war meiner Meinung nach nämlich um keinen Deut geringer als die meines Chefs. Als Sekretärin kannte ich alle Abläufe. Und ohne arrogant sein zu wollen: Der liebe Gott hatte mich mit mindestens so viel Gehirnschmalz bedacht wie den lieben Herrn Eggerstedt.

In unserer Küchenecke schnappte ich mir Gläser und bereitete den beiden Herren zwei astreine Latte Macchiato aus unserer frisch angeschafften Espressomaschine. Das rotlackierte Teil war so stylish, dass es in unserem piefigen Büro mit dem Charme der Achtziger (grauer Linoleumboden, Yuccapalme, Hängeregister) auffiel wie Lady Gaga beim Jahrestreffen der westfälischen Landfrauen. Aber ich hatte darauf bestanden, exakt dieses Modell zu kaufen. Ich mochte die tiefrote Farbe, die fast schon sinnlichen runden Formen. Und ich fühlte mich ihr verbunden: Oftmals kam ich mir in Lüdenscheid genau so vor wie eine knallige Kaffeemaschine in einem trüben Büro. »Jetzt solidarisiere ich mich schon mit Elektrogeräten«, murmelte ich stirnrunzelnd. Es wurde wirklich Zeit, dass ich mich nach einem neuen Job umsah.

Und vielleicht waren die Aussichten ja gar nicht die schlechtesten ...

Mit einem strahlenden Lächeln und meiner ziemlich engen blauen Bluse, die ich soeben um einen weiteren Knopf geöffnet hatte, betrat ich das Büro. Mir schlug eine Wolke aus verbrauchter Luft, männlichem Schweiß und markantem Aftershave entgegen. Lieselowski und Eggerstedt waren am kleinen Konferenztisch gerade in vermutlich wahnsinnig wichtige Unterlagen vertieft und hoben erstaunt die Köpfe. »So, die Herren, ich habe Ihnen Kaffee gemacht, ich glaube, Sie können einen kleinen Koffeinschub gebrauchen«, flötete ich und schenkte Dennis Quaid ein verschwörerisches Lächeln, während ich mich tief über den Tisch beugte und ihm den Latte Macchiato mit feinster weißer Milchschaumkrone langsam hinüberschob. »Na, das ist doch mal eine Maßnahme, danke schön, Frau ...«, dröhnte seine tiefe Stimme. »Wehland, Janina Wehland«, erlöste ich ihn schnell und schaute ihn herausfordernd an. Er musterte mich aus graugrünen Augen, ohne sein Gesicht zu verziehen.

Sein Blick jagte mir einen kleinen Schauer über den Rücken. Eher aus Respekt denn aus Erregung. Dieser Mann war echt ein Macher, das strahlte er mit jeder Faser aus. Fand er meinen gewollt laszsiven Auftritt total daneben? Jetzt war es mir irgendwie doch peinlich, dass ich meine Bluse so weit geöffnet hatte. Eggerstedt hatte das mit Sicherheit durchschaut und hielt mich jetzt für eine beschränkte Vorzimmerschlampe. Ich spürte, wie ich errötete.

»Ach, Frau Wehland, wo sind denn bloß die Unterlagen mit den Verträgen der Zulieferer?«, zeterte mein Chef mitten in meine unangenehmen Gedanken. Ich zuckte kurz zusammen, stellte ruckartig die zweite Tasse Kaffee auf den Tisch und richtete mich auf. »Die habe ich drüben auf meinem Schreibtisch«, antwortete ich bemüht sachlich, aber mit immer noch glühenden Wangen. Und fügte dann eine Spur zu laut hinzu: »Ich bin alle Verträge noch mal durchgegangen. Wir sind im Verzug, weil diverse Zulieferer ihrerseits ihre Zusagen nicht eingehalten haben, einen Moment ...« Ich drehte mich abrupt um und verließ hastig das stickige Büro. »Ich hole die Unterlagen«, rief ich im Hinausgehen noch und steuerte erleichtert auf meinen Schreibtisch zu.

Bevor ich mit drei Aktenordnern bepackt ins Chefbüro zurückkehrte, schloss ich den oberen Knopf meiner Bluse. Der Blick von Eggerstedt hatte mich verunsichert. Und das ärgerte mich, denn ich hielt mich erstens für sexy und zweitens für ziemlich souverän. Aber diesem Testosteron-Bullen stand ich offenbar genauso hilflos gegenüber wie mein Chef. Immerhin schien unser bester Kunde sich durch meinen Kaffee-Auftritt ein bisschen beruhigt zu haben: Als ich hereinkam und mich zwischen beide Männer an den Tisch setzte, sah er mich herausfordernd an und sagte: »Ich bin gespannt, Frau Wehland. Vielleicht können Sie mir ja einleuchtend begründen, wie es zu diesem Verzug kommen konnte …«

Eine dreiviertel Stunde später war die Sache zwar nicht aus der Welt, aber Eggerstedt hatte eingesehen, dass es nicht allein unser Versagen war, das den Bau verzögert hatte. Das hatte ich ihm eindeutig belegt, während der liebe Herr Lieselowski sich hektisch den Schnurrbart gezwirbelt und gelegentlich ein paar nichtssagende Anmerkungen eingestreut hatte, um überhaupt noch so etwas wie Kompetenz zu vermitteln. Ich nahm die Unterlagen und erhob mich: »Ich mache Ihnen in den nächsten Tagen eine Aufstellung über alle ausstehenden Lieferungen und die daraus entstehenden Kosten«, versprach ich und merkte, wie Eggerstedt mich von unten bis oben musterte. Aber dieses Mal löste der Blick bei mir kein Unbehagen aus, und das lag nicht nur daran, dass der Blusenknopf jetzt geschlossen war. Ich war ziemlich stolz auf mich – mit hoch erhobenem Kopf verließ ich das Büro und schloss die Tür hinter mir. Dem hatte ich es gezeigt! Mit einem zufriedenen Lächeln ging ich zur Espressomaschine, legte die Hand auf ihre kühle rote Oberfläche und atmete tief durch.

»Cappuccino oder Latte Macchiato?«, hörte ich eine tiefe Stimme hinter mir. Ich zuckte zusammen, drehte mich aber nicht um. Wer da hinter mir stand, war schließlich klar. »Möchten Sie einen Kaffee?«, fragte ich und freute mich in dem Moment, dass ich einen gewissen ironischen Unterton in meiner Stimme hatte, obwohl mir gerade ganz flau im Magen wurde. Eggerstedt ging einen Schritt auf mich zu, ich spürte plötzlich eine große Hand auf meiner rechten Schulter und atmete heftig ein. »Ich möchte keinen Kaffee von Ihnen«, sagte er leise und drehte mich sanft und energisch zugleich zu sich herum. In diesem Moment versagte meine Schlagfertigkeit und ich sagte kein Wort. Mir fiel nichts ein. Absolut gar nichts. Stattdessen schaute ich ihn an und spürte, wie das Blut in meinen Wangen pulsierte. Und zwischen meinen Beinen. Ich starrte ihn sekundenlang mit halb geöffnetem Mund an, diesen souveränen Mann, diesen Kerl, und ich fragte mich, ob sein Schwanz auch so groß und stark sei wie er.

»Du bist besser als dein eigener Chef«, sagte er und seine sonst so raumfüllende Stimme klang erstaunlich leise. »Zeit für einen Wechsel. Ruf mich an, heute noch«, sagte er und zog eine Visitenkarte aus seiner dunkelbraunen Jacketttasche. »Hier, ruf auf dem Handy an!« In dieser Sekunde wünschte ich mir, er würde sagen: »Und zieh dich aus, sofort.« Aber Clemens Eggerstedt nahm die Hand von meiner Schulter, drehte sich um, verließ das Büro und überließ mich am Kaffeevollautomaten der Geilheit, die sich in den letzten zwei Minuten explosionsartig in mir breitgemacht hatte. Na wunderbar, ich war am Ziel meiner Träume, hatte endlich eine Option, nicht mehr das Kindermädchen für meinen liebenswerten, aber unfähigen Chef zu spielen, sondern selbst Karriere zu machen. Und was tat ich? Dachte nur daran, den Mann, für den ich arbeiten wollte, ins Bett zu kriegen. Andererseits: Woran dachte denn wohl Alphamännchen Eggerstedt? Der wollte mich doch auch vögeln und fand es wahrscheinlich einfach praktischer, wenn ich im gleichen Gebäude und damit stets verfügbar wäre.

Von Lieselowski sah ich an diesem Nachmittag nichts mehr. Die Bürotür war zu und ging erst um 18 Uhr auf, als er mit fliegendem Schnauzbart hinausstürmte. »Tschüss, Frau Wehland, ich muss weg, habe Termine«, rief er hektisch und zog die Tür hinter sich zu. Mein Chef konnte es wohl gar nicht ertragen, dass ich ihn vor Eggerstedt ausgebootet und damit seine Kompetenz infrage gestellt hatte. Die Sekretärin hat mehr Ahnung als der Chef, na ja, das wirft in der Tat kein gutes Licht auf den Chef. Ich rekelte mich zufrieden auf meinem beigebraunen Bürodrehstuhl und beschloss, Eggerstedt anzurufen.

Eine Stunde später hatte ich seinen Schwanz im Mund. Einen Schwanz, der war wie sein Besitzer: groß, stark und beeindruckend. Wir waren uns am Telefon sehr schnell handelseinig geworden: »Um 19.30 Uhr in meinem Büro. Lassen Sie die Unterlagen in der Schublade, ich will persönlich mit Ihnen reden«, hatte Eggerstedt nur gesagt. Als er die Tür seines Büros hinter mir schloss, berührte er leicht meine Schulter und sagte mit tiefer Stimme: »Wir sind ungestört, meine Mitarbeiter habe ich nach Hause geschickt. Ich nehme an, Sie kommen, weil Sie sich, äh, beruflich verändern möchten?« Ich nickte nur und spürte, wie sich die Härchen an meinen Armen aufstellten und mich ein wohliges Kribbeln durchfuhr. »Dafür müssen Sie nicht mit mir ins Bett gehen, Janina. Ich stelle Sie ein, weil Sie verdammt gut sind. Aber ...«, und jetzt wanderte seine Hand von meiner Schulter über meinen Rücken Richtung Hintern, »das schließt ja nichts aus.«

Er packte mich fest, drehte mich zu sich und küsste mich. Besser gesagt: Er schob mir seine Zunge in den Mund, presste meinen Arsch an seinen harten Schwanz und schob mich langsam in Richtung der schwarzen Ledercouch seines Chefbüros. Geil! Dieses Alphamännchen des Baugewerbes war richtig scharf auf mich. »Oh ja, komm, küss mich«, stöhnte ich provokant und unterstrich das mit einem tiefen Seufzen. »Immer mit der Ruhe«, erwiderte er, ließ von mir ab und schaute mich mit einem so durchdringenden Blick an, dass ich ein kräftiges Ziehen in meiner Muschi spürte. Dann setzte er sich ganz gemütlich auf sein Sofa, breitbeinig, natürlich, machte die Hose seines schwarzen Hugo-Boss-Anzugs auf und holte ihn raus. Ihn, seinen großen, steifen Schwanz.

»Los, leck ihn«, befahl er knapp. Und als gute Angestellte in spe bückte ich mich, robbte zwischen seine Beine und berührte seine Eichel ganz zart mit der Zungenspitze. Dann nahm ich ihn in den Mund, so weit ich konnte, drückte mit meiner Zunge gegen die straffe, weiche Haut dieses wirklichen Prachtexemplars. Er atmete schwer und legte seine große, warme Hand auf meinen Hinterkopf. Während ich mich ausgiebig seinem Schwanz widmete, kraulte ich ihm sanft seine Eier und war zufrieden mit mir: Ich ließ Dennis Quaid gerade das volle orale Verwöhnprogramm zuteil werden. Und er würdigte es angemessen, der Mann keuchte und stöhnte, fast war es ein Grunzen. Während ich seinen Schwanz fest in der Hand hielt und ihn betont gierig von oben bis unten ableckte, schielte ich unauffällig auf meine silberne Armbanduhr, ein Geschenk meines Verflossenen.

Zehn Minuten waren vergangen, seit Don Eggerstedt sich auf das Ledermöbel niedergelassen hatte. Das sollte genügen. Ich unterbrach mein Blas-Programm abrupt, leckte mir genüsslich über die Lippen und beugte mich über ihn. »Du bist der Wahnsinn«, stieß er hervor, »komm, jetzt fick ich dich!« Oh nein, mein Lieber! »Falsch«, sagte ich sanft, »jetzt gehe ich. Wir wollen doch nicht schon beim Vorstellungsgespräch jegliches Pulver verschießen. Wir machen einen Termin für nächste Woche, wir müssen schließlich noch die Rahmenbedingungen für meinen Arbeitsvertrag aushandeln!«

Ich küsste den völlig verdutzten Mittelstandsunternehmer auf seine schweißfeuchte Stirn, richtete mich auf, knöpfte die Bluse zu und verließ das Büro. Nicht so souverän, wie ich gehofft hatte, ein bisschen benommen war ich schon. Na gut, der Mann hatte mich scharf gemacht. Aber ich hatte keine Sorge, dass wir unsere Unterredung fortsetzen würden.

Und so kam es. Am nächsten Vormittag rief mich seine Sekretärin an. Zwei Monate später fing ich bei Eggerstedt als Projektentwicklerin an, fast doppeltes Gehalt wie bei Jean Pütz, zwei mir unterstehende Mitarbeiter und ein mir ergebener Chef, mit dem ich mich jede Woche für ein paar Stündchen im herrlich anonymen Mercure Hotel in Lüdenscheid treffe.

Nicht mehr lange allerdings. Vor vier Tagen bekam ich ein Angebot aus Köln. Ich weiß auch schon, wie ich meinen Abgang bei Eggerstedt inszeniere ...

7. GESCHICHTE VOM SEX MIT KOLLEGEN

Sex unter Laborbedingungen

*Mareike (25), Studentin, Hamburg,
über
Dr. Stefan Hilmer (37), Labormediziner, Lauenburg*

Ich beschäftige mich an drei Tagen in der Woche mit den Ausscheidungen fremder Menschen. Okay, ich sage es mal, wie es ist: Ich wühle in der Scheiße. Und dann beschrifte ich sie. Irgendwie muss ich mir mein Germanistikstudium ja finanzieren. Montags, dienstags und donnerstags bin ich Aushilfe in einem medizinischen Zentrallabor. Ein langgestreckter weißer Bungalow aus den Siebzigern, mitten im Gewerbegebiet eines Hamburger Vororts. Hier werden jeden Tag Proben aus den Arztpraxen der Umgebung geliefert: Urin, Blut, Sperma und eben das, was wir ganz vornehm »Stuhlproben« nennen. Klingt ja auch irgendwie sauberer, fast schon gemütlich. Ich sammle also die Stuhlproben aus den Lieferantenkisten heraus, entnehme dem beiliegenden Zettel, auf was untersucht werden soll, und schreibe das mit Edding auf die kleinen durchsichtigen Plastikröhrchen. Salmonellen, Yersinien, Soor, Helicobacter. Klangvolle Namen für ernsthafte Probleme des menschlichen Innenraums. Ich fange um zwölf an und bleibe bis abends um acht, bis die letzte Ladung Proben geliefert ist.

Auf dem Parkplatz vor dem Labor steht Susis Pommesluke, ein Imbisswagen und gleichzeitig die inoffizielle Kantine. Der Mief nach Pommesfett und ranziger Mayo, der Susis Luke umgibt, ist eine angenehme Abwechslung zum warmen Urin-Kot-Blut-Luft-Gemisch im Labor. Wenn ich arbeite, gehe ich um zwölf rüber zu Susi und bestelle Pommes mit doppelt Mayo. Mein fettiger Trost – seitdem ich im Labor arbeite, habe ich drei Kilo zugenommen.

Den Job hat mir meine Tante Irmi vor einem halben Jahr vermittelt, die arbeitet schon seit vierzehn Jahren im Labor Dr. Cremer. Irmi wiegt 130 Kilo bei 1,68 Metern. Früher habe ich nicht verstanden, warum sich ein Mensch so vollstopft. Das Wort »Frustfressen« war in meinem Wortschatz wohl noch nicht vorhanden.

Irmi hatte am Telefon erzählt, die Arbeit wäre »sauber und ruhig«. Und es gäbe elf Euro in der Stunde. »Das ist doch perfekt als Nebenjob zum Studium!« Ehrlicherweise muss ich gestehen, dass sie das zu meiner Mutter gesagt hatte. Ich vermeide den Kontakt zu Tanten und Onkels, wenn ich nicht gerade zu Geburtstagsfeiern oder Silberhochzeiten zwangsverpflichtet werde. Mit meiner Mutter hingegen telefoniere ich jeden Dienstag. »Ruf doch da mal an, Irmi hat dich schon bei Dr. Cremer angekündigt«, schlug meine Mutter mir also vor, » du kannst erst mal dein WG-Zimmer finanzieren und dich in Ruhe nach einem Job umschauen, der dir auch was bringt. Für dein Studium, meine ich. So was mit Literatur oder so, da wird sich ja schon etwas Passendes finden!«

In meiner grenzenlosen Faulheit war ich sogar dankbar dafür, dass meine Tante mir einen Job in einem Kack-Labor besorgt hatte. Gerade hatte nämlich das Restaurant, in dem ich die letzten zwei Jahre meines Studentenlebens zufrieden vor mich hin gekellnert hatte, Pleite gemacht. Was genau meine Aufgabe im Labor sein würde, wollte ich eigentlich gar nicht so genau wissen. So schlimm kann es ja gar nicht sein, redete ich mir ein, als ich beim Wählen der Nummer doch noch ins Grübeln kam. Immerhin arbeitet Tante Irmi da seit Ewigkeiten, dachte ich. In dem Moment, als mir einfiel, dass Irmis aberwitziger Alkoholkonsum das Tuschel-Thema bei jedem Familienfest war, meldete sich eine weibliche Stimme: »Labor Dr. Cremer, Guten Tag, mein Name ist Stenderlein, wie kann ich Ihnen helfen?«

Fünf Minuten später hatte ich einen Vorstellungstermin beim Doktor. Für den nächsten Tag. Klar, es ging nur um einen Aushilfsjob, noch dazu um einen, den ich ja sowieso höchstens ein paar Monate lang machen würde. Aber trotzdem war ich aus mir schleierhaften Gründen ein bisschen nervös. Und eine halbe Stunde, bevor ich los musste, um laut Internet-Routenplaner pünktlich auf dem Laborparkplatz anzukommen, stand ich vor meinem weißgelackten Ikea-Kleiderschrank und grübelte. Was trägt man zum Vorstellungsgespräch in einem Labor? Schließlich schnappte ich mir ein schlichtes weißes Top, dazu meine weiße Leinenhose und hellgraue Ballerinas. Ich bin von Natur aus eher ein blasser Typ und habe hellblonde Haare, die ich meistens als Pferdeschwanz trage. Als ich in den Spiegel guckte, kam ich mir selbst geradezu keimfrei vor, weiß, sauber und rein. Na ja, in einem Labor kann das ja nicht schaden, dachte ich und fuhr los.

Vierzig Minuten später stand ich an der Rezeption – ein glänzend lackierter Holztresen in einer hotelartigen Lobby mit dunkelblauem Steinfußboden. Schick, im Laborgeschäft schien die Krise ja noch nicht zugeschlagen zu haben. Na ja, aufs Klo müssen die Leute eben immer. Eine freundliche Mittvierzigerin erklärte mir, der Doktor würde mich gleich abholen. Oha! Der Doktor Cremer persönlich?

»Dr. Hilmer ist Chef der Bakteriologie«, erklärte die dauergewellte Empfangsdame. Drei Minuten später stand der Chef der Bakteriologie vor mir. Und ich war verwirrt. Halblange dunkelblonde Haare, blaue Augen, Bartstoppeln. Der Kerl gehörte auf ein Surfbrett, nicht in ein Labor! Er reichte mir seine Hand, begrüßte mich »Hi, ich bin Stefan Hilmer« und ich schaltete bei dem

Anblick automatisch vom Dienst- auf den Flirtmodus um. Das kann ich ziemlich gut: Meine Stimme wird zwei Nuancen tiefer, ich ziehe die rechte Augenbraue ein bisschen in die Höhe und sage mit einem Lächeln, von dem ich denke, dass es verführerisch aussehen könnte: »Hallo.« Das war in diesem Fall ein bisschen wenig. Aber mehr fiel mir nicht ein. Also folgte ich ihm wortlos durch die Empfangslobby in einen Flur, von dem breite weiße Türen mit Namensschildern abgingen. Als wir an seinem Büro angekommen waren, öffnete er die Tür, stellte sich in den Rahmen und sagte: »Kommen Sie doch rein.« Ich ging an ihm vorbei hinein, meine Schulter streifte seine Brust und in diesem Moment war ich meiner dicken Tante dankbar, dass sie dafür gesorgt hatte, dass ich im Büro dieses sexy Mannes im Arztkittel lande. Elf Euro die Stunde und eine Affäre mit dem Chef, hey, dafür kann man auch Kackwürste sezieren, dachte ich mir.

Das Büro war schlicht, funktionell und der graue Schreibtisch leer bis auf einen Laptop. Die ersten drei Minuten verbrachte ich damit, Dr. Stefan Hilmer von meinem bisherigen Berufs- und Studentenleben zu erzählen. In den nächsten zehn Minuten erläuterte er mir meine zukünftige Tätigkeit als kittletragende Laboraushilfe. Natürlich hörte ich ihm kein bisschen zu, stattdessen guckte ich ihm direkt in die Augen, strich mir die Haare hinters Ohr, ganz beiläufig natürlich, und schlug die Beine langsam übereinander. Die üblichen Signale eben, die in jedem Taschenbuch-Flirtratgeber stehen. In den darauffolgenden Minuten ging er ganz selbstverständlich zum Du über. Ich hatte nichts dagegen.

»So, genug geredet, jetzt zeige ich dir mal deinen zukünftigen Arbeitsplatz«, sagte er plötzlich und stand von seinem ergonomischen Bürodrehstuhl auf. »Oder hast du keine Zeit mehr? Wäre schade!« – »Natürlich, gern«, sagte ich schnell und meine Stimme war vor Überraschung gar nicht mehr flirtratgebermäßig tief und lasziv. Ich folgte ihm zur Tür, er öffnete sie, wieder ließ er mich an sich vorbeigehen, dieses Mal war die Berührung meiner Schulter an seiner Brust schon deutlicher. Ein Schauer durchfuhr mich, ich blieb stehen, direkt vor ihm. Dann hob ich meinen Kopf, blickte ihm in die Augen – eine Sekunde, zwei Sekunden, dann fragte ich mit einer Stimme, die wieder nicht so lässig klang, wie ich mir das vorgestellt hatte: »Und nun, Herr Doktor? Wo geht's lang?« Er erwiderte meinen Blick. Und er ließ sich Zeit mit der Antwort. Wortlos hob er seine Hand, legte sie sanft auf meine Schulter und sagte beneidenswert lässig: »Wo es langgeht, zeige ich dir jetzt!« Dann ging er voraus.

Ich folgte ihm mit weichen Knien und auffällig erhöhter Pulsfrequenz durch den Flur zurück zum Empfang, dann in den nächsten Flur, links um die Ecke, wieder ein Flur – ich hatte vollkommen die Orientierung verloren. Schließlich bog er ab, zog einen Schlüssel aus seiner Kitteltasche und öffnete eine schmale Tür. »Fangen wir mit dem Wichtigsten an, dem Raum mit den Brutschränken«, sagte er grinsend. »Ich dachte, das würde dich bestimmt sehr interessieren, oder?« Jetzt verkniff ich mir ein Lachen. »Oh ja, wahnsinnig interessant!«, entgegnete ich und ging an ihm vorbei durch die offene Tür. Dieses Mal, ohne ihn zu berühren. Ich liebe es, beim Flirten ein bisschen zu spielen. Nähe und Distanz, die alte Geschichte. Ich war gespannt, was er sich einfallen lassen würde, um mir wieder näher zu kommen.

Der Raum war fast dreißig Quadratmeter groß, das einzige Fenster war von Lamellen verdeckt, wie man sie in fast jeder Arztpraxis vor die Fenster hängt. Es war schummrig, aber nicht dunkel. An den Wänden standen große, summende Metallschränke mit Digitalanzeigen. Vor allem war es hier stickig. Warm, stickig – und es roch unangenehm. Schlecht gelüftet, fast ein bisschen wie abgestandene Essensgerüche. »Na, das ist ja ein idyllisches Plätzchen, Herr Doktor«, sagte ich und drehte mich zu ihm um. Er stand direkt vor mir. Sah mich an, ohne mich zu berühren. »Was soll ich dir noch zeigen?«, fragte er mich und ich spürte seinen Atem im Gesicht. Mir wurde plötzlich sehr warm – lag das nun an den miefenden Brutschränken oder daran, dass dieser verdammt heiße Arzt vor mir stand und es offenbar darauf anlegte, mich zwischen den Brutschränken zu vögeln?

»Was muss ich denn noch wissen?«, fragte ich, dieses Mal mit einer Stimme, die von ganz allein heiser, fast krächzend klang. Er streichelte mein Gesicht, fuhr mit der Hand zu meinem Nacken, umfasste ihn sanft und zog mein Gesicht in seine Richtung. »Wir sollten uns erst mal kennenlernen«, flüsterte er und drückte mich gegen die Wand. Direkt neben einen der Brutschränke. Und dann endlich küsste er mich, hart, wild, verlangend, seine Zunge füllte meinen Mund aus, ich war atemlos. Was ja ganz praktisch war, so blieb mir der Brutkastenmief wenigstens für einige Sekunden erspart. Ich keuchte, schlang meine Arme um seinen Hals, drückte mich an ihn. Gut, dass ich die Leinenhose anhabe, dachte ich noch, die war nämlich ziemlich weit – das merkte Dr. Stefan Hilmer in diesem Moment auch. Er zog sie samt Slip und ohne Probleme herunter, während er mich weiter küsste. Seine Hand war zwischen meinen Beinen, genau an der richtigen Stelle, aber in diesem Moment schweiften meine Gedanken kurz ab.

Was, wenn er sich die Hände nicht gewaschen hatte? Fiese Stuhlprobenbazillen können nicht gesund sein! Ich sah mich schon bei meinem Frauenarzt, mit Schmerzen und in Erklärungsnöten. »Ich will dich«, flüsterte mein zukünftiger Chef plötzlich in mein Ohr. Mein Verstand setzte dankenswerterweise aus, mein Körper übernahm wieder die Kontrolle. Und der wollte das Gleiche wie der Doktor. »Ja«, keuchte ich nur, öffnete mit zittrigen Händen seinen weißen Kittel.

Zehn Minuten später waren wir so gut miteinander bekannt, dass wir nebeneinander an einem brummenden Brutschank lehnten, mein weißes Shirt mit Spermaflecken verziert, die jedoch dank ihrer Farbe nicht weiter auffielen. »Das war ... ziemlich gut«, sagte ich heiser, »ich glaube, ich nehm den Job!« Er grinste mich breit an, sagte: »Kein Problem, den Einstellungstest hast du mit Bravour bestanden. Schade, dass ich wohl nicht mehr in den Genuss deiner Arbeitskraft kommen werde. Ich habe zum nächsten Ersten gekündigt.« Ich war zu perplex, um intelligent zu antworten. Mir entfuhr nur ein dümmlich klingendes »Was?!« – »Sieh es mal so«, antwortete er, »das heißt, wir müssen in Zukunft nicht mehr in stinkenden Brutkastenräumen vögeln. Meine Wohnung ist eindeutig komfortabler!«

Um es kurz zu machen: Ich hatte danach eine kurze Affäre mit Dr. Stefan Hilmer. So lange, bis ich feststellen musste, dass ich nicht die einzige Labormitarbeiterin war, der er auch nach dem Jobwechsel regelmäßig den Feierabend versüßte.

Heute, ein halbes Jahr und drei Frustkilos später, kann ich immerhin sagen, dass ich meinen Job mit einem Höhepunkt begonnen habe. Auch wenn es seitdem bergab geht. Aber das wird bald vorbei sein: Ich mache ein Auslandssemester in Südafrika. Man muss sich schön selbst aus der Scheiße ziehen, das habe ich gelernt.

8. GESCHICHTE VOM SEX MIT KOLLEGEN

Führ mich, bitte

*Katja (34), Verlagskauffrau, Buchholz in der Nordheide,
über
Frank Klaus (44), Verkaufsleiter, Berlin*

Liebe Kollegen, hiermit möchte ich mich Ihnen als neuen Leiter des Verlagsbüros Berlin vorstellen. Ich freue mich auf eine gute Zusammenarbeit und hoffe, Sie bei Gelegenheit auch persönlich kennenzulernen!«

So kurz, so fad. Die erste Mail, die ich von Frank Klaus, 44 Jahre alt, Anzeigenverkaufsleiter Berlin, bekam. Vor vier Monaten war das, kurz nach der Mittagspause. Mir war ein bisschen übel. Dafür konnte der neue Kollege aber nichts. Ein Nudelsalat mit Mortadellafetzen hatte meinen leeren Magen kurzfristig überfordert. Trotzdem, meine Laune war bestens. Die Sonne schien, ich trug das erste Mal mein hellblaues Blümchenkleid und hatte auf dem Weg zurück in mein Büro mindestens vier bewundernde Blicke von männlichen Kollegen registriert. Ja, so etwas freut mich. Als frisch verlassene Fast-Mittdreißigerin ist Anerkennung eine wichtige Sache.

Und weil ich so beschwingt war, antwortete ich dem unbekannten Mann aus Berlin auf seine nichtssagenden Begrüßungszeilen. »Lieber Herr Klaus, es ist erfreulich, dass Sie unser Anzeigenverkaufsteam jetzt verstärken. Dann gehen Sie mal schön auf Kundenfang, ich setze auf Sie! Mit den herzlichsten Grüßen, die man unbekannterweise versenden kann: Katja Cordes.« Danach beschäftigte ich mich wieder damit, einen Sanitärhersteller aus dem Allgäu schriftlich davon zu überzeugen, dass unsere Magazine quasi ausschließlich von Menschen gelesen werden, die dringend eine neue Duschwand brauchen.

Eine halbe Stunde später machte es sanft *pling*. Post für mich! »Xing: Frank Klaus möchte Sie als Kontakt hinzufügen« erschien in meinem Mailprogramm. Eigentlich hatte ich mich bei dem Selbstdarstellungsnetzwerk für Büromenschen nur angemeldet, um herauszufinden, was aus meiner Studienliebe Klaus-Martin Üppelmann geworden war. Nicht viel, wie ich befriedigt feststellte. Üppelmann arbeitete in einem Kieswerk und hatte sich prahlerisch den Titel »Manager« verpasst. Gelächter! Der Typ war schon immer ein großkotziger Trottel gewesen. Wahrscheinlich managte er die Kieslaster-Auslastung. Nach diesem irgendwie erfreulichen Recherche-Ergebnis hatte ich vergessen, mich bei Xing abzumelden.

Und nun hatte ich nach Monaten Post bekommen – von meinem neuen, unbekannten Kollegen. Zu der Kontaktanfrage hatte er nur geschrieben »Ich mag Ihr Foto. Gruß, F. Klaus«. Wollte Herr Verlagsbüro mit einer Charme-Offensive für ein gutes Arbeitsklima sorgen? Zutiefst durchschaubar – aber irgendwie fühlte ich mich geschmeichelt. Wie gesagt, eine frisch verlassene Fast-Mittdreißigerin eben ...

»Sie Charmeur! Ich sehe schon, Sie wissen, wie man sich bei den Kolleginnen beliebt macht. Sie können ja offensichtlich nicht nur Anzeigen, sondern auch sich selbst ganz gut verkaufen, hmm?«

Seine Antwort kam nach drei Minuten. *Pling.*

»Sie bringen mich zum Schmunzeln. Haben Sie denn noch Tipps für mich? Ihre Selbstdarstellung scheint mir ja nahezu perfekt zu sein ...«

In den folgenden Stunden beschäftigte ich mich nicht mehr mit Duschwänden. Innerbetriebliche Kommunikation ist mindestens genauso wichtig, das war schon immer meine Meinung gewesen –

und ich arbeitete heute eben mal an einem guten Arbeitsklima. Nach zwei weiteren Mails waren wir beim Du. Kurz vor Feierabend waren wir erheblich weiter. »Du arbeitest zu viel. Muss man dich am Halsband aus dem Büro zwingen?«, fragte er. »Ein Halsband – klingt interessant«, antwortete ich. Vier Minuten später: *Pling!* Ihm ging es wie mir, keine Frage. Er lauerte auf meine Worte wie ich auf seine. »Erzähl mir davon. Von deinen Vorstellungen. Den privaten, meine ich ... Da gibt es noch viel zu entdecken, scheint mir. F. K.«

Das war der Punkt, an dem ich normalerweise »Halt mal, was passiert denn hier?« gedacht hätte. Tat ich aber nicht. Ich wusste, was passierte. Und ich merkte, dass ich weitermachen wollte. Weiter, weiter, sehen, wie weit, wie weit es gehen konnte, mit diesem Mann, von dem ich nur das kleine Schwarzweißfoto kannte, das auf seinem Profil zu sehen war. Ich saß wie ein hypnotisiertes Karnickel vor meinem Bildschirm und ersehnte das *Pling*. Die Kollegin aus der Disposition verabschiedete sich um halb sieben, mein Chef kurz danach. Ich blieb in meinem Blümchenkleid wie festgeklebt sitzen. »Mein Herr«, schrieb ich und hoffte, dass er die Zweideutigkeit erkennen würde, »ich fühle mich ertappt. Auslieferung. Hingabe. Sich vergessen. Was mache ich hier?«, diese Frage war rein rhetorisch. Die Antwort löste ein Prickeln aus. »Du öffnest dich. Du lässt mich dein Inneres sehen. Willst du benutzt werden?«

»Ja. Wie fühlst du dich an?«

»Vertraut stark. Und hart.«

Ich erschauerte schon wieder, noch heftiger.

»Du kannst mit vier Worten mehr auslösen als andere mit ihrem ganzen Körper.«

Um halb neun, siebeneinhalb Stunden nach der ersten Mail, bekam ich den ersten Befehl von meinem neuen Kollegen. »Deine Arschbacken. Deine Pussy. Deinen Mund. Will ich sehen. Schicke mir Fotos. Jetzt.«

Ich schloss kurz die Augen, atmete tief ein und aus. Dann fuhr ich entschlossen den Rechner und mein erhitztes Inneres runter. Ich versuchte es zumindest, indem ich mir lauter moralisches Zeug einredete: Das bringe ich nicht. Ich werde einem Mann, von dem ich erstens nichts weiß und mit dem ich zweitens in Zukunft über Anzeigen-Sonderkonditionen für Sanitärkunden diskutieren muss, kein Foto von meinem Hintern schicken. Geschweige denn von meiner Vulva. Also bitte. Geht gar nicht, das bin ich nicht, so bin ich nicht.

Ein schwacher Versuch meiner Vernunftsebene. Total sinnlos. Ich war angefixt. Weil der Mann die richtigen Worte fand. Er machte mich zum Objekt. Und das fand ich geil, geil, geil, ja, verdammt noch mal, ich wollte benutzt werden. Auch wenn mir das vorher nie klar gewesen war. Seine Worte weckten meine devote Seite, kitzelten mich, machten mich willenlos. Ich fuhr nach Hause, viel zu schnell, riss die Tür auf und stürmte ins Bad.

Erst rasieren, das hatte ich länger nicht getan, wozu auch. Bei mir herrschte völlige Flaute, was Sex anging. Daran muss es liegen, dachte ich, als ich die Stoppeln auf meinem Venushügel gnadenlos komplett eliminierte, mich danach auf mein unschuldig weiß bezogenes Bett legte und das Handy zwischen meine Beine hielt. Ein sattes *Klick* statt eines sanften *Pling*. Ich drehte mich um, streckte meinen Hintern heraus, drückte ab. Die Ergebnisse waren gar nicht schlecht. Eigentlich sogar ziemlich geil, diese Fotosession mit mir selbst machte mich an. Und es bestand keine Gefahr, redete ich mir ein. Anhand meines Hinterns würde mich in der Firma niemand identifizieren können. Ich war aufgeregt, immer wieder: *Klick. Klick. Klick.* Den Hintern weiter raus, so wirkt er knackiger, die Lippen rot, meinen Zeigefinger lasziv in den Mund gesteckt. Ich speicherte die besten drei Fotos ab und fuhr meinen Laptop hoch. Das Geräusch meines Mailprogramms klang anders als in der Firma. *Plong*! Die Wirkung war dieselbe.

»Ich möchte dich von hinten nehmen, deine Haare in der einen Hand, dein Arsch in der anderen, und auch mal sanft schlagen, dann fester, immer fester, bis ich die roten Spuren auf deiner Haut sehe ... Wo bleiben die Fotos?«

Ich schickte ihm die Bilder, kommentarlos. Und musste lächeln. Das hast du mir nicht zugetraut, dachte ich. Ich bin gespannt, wie weit du mit mir gehen wirst ... Die Antwort war nicht nach vier Minuten da. Auch nicht nach acht. Nach zwölf Minuten erst hörte ich das ersehnte *Plong*. Zwölf Minuten fiebrigen Wartens. Mit angehaltenem Atem öffnete ich seine Mail: »Mir geht einer ab! Du gehorchst! Ich wusste es von Anfang an! Ich mache dich zu dem, was du bist. Und du fügst dich in Lust.«

Wir schrieben uns im Minutenrhythmus, ich konnte an nichts anderes mehr denken, der Sanitärkunde hatte seine Anzeige vermutlich auch woanders gebucht – es war mir egal. Jede Mail des Berliner Verlagsvertreters löste einen kleinen Stromstoß zwischen meinen Beinen aus. Es war wie eine Sucht, wir gingen immer weiter.

»Ich will dich besitzen, dich führen, dich nackt und pur vor mir haben. Deine Augen geschlossen, du lieferst dich mir aus. Geh auf die Knie, lecke mich und sieh mich dabei an!«

Um viertel nach eins klingelte das Telefon. Unglaublich! Wer ruft jetzt noch an? Ich schreckte hoch, denn ich war gerade völlig darauf konzentriert gewesen, wie ich die Formulierung »Ich will dich mit meiner Möse umfangen, ganz tief in mir aufnehmen« ein bisschen weniger kitschig gestalten könnte. Das Klingeln riss mich völlig aus meinen Gedanken. Ich wollte es ignorieren – aber ein letzter Funken Pflichtbewusstsein brachte mich dazu, den Hörer abzunehmen.

»Bist du allein?«, fragte eine tiefe männliche Stimme. Mir schoss das Blut in die Wangen. Oh Gott! Das ist er, dachte ich nur, das ist seine Stimme, ich spreche mit dem Mann, der meine tiefsten sexuellen Abgründe kennt. Und von dem ich ganz verdrängt hatte, dass er mein Kollege ist. Der Typ, der in Berlin die Anzeigen vertickt. Der Typ, dessen Schwanz ich lecken soll. Ja, wer denn jetzt? Ich war völlig aus dem Konzept. Er hatte eine Grenze überschritten. Er hatte unseren virtuellen Kontakt real gemacht und das mitten in der Nacht. Das überforderte mich. »Ja«, brachte ich mit brüchiger Stimme hervor.

»Frau Cordes, ich wollte Ihnen nur kurz sagen, dass wir uns am 13. Juni zu einem kleinen Kennenlern-Meeting in Berlin treffen. Ich denke, gute Zusammenarbeit wird noch besser, wenn man sich persönlich kennt. Und wir haben ja viel gemeinsam vor, nicht wahr?«, seine Stimme war jetzt laut und klang geschäftlich. Ein Spiel? »Äh, ja, selbstverständlich, Herr Klaus, finde ich sehr gut. Sag mal, duzen wir uns nicht eigentlich?« Die Gesamtsituation überforderte mich nicht nur. Sie verwirrte mich auch. Er ging auf meine Frage nicht ein, sagte nur knapp: »Die Details bekommen Sie dann schriftlich, ich freue mich auf Sie.«

Zwei Wochen später saß ich im ICE von Hamburg nach Berlin und fühlte mich überraschend entspannt. Du ziehst jetzt das durch, was du dir vorgenommen hast, redete ich mir ein. Und das gab mir ein berauschendes Gefühl. Ich fand mich richtig gut. Lässig, verwegen und absolut sexy. Der Kollege wusste gar nicht, was er für ein Glück hatte – ich meinte es nämlich verdammt ernst. Ich wollte meine Fantasien ausleben und diese Gelegenheit war einmalig. Das war mir bewusst. Eine Begegnung, die ich nie vergessen würde, der Fick meines Lebens. Na gut, zumindest der Fick des Monats. Immerhin kannte ich bisher nur die verbalen Fähigkeiten meines virtuellen Gebieters. Die waren allerdings beachtlich, ich hatte ihm in wenigen Tagen mehr über mich anvertraut als einem Typen wie Üppelmann in zweieinhalb Jahren Beziehung.

In einer halben Stunde würde ich den Kollegen, von dem ich nur ein Foto kannte, in einem billigen Hotel in Charlottenburg empfangen. Nackt, mit gespreizten Beinen. Und ihn danach bei Pasta und Mineralwasser als neuen Kollegen begrüßen.

Ich war auf beide Termine bestens vorbereitet. Ich war perfekt rasiert, hatte kein Parfum aufgetragen, ganz wie er es verlangt hatte. Ich trug keine Unterwäsche, dafür eine graue Bluse, einen schwarzen Bleistiftrock und flache Pumps. Business eben.

Unser offizielles Treffen war um 13 Uhr zum Mittag. Wir waren um elf Uhr im Ibis Hotel in der Brandenburger Straße verabredet. Zehn Minuten vorher checkte ich ein, nahm den Aufzug in den zweiten Stock und schrieb ihm wie verabredet eine SMS. »214« stand darin. Unsere Zimmernummer. Der Raum war klein, stickig und nicht gerade romantisch. Genau richtig also für ein schmutziges Abenteuer in der Hauptstadt. Ich zog mich aus, legte mein Businessoutfit fein säuberlich auf den orange bezogenen Sessel neben dem Bett. Und wurde nervös. Sollte ich wirklich nackt bleiben – mich einem Fremden, nein, einem fremden Kollegen, so schutzlos ausliefern? Was, wenn die ganze Sache nur ein ziemlich geschmackloses Spiel war? Wenn der Anzeigenleiter gleich vor mir stehen würde?

Bevor ich mir dieses Horrorszenario in allen scheußlichen Einzelheiten ausmalen konnte, klopfte es an der Tür. Kein zärtliches *Pling*, das mir eine neue Nachricht anzeigte. Sondern ein bestimmtes *Tock, Tock*. Die Realität wollte rein. Ich zog hektisch die hässlichen braunen Vorhänge vor das Fenster – ein bisschen Schutz im Halbdunkel. Und schnappte mir meine Bluse vom Stuhl, zog sie hastig an, ohne die Knöpfe zu schließen. Dann öffnete ich die Tür, drehte mich abrupt um und setzte mich ans Kopfende des viel zu weichen Doppelbetts.

Im dämmrigen Licht sah ich erst nur seine Umrisse. Er kam langsam ins Zimmer, blieb vor dem Bett stehen und sah mich an. Ich war kein bisschen überrascht. Nicht erschrocken, nicht erfreut. Nur erstaunt darüber, wie selbstverständlich ich ihn ansah. Er war etwas größer als ich, nicht schlank, nicht dick, trug ein dunkelblaues Hemd ohne Krawatte, eine blaue Jeans. Die Haare kurz und braun, sein Gesicht war das eines Mannes, an dem man vorbeigeht, ohne ihn wirklich wahrzunehmen. Frank Klaus sah so normal aus, wie man normal aussehen kann. Bis auf seine Augen. Die funkelten sogar im Halbdunkel schelmisch. »Da bist du ja«, sagte er.

»Ich bin nicht nackt, tut mir leid«, erwiderte ich und musste lächeln. Nicht, weil ich unsicher war. Mir wurde nur die Absurdität der Situation bewusst. Ich entschuldigte mich bei einem Fremden, dass ich ihn bei unserer ersten Begegnung nicht nackt empfing. Er zeigte keine Regung. »Dreh dich um, ich will deinen Hintern sehen«, sagte er ruhig und blieb unbewegt stehen.

Ich tat es. Sofort. Ohne zu überlegen. »Schön«, murmelte er leise und strich mir sanft über den Po. »Macht dich das an?« – »Ja«, antwortete ich. Ja, das machte mich an. Ich spürte eine leichte Gänsehaut, hatte das aufregende Gefühl, etwas zu tun, das eigentlich undenkbar war. Seine Hand wanderte zwischen meine Beine. »Du bist nass. Das mag ich«, die Stimme war nur noch ein Flüstern. »Ja«, flüsterte ich. Ich spürte einen warmen, festen Druck, er bewegte sich langsam, genießerisch. Ich reckte mich ihm entgegen. Geiles Gefühl. »Schau mich an, ich will in deinen Augen sehen, dass du es willst.« Ich drehte mich um, sah ihn an. Mein ganzer Körper war ein Kribbeln. Die Situation erregte mich. Es war genau so, wie ich es mir vorgestellt hatte. Ich hatte keine Kontrolle, deshalb auch keine Verantwortung für das, was passierte. Das war es, was ich gewollt hatte. Ich hatte mich ausgeliefert. Und das fühlte sich berauschend an.

»Knie dich vor mich, mach meine Hose auf.« Ich atmete tief ein. Das erste Körperteil, das meine Lippen berührten, würde sein harter Schwanz sein. Er schmeckte ein bisschen nach Seife, er hatte sich also auch vorbereitet. Braver Kerl. Ich leckte, saugte, sah ihn dabei an, blieb auf den Knien, bis er mir sagte, ich solle mich hinlegen. Die Augen schließen, die Beine spreizen. Es dauerte zehn Minuten, dann kam ich. Heftig, zuckend – aber kurz. Sich fallen lassen – das kann man bei einem Fremden nicht erwarten.

Er lag neben mir, bis auf die offene Hose vollkommen korrekt angezogen. »Von außen so ein braves hanseatisches Mädchen. Und dahinter steckt so eine unanständige Göre. Das gefällt mir«, sagte er mit blitzenden Augen und strich mir zart über die Wange. Danach stand er auf.

»Ich muss los. Wir treffen uns in einer halben Stunde. Meine Kollegin wird dabei sein. Geh noch mal duschen.« Dann drehte er sich um und verließ das Zimmer. Seltsame Situation, dachte ich. Hatte er mich benutzt? Oder ich ihn? Wir hatten uns nicht geküsst. Ich wusste nicht, wie er sich anfühlte. Nur den leichten Seifegeschmack seines Schwanzes hatte ich noch im Mund, als ich das Hotel verließ.

Der Mann, den ich kurz darauf im Restaurant »Zwölf Apostel« traf, war ein anderer. Ein Kollege in Begleitung einer Kollegin. Erstaunlich – aber das hier war eine ganz andere Ebene. Es gab keinerlei heimliche Blicke, es war ein Jobgespräch, völlig losgelöst von der berauschenden Erfahrung, die wir gerade zusammen gemacht hatten. »Wir werden diese wunderbare Sache tief in uns bewahren. Und verschließen. Du wirst niemals ein Wort darüber verlieren«, schrieb er mir Stunden später. Das war sein letzter Befehl. Und der erste, den ich nicht befolgte. Wir verstehen uns übrigens immer noch gut. Rein geschäftlich.

9. GESCHICHTE VOM SEX MIT KOLLEGEN

Eisblau

*Milla (33), Yogastudio-Besitzerin, München,
über
Stefan Marten (39), Immobilien-Investor, München*

Oh nein, ich bin spät! Habe wie üblich die Mittagspause verquatscht und verraucht. Ich wollte doch nicht mehr tagsüber rauchen. Ich bin die Besitzerin des »Inner Balance Yoga Spa«. Und in meiner selbst geschaffenen Welt aus entspannenden Düften und edlem Bambus-Interieur kommt eine abgestandene Nikotinwolke nun wirklich nicht gut. Egal jetzt.

»15.30 Uhr: Wichtig! Herr Marten! Potenzieller Investor!«, zeigt mein Blackberry an. Ich haste durch die Fußgängerzone Richtung Spa, verfluche alles, aber am meisten meine mal wieder viel zu hohen Schuhe, hechte die Treppen hoch und stürze in unsere Oase der Ruhe und des Körperstylings. Und das unter dem tadelnden Blick meiner Empfangsmädchen. Ich sehe, da sitzt schon einer und wird mit grünem Tee bei Laune gehalten. Und mehr sehe ich leider nicht, meine Brille ist irgendwo tief in meiner Balenciaga-Tasche vergraben. Na ja, das wird er wohl sein, der wichtige Herr Marten. Der Mann, der mir sein Geld und seine Kompetenz zur Verfügung stellen soll.

Mein Yoga-Spa läuft fantastisch, ich will expandieren, habe sogar schon Räume in Köln besichtigt. Aber dafür brauche ich einen starken Partner, wie man so schön sagt. Mir allein ist die bundesweite Expansion meiner Yoga-Idee eine Nummer zu groß. Ich stakse immer noch leicht außer Atem in seine Richtung – mit dem süßesten Lächeln und der entspanntesten Aura, die ich gerade so hinbekomme.

»Hallo, Herr Marten? Freut mich sehr«, flöte ich in meinem professionellen Kunden-Singsang. Wow, Moment – was sind das denn für Augen? Strahlend blau, eisblau, blau-blau! Unglaublich, zum Darin-Versinken. Oh, standen mir meine Gedanken gerade auf die Stirn geschrieben? Das Blauauge guckt jedenfalls reichlich amüsiert. »Ein Unfall«, bemerkt er trocken. »Wie bitte?«, rutscht es mir heraus. »Hockey. Bänderriss!«, sagt er – immer noch äußerst amüsiert. »Aber das Gehirn funktioniert! Und in zwei Wochen bin ich wieder heil.« Jetzt sehe ich es selbst – der Mann ist auf Krücken. »Oh, ähm, tut mir leid – wird es denn gehen? Kommen Sie, wir gehen rüber in mein Büro.« Er krückt munter voraus, ich bin immer noch völlig perplex. Die Augen hauen mich um. Und das passiert mir nicht so oft.

Dann sitzen wir da, in meinem lichtdurchfluteten und Feng-Shui-mäßig perfekt eingerichteten Büro, in dem es dezent nach Wasserlilie duftet. Ich bin eben Perfektionistin. Aber halt: Wie sehe ich eigentlich aus? Völlig durch den Wind – die Kippe schwebt bestimmt noch im Raum, die Haare zerzaust, und überhaupt! Egal jetzt, es geht schließlich ums Geschäft. Herrje, ich muss immer hinsehen – diese Augen! Zusammenreißen jetzt: Ich kenne meine Rolle und kann sie tadellos abrufen. Und genau das mache ich jetzt auch. Das gibt mir wieder einen Rahmen, eine Struktur – und die brauche ich jetzt, um hier nicht komplett durchzudrehen. Ich umreiße ihm kurz mein Konzept, fasse meinen Finanzierungsplan zusammen, male ihm die Zukunft des »Inner Balance Yoga Spa« rosig aus. Bundesweit! Einmaliges Konzept! Yoga und Wellness auf stylishe Art. Perfekt zugeschnitten auf gestresste Geschäftsleute!

Na prima, es geht doch! Auch wenn mich dieser Eisblick, dieser Mund, dieses spöttische Lächeln, die Haare, die ihm lässig in die

Stirn fallen, beinahe aus dem Konzept bringen – ich liefere ihm Zahlen, Fakten, Argumente. Weil ich es eben kann! »Ich brauche eine halbe Million«, sage ich und lächle ihn zuckersüß an. Jetzt die Klappe halten. Jetzt muss er kommen. Und er wird kommen, ich bin mir ganz sicher. Sein stahlblauer Blick trifft mich. »Ich denke darüber nach«, sagt er. »Aber bevor ich mein Geld investiere, möchte ich genau erfahren, worum es geht. Ich möchte einen Kurs belegen. Was empfehlen Sie?« Ich erstarre. Ich will sein Geld. Seine Anwesenheit, nun ja, die halte ich eher für gefährlich. Gefährlich für mich. Aber gut, er hat natürlich völlig recht. »Äh«, sage ich, fange mich aber gleich wieder. Ich überzeuge ihn vom »One To One Vitesse Total Balance Extended Power Package«, exklusive Totalentspannung, leichte Yoga-Übungen, innere Mitte, blablabla.

»Schön«, sagt er. »Werden Sie dann meine Trainerin?« Wieder das Blitzen in den Augen. Ha – reingefallen, das denken sie alle, die Kerle. Nix da! Ich lächle wieder, dieses Mal noch süßer und flöte: »Leider nein. Dafür habe ich aber meinen besten Trainer vorgesehen, das macht der Robert.« Rums – das saß! Enttäuscht krückt er aus meinem Büro. Ich lehne mich zurück, schließe die Augen und atme tief durch. Dass mich jemand hier so durcheinanderbringt, kann ich nun wirklich nicht gebrauchen. Aber sein Geld, das brauche ich. Mist.

Eine Woche später ist die Begegnung der himmelblauen Art fast erfolgreich verdrängt. Er hat mir mitteilen lassen, dass er sich erst in vier Wochen, also nach seinem Kurs, endgültig entscheiden wird. Und ich bin gefangen in meinem Yoga-Business-Alltag. Es ist zwanzig Uhr, verdammt, und ich sitze hier noch mit der Kurs-Koordination! Großartig – wozu habe ich eigentlich Angestellte, wenn sie eh immer krank sind?

»Hallo ...«, reißt mich eine männliche Stimme aus meinen mürrischen Gedanken. Ich blicke irritiert hoch. In stahlblaue Augen. »Spätschicht?«, fragt er und sieht mich mitleidig an. »Ja«, antworte ich und lächle. Dieses Mal nicht süß, sondern total euphorisch, ja, geradezu verknallt! Meine Augen versinken in seinen. Sekundenlang. Minutenlang, so kommt es mir vor. Oje, ich muss dringend etwas sagen, irgendetwas, um diese Spannung zu durchbrechen.

»Entschuldigung ... wo ist denn meine Brille? Ich bin, äh, nachtblind, wissen Sie?« Ich schnappe mir meine Handtasche und krame hektisch darin herum. »Ah ja ... jetzt«, ich setze mir das dunkelbraune Gestell auf die Nase. »Jetzt sind Sie wieder richtig scharf«, verkünde ich strahlend und erstarre. Oh nein! Wie dumm war das denn? Er grinst – na immerhin. Ich rede einfach weiter. Small Talk, das wird helfen! »Und, was macht das Training? Geht es Ihnen gut? Und die Bänder?«

»Gehen Sie mit mir essen?«, fragt er und fixiert mich mit seinem Blick. Was? Bitte? Ist das jetzt nicht etwas direkt? »Oh, ähm, ja, sehr nett, aber die Koordination ... Sie verstehen?« Direkter Blick zurück – durch die strenge Brille. Er soll nicht glauben, dass er mich so leicht verunsichern kann. Ich bin kein Kaninchen, das sich der Fuchs einfach so schnappt. Nur sein Blick lässt sich so gar nicht von meinem fesseln, ganz im Gegenteil. Er guckt dreist und direkt in mein Dekolleté! Leicht empört hebe ich eine Braue. Er guckt hoch: »Ich geh mal eine rauchen – oder darf man das selbst vor Ihrem Gesundheitsschuppen nicht?«, fragt er und krückt nach draußen.

Ich bleibe sitzen, völlig perplex, beiße mir auf die Unterlippe. Wieso verstört mich dieser Typ so sehr? Ich stehe auf und stöckele entschlossen Richtung Fahrstuhl. »Fragen Sie mich doch einfach, ob ich mit Ihnen rauchen gehe, das wäre doch ein Anfang«, sage ich lächelnd, als ich aus der Tür in die Dämmerung trete. Sein Schmunzeln im Halbdunkeln. Selbst hier kann ich sie strahlen sehen, diese Augen. Wir stehen nahe beieinander. Ein Stück zu nah. Ich kann ihn riechen. Unglaublich gut, sehr eigen, ein Duft, den ich noch nie irgendwo gerochen habe. Dazu: Reval ohne Filter. Ganz ehrlich – ein Mann, der die falschen Kippen raucht, ist bei mir unten durch. Aber Reval ohne Filter – das ist souverän, ich bin begeistert. Ich sehe ihn an, wir reden nicht viel. Sein Profil ist sehr schön, gerade Nase, perfektes Kinn. Wie alt ist er, vielleicht vierzig? Ich schmelze dahin, mit jedem Blick mehr. Es macht mich doch tatsächlich geil, einfach neben ihm zu stehen! Ich denke angestrengt darüber nach, was es ist, das mich an diesem Mann so fasziniert.

Im Fahrstuhl brennt die Luft zwischen uns. Ich kann ihn riechen, dieser Duft fasziniert mich so sehr. »Vom Wesen her sind wir verwandt, schön verwegen und unerkannt«, meine Lieblingszeile meiner Lieblingsband Selig schießt mir durch den Kopf. Er blickt mich an. Und ich habe absolut keinen Zweifel mehr an seiner Gier. Ich kann sie riechen. Und ich kann sie spüren – in mir. Er steht viel zu nah, er muss sehen, wie scharf ich bin. Zwischen meinen Beinen glüht es, mein Slip ist völlig durchnässt, schon jetzt. Ohne diesen Mann auch nur einmal wirklich berührt oder geküsst zu haben, habe ich ihn erkannt. Bing! Der Fahrstuhl ist oben. Ich wende mich zum Gehen. Aber – was macht der denn da? Grinst mich unverschämt an – und drückt auf »Tür schließen«, dann auf die Sechs, leise gehen die Türen zu, der Fahrstuhl gleitet nach oben.

Er kommt näher, drängt mich an die Wand – noch ein Blick, ganz tief, und dann küsst er mich, küsst so intensiv, so warm, so scharf. Weiche Lippen, ganz, ganz weich, sie fühlen sich genau richtig an. Ich stöhne leise, er macht weiter, sehr bestimmt, seine Zunge drängt, spielt, fordert. Es scheint ihm nicht anders zu gehen als mir – dieser Mann ist heiß. Richtig heiß. Durch seine Cordhose spüre ich, wie hart er ist, als er mich heftiger gegen die Fahrstuhlwand drängt. Junge – was geschieht hier? Gibt es das? Dass sich zwei Menschen, die normalerweise im Vollbesitz ihrer geistigen Kräfte sind, so anziehen, so plötzlich, so stark? Und es dann einfach machen? Ja, das gibt es, wie ich gerade feststelle.

Seine Hände wandern meinen dunklen Trenchcoat hinab, um ihn langsam höher zu schieben. *Bing!* Sechster Stock! Okay, jetzt schnell die Kontrolle wiedergewinnen. Raus hier, sonst drehe ich durch. Keine Chance, er hat schon die Vier gedrückt. Mist! Wieder drängt mich sein ganzer Körper gegen die Wand. Oh Gott, wie gut er riecht, sein Haar weich wie seine Küsse, kleine Bisse in meinen Hals. Oh Mann, wie viel Geilheit kann man eigentlich in zwei Etagen packen? Wir sind da, raus, sofort! Mein Gesicht mit Sicherheit feuerrot, der Lippenstift verwischt, gut, dass keiner mehr da ist. Nur Robert, der Trainer für den feinen Herrn hier, der müsste doch schon da sein? Ich versuche ein unverbindliches Lächeln, sage lieber nichts, denn auf meine Stimme dürfte genauso viel Verlass sein wie auf meine Knie. Hoffentlich sieht er das Zittern nicht, denke ich mir, als ich lässig aus dem Fahrstuhl stolpere.

Er lehnt an der Wand, grinst unverschämt. »Schönst«, sagt er. »Schwarz schönst bist du«, er streicht mir im Vorübergehen eine Strähne meiner langen dunklen Haare hinter mein Ohr. Was denkt er sich eigentlich? Und was denkt Robert sich eigentlich? Der ist nämlich weit und breit nicht zu sehen. »Dein, äh, Ihr Trainer wird gleich da sein ... geh ... gehen Sie doch einfach schon mal in Raum drei und ziehen Sie sich um.«

Der duftende Mann gehorcht und zieht grinsend ab. Ich stürze in mein Büro, muss mich erst mal setzen, tief durchatmen. Ein Blick auf die Uhr sagt mir, dass Robert schon zehn Minuten zu spät ist. Ich rufe ihn an – Mailbox. Na toll, ausgerechnet heute, jetzt muss ich da rein und ihn irgendwie bei Laune halten. Wir können ja ganz zivilisiert einen Tee trinken, rede ich mir ein. Ich gehe in die Küche, habe einen Plan. Er bekommt Glückstee. Den mit den schlauen Sprüchen, warum sollte ich etwas dem Zufall überlassen, was ich steuern kann? Also, alle Teebeutel aufgefetzt und einen schönen ausgesucht. »Suche deinen Seelenfreund.« Das ist doch was. Zwei Becher und los.

Als ich den Raum betrete, haut mich sein Duft fast um. Das muss die Geilheit sein, die eindeutig darin mitschwingt. Ich schließe unwillkürlich die Augen und stehe reichlich dämlich in der Tür, mit zwei Tassen Yogitee. Er kommt auf mich zu, nimmt mir die Becher vorsichtig aus der Hand und stellt sie weg. Schaut mir in die Augen. »Als ich zum Termin hier war, habe ich nur gedacht, ich muss diese Frau haben. Egal wie. Und ich werde dich jetzt haben«, sagt er ziemlich nüchtern. Wie bitte? Die vollkommen gelassene Art, mit der er mir das ankündigt, macht meine Knie zu Watte und lässt eine glühend heiße Welle durch meinen Körper fahren.

Er streift den Trench von meinen Schultern, lässt ihn auf den Boden fallen. Er spürt, sieht, weiß, dass ich gefangen bin. Gefangen von seinem Duft, seinem Blick, seiner Präsenz. Er fährt mit der Hand meine Körperkonturen entlang, ganz leicht, ganz siegessicher. Über meine Schulter, meinen Hals, dann legt sich sein Finger auf meine Lippen. Und meine Zunge hört nicht auf mich, sie schnellt vor, leckt ihn wie eine Katze. Seine Hand wandert weiter, über mein Kinn in mein Dekolleté, verharrt zwischen meinen Brüsten, als wolle er demonstrieren, dass er alle Zeit der Welt hat. Ein Knopf wird geöffnet, ein zweiter, ein dritter. Mein enges Blusenkleid klafft auseinander, meine Brust fast bloßgelegt, klein und prall in schwarzer Spitze. Er betrachtet mich zufrieden.

Jetzt nimmt er die andere Hand, streicht an beiden Seiten mein Kleid hinab, zum Saum des knielangen Kleides, das er Millimeter für Millimeter höher schiebt. Seine lässige Überlegenheit bringt mich fast um den Verstand und ich weiß, ich werde unglaublich nass sein. Ich spüre förmlich, wie es mich flutet. Mein Becken reckt sich ihm entgegen, mit dem Rücken lehne ich an der harten Wand. Jetzt hat er das Kleid ganz hochgeschoben, lässt es auf meiner Hüfte ruhen und greift rechts und links verdächtig routiniert in meine Nylonstrumpfhose und zieht sie mir mit einer flinken Bewegung auf Schenkelhöhe, wo sie so fast als Stay-ups durchgehen würde.

Wie ein zufriedener Künstler betrachtet er sein Werk und kommt näher, ganz nah, ich spüre seinen heißen Atem. Er küsst mich nicht, stattdessen leckt er in einer langen, gierigen Bewegung meinen Hals. Oh Gott, ich bin so geil, so scharf, mein Herz rast und ich befürchte, ich muss sterben. Aber ein bisschen sollte ich noch leben, denn jetzt streicht er über meinen Bauch und schiebt seine Hand sehr zielstrebig in meinen Spitzenslip. Er knurrt – wohlwollend hoffe ich. Und dann steht die Welt still. Niemals habe ich so geschickte, so selbstverständlich perfekte Finger zwischen meinen Beinen gespürt. Er spielt, ganz leicht streichen sie, reiben fester, schieben sich tief in mich, spielen wieder ganz vorn – leicht wie eine Feder und dann wieder hart und verlangend. Ich glühe, bin vollkommen nass und einfach nur maßlos geil.

Sein Kopf wandert tiefer – er leckt und beißt und küsst meine Brüste, noch immer bin ich vollkommen bekleidet, nur die Knöpfe sind aufgerissen, der Stoff klafft auseinander wie eine offene Wunde. Er kniet vor mir, leckt meine Schenkel innen. Ich weiß, was passiert. Er wird einen Zungenschlag brauchen, nicht mehr. Der Mann hat mich so weit, fast. Ich kann nicht mehr auseinanderhalten, was seine Hände, seine Zähne, seine Lippen, seine Zunge ist, er nähert sich, umkreist meinen Schoß. Ich habe ihn durchschaut, er will mich quälen, mich warten lassen, will mir zeigen, wer bestimmt. Seine Regeln. Vollkommen egal – eine Offenbarung.

Und da ist er, nimmt mich mit dem Mund – anders kann man es nicht sagen. Diese weichen Lippen, diese harte Zunge, diese Hände, die sind, als wären sie Teil meines Körpers, nehmen mich. Komplett. Ich kann nicht warten, ich habe keinerlei Kontrolle – bin diesem Fremden vollkommen ausgeliefert. Und er weiß es, er spielt mit mir, fühlt, wie mein ganzer Körper bebt und zuckt und reagiert. Er hört mein Atmen, spürt mein Zittern, ich habe nichts, aber auch gar nichts mehr unter Kontrolle.

Aber er lässt mich nicht kommen, jedes Mal, kurz davor, zieht er sich zurück und bläst ganz leicht einen kühlen Hauch auf meine brennende, pulsierende, triefnasse Spalte. Alles würde ich dafür geben, jetzt zu kommen. Es ist die süßeste Qual ever. Aber er kommt hoch, steht vor mir, meine Hände gehen sofort an seine Hose. Ja, jetzt bist du dran, denke ich. Gürtel, Knöpfe, Reißverschluss ... alles auf, alles weg, runter.

Er trägt weiße, enge Schiesser-Unterwäsche. Perfekt. Ich schubse ihn sanft Richtung Sessel, drei Schritte rückwärts, er lässt sich fallen und sitzt da. Entledigt sich seiner Hose und schaut sich breitbeinig und zufrieden grinsend dieses willenlose, heiße Ding an, das er aus mir gemacht hat. Erregt, geschwollen, mit zerzaustem langen Haar und so was von heiß auf ihn. Ich stehe über ihm, beuge mich vor, sodass er meine Brüste vor dem Gesicht hat – er will sie lecken, aber nein, ich weiche zurück, ziehe ihm stattdessen langsam, aber zielstrebig die enge Schiesser runter. Und da steht er, schön und hart und gerade. Ich sinke vor ihm in die Knie, nähere mich ihm mit meinem Mund, nicht ganz, nur gerade eben berührt ... nur ganz leicht. Ich will es ihm zeigen, ich will, dass er genauso dahinschmilzt wie ich.

Da fixiert mich der blaue Eisblick. »Dreh dich um.« Das war keine Frage. »Du drehst dich jetzt um.« Befehlsgewohnt – und ich gehorche. Er hält meinen nackten Arsch fest, mit beiden Händen – kein Entkommen, seine Stimme heiß an meinem Ohr, sein Duft ... Da raunt mir diese unfassbare Stimme ganz ruhig zu: »Ich ziehe dich jetzt runter auf meinen harten Schwanz.«

Ich drehe durch. Er nimmt mich. Er rammt mich. Er jagt ihn mir ohne zu fragen einfach rein. Alles ist nur noch ein rohes, hartes, geiles, unendlich heißes Gefühl. Jetzt ist auch er außer Kontrolle, die Stimme ein heiseres Keuchen. Er wird heftiger, er wird lauter ... und nimmt in diesem Rausch doch tatsächlich noch seine Hand, fängt an, meine nasse, rohe, nackte Wunde, die mal meine unschuldig-kleine Muschi war, zu reiben. Jetzt! Es kommt, es ist nicht aufzuhalten. Die Welle bricht, heftig, laut, alles mitreißend. Unfassbar! Sein Stöhnen ist meines, mein Stöhnen seines. Wir kommen. Gemeinsam! Ein einziges, grollendes »Ja« in meinem Kopf, in meinem Ohr, in meinem Körper, dann zucken und pulsieren wir, winden uns am anderen. Alles ist nass, alles ist rau, alles ist wund.

Wie lange ging dieser Rausch? Zehn Sekunden? Minuten? Eine Ewigkeit? Was jetzt kommt, ist Schweigen, warmes Schweigen, angenehmes Schweigen. Ein Schweigen, das von Küssen zwischen meine Schulterblätter begleitet wird. Ich löse mich von ihm, falle neben ihm auf den Sessel, blicke ihn an. Das Eisblau seiner Augen ist jetzt ruhiger, kein tosendes Meer mehr. Ein See, ein ruhiger See. Frieden im Blick des Getriebenen.

»Ich musste«, sagt er. Ganz schlicht. Er wird nicht mehr gehen, ich spüre es. Mehr als ein Geschäft.

10. GESCHICHTE VOM SEX MIT KOLLEGEN

Aus allen Wolken gefallen

*Anne-Sofie (24), Assistentin des Bereichsleiters, Hamburg,
über
Lennard (29), Ingenieur, Hamburg*

Manche Typen will man unbedingt haben. Und weiß nicht einmal genau, warum. Bei Lennard war das so: Ich habe ihn das erste Mal in dem gelbstichig-stinkigen Raucherraum im dritten Stock gesehen. Er stand vor dem Fenster, starrte nach draußen und inhalierte hektisch eine Lucky Strike. Das wusste ich, weil die Schachtel vor ihm auf der Fensterbank lag. Ich stellte mich neben ihn und sprach ihn an. Dazu muss man sagen, dass ich nicht gerade schüchtern bin, wenn es darum geht, Männer anzusprechen. Ich gleiche mit Forschheit aus, was mir an Optik fehlt, sage ich immer. »Willkommen in der Nikotinhölle. Kann es sein, dass wir uns noch nie gesehen haben?«, fragte ich und schaute ihn von der Seite an.

Ein großer Typ, breit, männlich, kurze braune Haare, Poloshirt, Jeans. Eigentlich passte er gar nicht zu all den Ingenieuren und Nerds, die man hier üblicherweise antraf. Er sah gut aus. Und trug weder Brille noch Pickel im Gesicht. Er musterte mich kurz und brummte etwas Unverständliches. Dann wandte er sich wieder dem Fenster zu und nahm noch einen tiefen Zug. Tja, Freundchen, ich gebe nicht so schnell auf, dachte ich. »Die Luft hier ist echt beschissen. Draußen links neben dem Eingang steht so ein hässlicher großer Aschenbecher; wenn es nicht so kalt ist wie jetzt, dann kann man da auch gut mal eine durchziehen«, plauderte ich munter weiter. »Schön«, murmelte er mit tiefer Stimme, drückte seine Lucky in den grünen, total überfüllten Plastikaschenbecher und verließ den Raum.

Was für ein geiler Typ, dachte ich und blickte ihm hinterher. Ja, was Männer angeht, bin ich nicht ganz sauber. Ich mag es, wenn sie unfreundlich zu mir sind. Ich nehme es keinem Typen übel, wenn er mich ignoriert. Oder wenn er sich schlecht benimmt und mich zum Beispiel einfach stehen lässt. Das weckt eher meinen Jagdinstinkt. Wobei ich zugeben muss, dass die Jagd meistens erfolglos ist. Ich habe in meinem Leben mit vielen Männern geschlafen, aber so richtig verliebt hat sich nur einer in mich. Dummerweise ein total nettes, solides Kerlchen. Es tat mir schrecklich leid, aber ich hielt es gerade mal ein halbes Jahr lang mit Björn aus. Zu nett. Keine Herausforderung. Der Typ hier eben, der versprach eine zu sein. Optisch genau mein Beuteschema – und unfreundlich, aber nicht richtig unmöglich. Immerhin war er auf meine Gesprächsversuche eingegangen: Er hatte einmal geknurrt und einmal »schön« gesagt. Das reichte für den Anfang. Ich bewundere mich manchmal selbst für meine Hartnäckigkeit.

Am nächsten Vormittag um kurz nach elf traf ich ihn wieder. Elf, eine typische Raucher-Zeit, noch anderthalb Stunden bis zur Mittagspause. Vormittagshalbzeit. Treffer, da stand er, wieder am Fenster, wieder die Schachtel Lucky Strike vor sich liegen. Ich begann das Gespräch mit einem der dämlichsten Sätze der Welt: »So sieht man sich wieder!« Er drehte sich um, schnippte die Asche von seiner Kippe und ... sagte etwas! Einen ganzen Satz sogar. »Sag mal, wo arbeitest du hier eigentlich?« Holla, das war ja eine eindeutige Interessensbekundung!

»Ich bin die Assistentin der Bereichsleitung, vierter Stock«, erwiderte ich möglichst lässig. So, jetzt ging es hauptsächlich darum, das gerade erwachte zarte Gespräch am Laufen zu halten. »Und du? Womit tust du der Fluglinie Gutes?« – »Ich bin im Engineering for Aircraft Overhaul, wie das hier ganz wichtig genannt wird«, war die Antwort. Und die kam mit einem jungenhaft-lässigen Grinsen, das mir den Atem stocken ließ. Das war er, das war mein Traumtyp, in diesem Moment war ich absolut davon überzeugt. Ich lächelte ihn beseelt an. Er erwiderte mein Lächeln und redete weiter. »Eigentlich ein toller Job. Aber bei uns hocken nur Nerds herum. Typen, die fachlich bestimmt was draufhaben. Aber es ist einfach nur anstrengend, mit denen ein normales Gespräch zu führen«, sagte er und drückte seine Zigarette aus. »So, ich muss wieder. Die Jungs gucken sowieso immer schon schief.« Jetzt bloß nicht einfach gehen lassen, das war mir klar.

»Hey«, rief ich ihm hinterher, »wie heißt du eigentlich? Ist ja blöd, sich mit jemandem zu unterhalten, von dem man nicht mal den Namen kennt!« Er drehte sich kurz um. »Lennard«, sagte er und verließ den Raum. Der scharfe Lennard. Mein neues Ziel. Der Grund, warum ich plötzlich wieder gern ins Büro kam. Drei Mal am Tag sahen wir uns. Im stinkenden Ambiente des Raucherraums, immer tauschten wir ein paar Banalitäten aus. Und immer verschwand ich vorher kurz auf der Toilette, um ein wenig Make-up auf meine zu Unreinheiten neigende Haut zu schmieren. Ein bisschen Gloss auf die Lippen und einmal durch meinen sportlichen Bob gekämmt. Ich bin keine Schönheit, das weiß ich. Eher der Typ »Mädchen vom Land«, ich bin halt gesund, ich esse gern und ich bin keine von diesen blassen Großstadt-Elsen, die hier sonst herumlaufen. Ich habe nicht Kleidergröße 34, sondern 42. Was ich manchmal auch scheiße finde. Aber prinzipiell kann ich mit mir leben. Es bleibt mir ja auch nichts anderes übrig.

Und Lennard schien mich ja wenigstens zu mögen, er wurde nämlich regelrecht freundlich. Er hatte einen großartigen Humor. Und sein Grinsen warf mich jedes Mal fast um. Eigentlich drehten sich unsere Gespräche fast ausschließlich um den Job. Um den Chef, der humorlos und unfähig war. Um die Nerds in seiner Abteilung. Darum, dass ein russischer Oligarch einen Flieger mit Wasserbett bestellt hatte. Langweilig – eigentlich. Aber Lennard konnte die alltäglichsten Dinge so amüsant erzählen, dass eigentlich sogar der Chef hätte lachen müssen. Seine tiefe Stimme, sein breites Grinsen, wenn er über seinen Kollegen Porno-Stefan lästerte, die Art, wie er an seiner Kippe zog: Was für ein Mann! Ich versuchte täglich, mehr körperliche Nähe herzustellen. Ich hielt ihn kurz am Arm, wenn ich ihm etwas vermeintlich Wichtiges über den richtigen Umgang mit der Kaffeemaschine offenbarte. Ich bat ihn um Feuer und streichelte dabei vermeintlich zufällig über seine Hand. Leider waren seine Reaktionen eher verhalten.

Bis zum zwölften November. Da konnte ich mich nicht mehr zurückhalten. Obwohl ich das überhaupt nicht geplant hatte. Wir trafen uns zu unserer üblichen »Kurz-nach-elf«-Raucherpause. Und Lennard war aus irgendwelchen Gründen schlecht gelaunt. Er stand schweigend da und nahm tiefe Züge von seiner Zigarette, starrte vor sich hin und schien überhaupt kein Bedürfnis nach Unterhaltung zu haben. Ich stellte mich neben ihn. Schaute ihn an. Und dachte zum fünfhundertsten Mal: Den Mann will ich küssen. Umarmen, ich will seine braunen Haare durchwühlen, spüren, wie er mich an sich drückt. Wenn ich ihn doch nur einmal fühlen könnte, tief in mir, einmal mit ihm Sex haben könnte …

»Was is'n? Warum guckst du mich so an?«, riss er mich unsanft aus meinen schwärmerischen Gedanken. Und ich verlor in diesem Moment die Kontrolle. Das konnte doch wirklich nicht wahr sein! War der Typ wirklich so unfassbar blind? »Weißt du was, Lennard? Du machst mich fertig! Ich halte das nicht mehr aus, es reicht!« Irritiert drehte er sich zu mir, zog die linke Augenbraue leicht hoch und musterte mich. Eher erstaunt als erschrocken.

»Hör mir mal zu!«, rief ich, ziemlich laut. »Ich gehe seit vier Wochen mit dir rauchen! Und das, obwohl ich eigentlich nur abends rauche. Glaubst du, das ist Zufall? Mann, kapier es doch mal! Ich finde dich toll! Ich mag dich! Ach was, ich finde dich wahnsinnig männlich, stark, ich würde dich gern küssen, ja, ich würde verdammt noch mal gern mit dir ins Bett gehen! Und ins Kino auch. Verdammter Mist, das musst du doch gemerkt haben. Ich bin total verknallt in dich!« So, jetzt hatte ich es gesagt. Jetzt war es raus. Atemlos schaute ich ihn an. Er erwiderte meinen Blick. Und schwieg. Ich konnte es nicht fassen. »Was denn? Du musst doch was dazu sagen?« Er nahm einen tiefen Zug von seiner Zigarette, drückte sie aus, fasste mich leicht am Arm und sagte ganz ruhig: »Tut mir leid. Keinen Bock.« Und dann drehte er sich um und verließ den Raum.

Ich blieb stehen, wie erstarrt. Das war jetzt nicht wirklich passiert, oder? Doch, das war es. Mein Schwarm hatte mich eiskalt stehen lassen. Hatte eiskalt auf mein Liebesgeständnis reagiert. »Keinen Bock?« Was war das denn für eine miese Nummer. Okay, dachte ich mir, wer nicht will, der hat es auch nicht verdient! Den Raucherraum betrat ich in den nächsten vier Wochen nicht mehr. Und wenn ich Lennard auf dem Flur oder an der Kaffeemaschine traf, sagte ich »Hallo«. Nicht mehr, nicht weniger und nicht besonders herzlich. Arschloch!

Am 14. Dezember war unsere Weihnachtsfeier. Wie immer im bieder-bürgerlichen Alsterkrug-Hotel. Zum Glück gab es beim Essen – es gab natürlich Ente mit Rotkohl und Klößen – freie Platzwahl. Und ich achtete sehr darauf, nicht in der Nähe von Lennard zu sitzen. Ich war eigentlich ganz gut über ihn hinweggekommen, war ja nicht der erste Korb, den ich in meinem Leben kassiert hatte. Allerdings der heftigste, daran gab es keinen Zweifel. Und daran knabberte ich schon noch ein bisschen.

Das Essen verlief wie immer – eine deutsche Durchschnitts-Weihnachtsfeier. Mit dem Unterschied, dass der Abend in unserem Unternehmen eigentlich nie herrlich peinlich wurde. Es gab ein gesittetes Essen, viel Rotwein, am Ende eine Rede vom Bereichsleiter und dann riefen sich gegen Mitternacht alle ein Taxi. Um elf ging meine Platznachbarin Leslie – und um zwei Minuten nach elf saß Lennard auf ihrem frei gewordenen Platz. Das hatte mir gerade noch gefehlt! Was wollte der Idiot denn?

»Ich bin ein Idiot«, sagte er leise zu mir, »stößt du trotzdem mit mir an?« Ich war perplex. Nahm aber trotzdem mein Rotweinglas und ließ es gegen seine Pilsflöte klirren. »Eigentlich habe ich gar keinen Bock, mich mit dir zu unterhalten«, stellte ich fest und rutschte auf meinem Stuhl herum, um ihn direkt ansehen zu können. Das war natürlich glatt gelogen.

In Wahrheit hatte ich ihm die Abfuhr längst verziehen, schließlich saß er jetzt vor mir und sah angemessen zerknirscht aus. Ich bin eben kein zickiger Typ. Okay, ich bin auch extrem inkonsequent, beeinflussbar und nehme niemandem so schnell etwas übel. Nach außen hin jedenfalls nicht. In Wahrheit hatte mich die Lennard-Abfuhr sehr verletzt. Und wo ich ihn jetzt sah, war mir mein Gefühlsausbruch auch irgendwie peinlich. »Was willst du denn jetzt?«, fragte ich Lennard und sah ihn provokant an. »Na ja, ich hab Bock auf Sex«, sagte er und grinste sein unwiderstehliches Grinsen. »Hey, das war ein Scherz. Guck nicht so entsetzt«, schob er schnell hinterher.

»Ach, ein Scherz?«, wiederholte ich. »Schade. Was anderes habe ich nämlich auch nie von dir gewollt.« So, das hatte gesessen. Ein bisschen Genugtuung für mein wundes Inneres. Ich lächelte. Er grinste. »Jetzt willst du mich provozieren, was?«, fragte er – und ich spürte, dass ich ihn verunsichert hatte. Das gefiel mir. Er gefiel mir – immer noch. Und wenn ich ihn heute Nacht rumkriegen würde, dann wäre das doppelt gut für mich. Erstens der Spaß und zweitens könnte ich den Korb, den er mir vor vier Wochen gegeben hatte, dann von meiner inneren Versagens-Liste streichen.

»Ich gehe gleich zur Rezeption und buche mir für heute Nacht ein Doppelzimmer. Danach komme ich wieder, teile dir die Zimmernummer mit und warte auf dich«, raunte ich ihm leise zu und stand auf. Wollen wir doch mal sehen, ob der Mann auch ein Mann ist, dachte ich mir und fühlte mich plötzlich ziemlich gut. »Ich muss los, tut mir leid, mir geht es nicht so gut – Magenschmerzen«, entschuldigte ich mich bei meinem Chef und guckte gequält. Ich verabschiedete mich noch bei dem stellvertretenden Bereichsleiter und den beiden Chefsekretärinnen – und beobachtete Lennard dabei aus den Augenwinkeln. Er hatte sich noch ein Bier bestellt, das er schnell hinunterstürzte. Er war nervös, das war nicht zu übersehen. Irgendwie erregte mich das. Das Wissen, ihn aus dem Konzept zu bringen.

Ich fühlte mich sexy und verwegen, als ich zur Rezeption ging, kurz wieder in den Festsaal eilte, unter dem Vorwand, ich hätte etwas vergessen und Lennard die Zimmernummer ins Ohr flüsterte. »Wirst du kommen? Oder gibst du mir den zweiten Korb?« Meine Stimme klang unsicherer als beabsichtigt. »Ich werde in fünfzehn Minuten da sein«, sagt er, schaute mich direkt an und fügte hinzu: »Du bist echt krass. Aber geil, irgendwie.«

Wie angekündigt klopfte er eine Viertelstunde später an der Tür. Ich hatte nervös auf ihn gewartet; als ich öffnete, lehnte er im Türrahmen, ziemlich lässig, wie ich fand. »Du bist verrückt«, flüsterte er und lächelte. »Darf ich jetzt reinkommen?« Statt zu antworten, reckte ich mich hoch und küsste ihn. Endlich, darauf hatte ich aber auch lange gewartet! Und daran hatte ich lange nicht mehr geglaubt! Sein Kuss war so, wie ich ihn erhofft hatte: weich, aber männlich, leidenschaftlich, aber nicht zu fordernd. Und er schmeckte ein bisschen nach Bier, das fand ich sehr sexy. Er kam rein, drückte mich gegen die Wand, hörte dabei aber nicht auf, mich zu küssen. Seine Hand streichelte meinen Hals, wanderte tiefer, packte mich an meiner Taille. Ich zuckte kurz auf – ich habe schlimme Komplexe wegen meiner Figur; da wo sonst die Taille ist, befindet sich bei mir ein kuscheliges Speckpolster. Er ignorierte meine Reaktion einfach, streichelte mich weiter und drängte mich langsam Richtung Bett. Dann ließ er von mir ab.

»Ich will mit dir ins Bett«, sagte er und trat einen Schritt zurück. »Das wollte ich schon lange. Aber ich hatte Angst, dass du es falsch verstehst. Ich will keine Beziehung. Ich kann nicht. Mir wurde das Herz gebrochen. Oh Mann, ja, ich bin eben noch nicht drüber weg. Darum habe ich so mies reagiert, als du so ehrlich warst ... Es hat mich überfordert! Und außerdem hoffe ich, dass sie zurückkommt. Scheiße, ich liebe sie eben.«

Ich schaute ihn an. Schweigend, beeindruckt, und verdammt noch mal, richtig berührt. »Komm her«, sagte ich nur und nahm ihn in den Arm, »ich verstehe das. Ich meine, ich hab schon genug Liebeskummer in meinem Leben gehabt, nicht nur durch dich. Küss mich. Und denk nicht an morgen!« Oje, das klang aber jetzt kitschig, schoss es mir durch den Kopf.

Aber Lennard küsste mich tief und zog mich aufs Bett. Endlich konnte ich ihm durch die braunen Haare wuscheln, die weicher waren als in meiner Fantasie. Er öffnete meine Bluse, zog sie mir aus, dann den BH – ich lag vor ihm, schutzlos, in all meiner Unsicherheit. Aber ich zog nicht einmal den Bauch ein. Ich hatte diesem Mann schließlich schon mein Innerstes offenbart, da sollte ein Bäuchlein nicht mehr ins Gewicht fallen.

Er war zärtlich, ich schmolz dahin, mit geschlossenen Augen atmete ich seinen Geruch ein, spürte ich seine Hände, die an meinem Körper entlangfuhren, zwischen meine Beine, die Nässe dort sanft verrieben. Er streichelte meine Haare, meine Brüste, meinen weichen Bauch – aber er küsste mich nicht mehr. Stattdessen schien er sich mit geschlossenen Augen auf meinen Körper zu konzentrieren. Er schob meinen Rock ganz nach oben, zog mir meinen weißen Slip aus. Ich zitterte ein wenig. »Entspann dich«, flüsterte er und sein Kopf verschwand zwischen meinen Beinen.

»Oh!«, entfuhr es mir. »Oh, ja. Das, das fühlt sich so gut an ...« Ich war atemlos. Eigentlich stehe ich gar nicht so auf Lecken. Aber er machte mich fast wahnsinnig mit seiner zärtlich-fordernden Zunge. »Halt, ich will noch nicht kommen, ich will ...«, brachte ich hervor und richtete mich auf. »Sei still. Ich werde nicht mit dir schlafen. Ich kann es nicht«, flüsterte er. »Ich will, dass du kommst!« Ich schaute ihn an. Und ließ mich wieder in die Kissen fallen. Okay, dass er mich nicht liebte, das hatte er mir gesagt. Dass er gut im Bett war, hatte ich in der letzten halben Stunde festgestellt. Und dass ich keine Gegenleistung für sein Rundum-Verwöhnprogramm leisten musste – das war jetzt doch kein Grund, das Ganze jetzt abzubrechen, oder? Ich schluckte das seltsame Gefühl runter und beschloss, zu genießen. Lennard gab alles – er leckte mich, er streichelte mich – er brachte mich zum Orgasmus. Nach weiteren zehn Minuten.

Ich stöhnte, zappelte, war laut und hemmungslos. Und danach kamen mir die Tränen. Weil mein Kollege mich nicht wollte. Und mich trotzdem gerade zum Höhepunkt geleckt hatte. Die Welt ist manchmal einfach scheiße, dachte ich mir. Und beschloss, mit dem Rauchen aufzuhören.

11. GESCHICHTE VOM SEX MIT KOLLEGEN

Der Mann, der mir passiert

*Barbara (43), Projektleiterin, Holzkirchen,
über
Guido (38), Brandmanager, Holzkirchen*

Manchmal denkt man, man weiß Bescheid. Man kennt sich aus, man weiß, wie die Dinge laufen und wie die Menschen ticken. Kennst du einen, kennst du alle. »Went down the road, been there«, das Gefühl hatte ich allzu oft in meinem Leben. Ich habe eine Ehe hinter mir, ich weiß, wie die Liebe funktioniert. Besser gesagt wohl eher, wie sie nicht funktioniert. Klingt das bitter? Nein, ich bin nicht verbittert. Ich bin voller Leidenschaft. Und doch fühle ich mich wissend. Weil ich schon viel erlebt habe. Das geht wohl vielen so. Doch in manchen Momenten stellt man fest, dass man offensichtlich gar nichts weiß. Und dann steht man da: kurzes Kleidchen, Holzgewehr – wie meine Oma aus dem Sauerland sagen würde. Hilflos eben. Ratlos. Mit Waffen, die nicht funktionieren. Mir geht das so, mit dem Mann, der mir passiert. Immer mal wieder.

Den Mann, der mir passiert, immer mal wieder, trat vor über einem Jahr in mein Leben. Im Job. Wo auch sonst. Er ist Brandmanager in dem internationalen Pharma-Unternehmen, für das wir beide arbeiten. Wir hatten Kontakt, beruflichen Kontakt. Kurze E-Mails, schnelle Telefonate. Routine, aber doch anders. Denn er faszinierte mich vom ersten Moment an. War einer, dem man eine E-Mail zu viel schreibt, bei dem man nach Gründen sucht, um den Kontakt aufzunehmen.

Und nun geht das noch immer so – obwohl ich mir schon tausendmal gesagt habe, dass es unmöglich ist, dass es nicht in Ordnung ist. Dieser Mann ist nur zeitweilig nett, nur zeitweilig höflich.

Er ist ein schöner Mann, erfolgreich, sehr stylish, sehr verheiratet. Ein Mann, der weiß, was er will, und der gewohnt ist, alles zu bekommen. Und was die Sache kompliziert, aber auch aufregend macht: All das bin ich auch. Wir haben angefangen, uns zu jagen, zu umkreisen, auszuloten. Wer führt? Wer macht die Ansagen? Wer gewinnt? Er ist Meister seines Fachs ... und ich bin es auch. Wenn einer den anderen sehen will, beginnt ein Spiel. Wir belauern uns wie Raubtiere. Wir tigern einmal am Revier des anderen vorbei und schauen desinteressiert über die Schulter. Werfen einen Köder aus und warten, dass der andere danach hascht. Es ist ein Spiel über fünf Level.

Das erste Level ist, dem anderen einen Schauer über den Rücken zu jagen. Mit gut gewählten, kurzen Worten. Wir schicken eine SMS, die lockt, die reizt ... nicht zu viel. Den Ball ins Spiel bringen, um ihn dann immer heißer hin und her zu spielen. Aber nur, wenn er bereit dazu ist. Nur dann. Wenn er bereit ist, mir einen Blick aus seinen kalten Augen zuzuwerfen. Und ich ertrage mit stoischer Ruhe, mit stolzbefreiter Akzeptanz, dass er bestimmt, ob er mich bemerkt oder nicht. Wenn er bereit ist, beginnt das nächste Level ...

Das Ziel ist, den anderen dazu zu bewegen, die Frage zu stellen – die Frage, wann und wo wir uns sehen. Hier gewinne ich. Ich schaffe es, ihn dazu zu bringen. Er fragt nach einer Verabredung. Ich kann mit ihm spielen. Er, der glaubt zu bestimmen, fängt an zu bitten – nicht direkt, das käme niemals über seine Lippen. Aber er schreibt mehrfach ... immer drängender. Ich halte mich zurück, täusche Flucht an. Ich muss versuchen zu entkommen, muss ihn missachten, auf ihn herabblicken. So wecke ich seine Jagdleidenschaft. Dann geht es weiter ...

Das dritte Level ist die Wahl der Waffen und des Ortes. Treffen wir uns tatsächlich oder täuschen wir nur an? Sein Revier oder mein Revier? Neutraler Boden? Er fragt, wirbt, kreist mich ein. Wo findet er mich, wie ist der Slot in meinen Terminen aufzuspüren und wann muss er mir auflauern? Anlegen, zielen, feuern.

Level vier. Showdown. Sein Revier ist sein Meetingraum im zweiten Stock, wenn keiner der Kollegen da ist. Wir treffen uns diskret ... wie zufällig, vor seinem Büro. Wir sprechen wenig. Kurze Blicke, die brennen wie Feuer. Wir betreten den sachlich-nüchtern eingerichteten Raum. Es geht schnell zur Sache. Der eigentliche Akt ist kein Spiel mehr. Er ist ein Kampf.

Provozieren, taktieren. Ganz liebevoll und zart lockt er mich. Und dann wird er gnadenlos. Keine Romantik, keine Zärtlichkeit. Zwei getriebene, schöne, stolze Alphatiere – die schwanken zwischen dem Wunsch zu dominieren, sich zu ergeben, zu erlegen oder erlegt zu werden. Wir haben beide eine animalische Seite, das verbindet uns.

Das letzte Level: Vom-Schlachtfeld-Ziehen. Wer jemals beobachtet hat, wie sich eine Raubkatze verhält, sobald ihr Hunger gestillt ist, kennt den satten Frieden. Das Sich-Strecken, den müden Blick auf das, was bleibt. Zeit, zu gehen, Zeit, sich zu ordnen, Zeit, sich wieder einzureihen in das Rudel. Gehen. Mein Blick geht zurück, seiner folgt mir selten. Ich kann mich nicht beherrschen, ich muss mich verabschieden, jedes Mal, mit einer SMS, die Gefühl durchscheinen lässt. Die verhallt, ohne Antwort, ohne Echo auf meinen Versuch der Zärtlichkeit.

Erst jetzt bemerke ich meine Wunden. Ist es wirklich ein Spiel, das wir spielen? Es tut weh, es verletzt, jedes Mal, ein tiefsitzender Schmerz. Gemischt mit Melancholie. Aber die Wunden, sie werden heilen. Bis zur nächsten Runde, in der wir wieder von vorn beginnen werden. Eine Freundschaft, auf perverse Art loyal. Eine

Verbindung, die eine Gratwanderung ist – zwischen Ignoranz und Respekt. Zwischen devotem Warten und Dominanz. Es ist einzig. Er ist einzig. Er passiert mir immer wieder. Und ich weiß, dass es so bleiben wird. Weil wir beide außerhalb stehen. Obwohl wir mittendrin sind. In dem Kreislauf aus Job, Geld, Erfolg.

Ich bin dankbar, dass wir Minuten haben, in denen all das nicht zählt. In denen wir wild, ungehemmt und frei sein können. Ohne Konsequenzen, die für unsere Umwelt sichtbar wären. Aber mit inneren Verletzungen, immer wieder. Aber das ist der Preis. Und er ist nicht zu hoch.

12. GESCHICHTE VOM SEX MIT KOLLEGEN

Willkommen im Club

*Annette (39), Fitnesscoach, Göttingen,
über
Wolfgang (44), Chef eines Ferienclubs, Gran Canaria*

Ich bin lange nicht mehr hier gewesen. Und doch scheint alles wie immer. Der warme Wind, der ganz eigene Duft der Insel, die Palmen ... Jetzt weiß ich wieder, warum ich mich habe überreden lassen, zurückzukehren. Eigentlich sollte Schluss sein mit Sport-Animation – ich wollte mich nur noch meinem Leben als Personal Trainer widmen und nicht mehr vagabundieren, aber was soll's. Ein paar Monate gönne ich mir ein süßes Leben – und dann geht es weiter mit deutscher Disziplin und fehlendem Sonnenschein. Den habe ich hier, dazu Strand und jeden Abend Partys – was will ich mehr.

Ich bin wieder hier – das Team ist neu, nur mein Chef ist noch der gleiche wie damals. Und genau das war die Größe, die sich gern hätte verändern können. Da war mal was ... vor ein paar Jahren – na gut, wir hatten eine ziemlich heiße Affäre. Unprofessionell, ich weiß, aber es war wirklich nicht zu ändern. Es ging auch ganz friedlich auseinander, ich war weg, er blieb da – ganz einfach.

Ich erinnere mich noch an den Morgen nach der letzten Nacht, mein Flug ging früh, er hatte sich davongestohlen, um diese eine ganze Nacht mit mir zu haben. Und die hatten wir – das erste und einzige Mal hatten wir mehr miteinander als gestohlene kurze

Momente zwischen den Trainings und Terminen. Ich musste früh weg damals. Ich stand in der Tür, schaute zurück, wie er dalag, mich leise anlächelte, müde nach dieser Nacht. »Eigentlich geht doch immer der Mann?«, sagte er und grinste ein bisschen schief. War da ein Anflug von Melancholie in seiner Stimme, seiner wunderbaren Stimme mit dem unwiderstehlichen Wiener Dialekt? Ich wusste es nicht, ich musste weg. Das war's also: Keiner von uns war dem anderen böse und soweit ich weiß, blieb das Ganze damals sogar unter uns. Keine große Sache also. Darum kann ich ihm jetzt auch vollkommen lässig und problemlos gegenübertreten und mich zurückmelden. Meine Ankündigung ging ja per E-Mail auch ganz prima. Wir sind ja schließlich erwachsen, nicht wahr?

»Da bist du ja!« Vier kleine Worte, mit einer fast vergessenen Stimme gesagt, holen mich zurück aus der Erinnerung. Oder auch wieder mitten hinein – wie man's nimmt. Da steht er nämlich leibhaftig vor mir und strahlt mich fröhlich an. Ziemlich unverändert, na gut, ein bisschen älter natürlich – die zerzausten Haare sind vielleicht ein bisschen grauer, aber das Lachen ist das gleiche, so wie die sportliche, jungenhafte Figur, und der hellblaue Blick berührt mich noch immer. »Ich freue mich wieder hier zu sein«, gebe ich zurück – fast ganz ruhig. Bau mir bloß keinen Scheiß, sage ich zu mir selbst.

Er plaudert auf mich ein, erzählt, was sich getan hat, seit ich weg bin. Ja, das Team sei ein ganz neues, kaum noch jemand da von früher. Alles liefe blendend, nur in der Sportanimation eben, da gäbe es Lücken, aber dafür sei ich ja jetzt da. Ich höre zu, lächle, weiß, warum es damals zu alldem kam. Er ist mein Chef und er ist heiß. Punkt.

»Und du? Wie geht's dir? Du siehst toll aus. Und dieses Lächeln ist auch immer noch das gleiche wie damals«, sagt er versonnen und schaut mich schelmisch an. »Denk nicht mal dran«, gebe ich noch breiter lächelnd zurück. »Woran denn nur?«, entgegnet er scheinbar entgeistert. »Du weißt ganz genau, was ich meine – und wir werden ganz sicher nicht da weitermachen, wo wir aufgehört haben. Ich habe vor, ein paar Monate hier zu sein. Und wenn es mit uns wieder so nah werden würde, dann brächten wir uns ziemlich bald um ...«, sage ich, hoffentlich mit der nötigen Überzeugung in der Stimme. »Wir werden sehen ...«, sagt er und streicht sich lächelnd eine Strähne seiner halblangen Haare hinters Ohr. »Also, auf gewohnt gute Zusammenarbeit«, grinst er und hält meine Hand. »Auf einen Neuanfang«, zische ich Mr Siegessicher entgegen. Eine Frechheit eigentlich. Aber manchen Menschen verzeiht man ja so einiges ...

Die ersten Wochen im Urlaubsparadies vergehen – und ich bin wieder drin im Flow, im Clubleben. Tagsüber habe ich meine Lauftreffs und Personal Trainings, abends Party mit den Gästen. Aber ich bin und bleibe schön brav. Mein neu entdecktes Motto: *Never fuck the company.* Mit meinem schönen Chef bleibt es bei wissenden Blicken. Fast jedenfalls, denn der provoziert mich, bringt immer wieder freche Sprüche. Aber das wahrscheinlich nur aus Nostalgie. Weil's so schön war.

Einer der Höhepunkte der Urlaubswoche ist die Poolparty – für die Gäste jedenfalls. Für mich und das Team ist es immer das Gleiche: hundert Gäste im Pool, alle schon ordentlich angeheitert, hauptsächlich Männer. Und diese testosterongeschwängerte Masse will amüsiert werden. Ich schlüpfe wie jedes Mal in meinen weißen Bikini, ziehe eine enge Denimweste drüber, schlinge mir einen einen weißen Pareo um die Hüfte und los geht's. Partys feiern als Teil des Arbeitsvertrags.

Ich schlendere über das Gelände in Richtung des Trubels. Links vom Pool steht er, der Schöne, der smarte Herbergsvater, und betrachtet stolz die Menge. Und dann mich, mit blitzenden Augen und frechem Lächeln. So, als würde er sich gar nicht vorstellen können, dass ich hart bleibe. Na warte, denke ich, du kriegst mich nicht, da kannst du noch so viel Charme versprühen. Ich gehe trotzdem in seine Richtung. Er schnappt sich eine Champagnerflasche von der Poolbar, grinst schon wieder zu mir rüber und fängt an, am Korken zu hantieren.

Untersteh dich, das Ding hochgehen zu lassen, wenn ich in der Nähe bin, denke ich. Aber es war ja klar! So durchschaubar! Genau in dem Moment, in dem ich vorbeikomme, lässt er den Korken rausspringen und der Schampus schießt in die Höhe – eine prickelnde Dusche auf mein Dekolleté. Ich weiche zurück, trete dabei einem sonnenverbrannten Engländer auf die Flipflops. »Oh, sorry«, rufe ich. »Oh, Verzeihung, wie konnte das denn passieren?«, ruft Wolfgang. Und schaut sich zufrieden lächelnd mein durchnässtes Top an und wie das teure Zeug meine Brüste runterläuft und den weißen Stoff leicht durchsichtig macht. Na, vielen Dank, toller Trick, du kleiner Spieler. Ich lasse mir nichts anmerken, grinse ihn nur herausfordernd an und lecke mir langsam den Sekt von den Lippen …

Da die Hälfte der Leute hier eh pitschnass ist, fällt mein schampusgetränktes Top nicht weiter auf. Ich schließe schnell einen Knopf meiner Jeansweste und zwänge mich ohne ein Wort an ihm vorbei. Es ist wirklich voll hier an der Bar, der rotgesichtige Engländer rempelt mich an, ich taumele kurz zurück, dieses Mal trete ich Wolfgang fast auf den Fuß und – ich fasse es nicht, das bilde ich mir nicht ein – um seine Körpermitte ist es hart! Das ist ja interessant, so schnell geht das also. Er sieht, dass ich es gespürt habe, mein Blick trifft seinen und meine Augenbrauen gehen amüsiert nach oben, dann drehe ich mich schnell weg und gehe weiter.

Einige Meter weiter bleibe ich bei einigen Urlaubern stehen, mit denen ich heute Morgen gelaufen bin – eine lustige Truppe, es wird viel gelacht und ich merke mal wieder, wie viel Spaß mir mein Job macht. »Dienst am Gast« nennt sich das und dafür werde ich auch noch bezahlt, besser geht es doch gar nicht. Ich vergesse meinen Schönen fast, verplaudere den Abend und werde gegen

Mitternacht langsam müde. Die meisten Gäste ziehen weiter in die Disco – das ist für mich die Gelegenheit, mich elegant Richtung Bett abzuseilen. Ich gehe langsam zum Pool, ziehe mir die Schuhe aus und setze mich auf eine der blauen Liegen. Noch eine letzte Zigarette ganz für mich, mit Blick in den Sternenhimmel.

»Da bist du ja«, wieder diese vier Worte, dieses Mal leise, die Stimme aber nach wie vor wohlbekannt.

Er lächelt im Halbdunkel, hat interessanterweise schon zwei Champagnerflöten dabei und setzt sich zu mir auf die Liege. Ich bin zu müde, um mir eine Fluchtstrategie zu überlegen. Ich nehme einfach das Glas Schampus und trinke mit meinem Chef. Worauf eigentlich? »Auf dein Knie«, sagt er. »Wie bitte?«, frage ich leise prustend. »Auf dein Knie – deswegen hast du doch vor zwei Jahren aufgehört. Aber nun scheint es ja wieder bestens zu funktionieren. Zumindest sieht es so aus.« Sagt er, beugt sich hinab und küsst es. Ich muss gestehen, das finde ich schon süß. Er erinnert sich genau an meinen Meniskusschaden – und gegen so einen harmlosen Kniekuss unter Kollegen ist ja nun auch nichts einzuwenden. Wir schweigen, lächeln und rauchen. »Ich gehe jetzt besser«, sage ich nach zehn Minuten. Und füge hinzu: »Keine Fragen, ja? Wir lassen das alles besser. Das geht nicht gut.« Er schweigt als Antwort, lächelt und lässt mich ziehen. Ich finde mich heldenhaft.

Die Nacht ist herrlich. Warm und samtig, auf einem Umweg über den Strand genieße ich die Luft und das nächtliche Meeresrauschen. Dann will ich auf mein Zimmer, es liegt im neunten Stock mit traumhaftem Blick. Ich nehme die Treppen, man soll schließlich trainieren, wo man kann, und bin außer Atem, als ich oben nach meiner Karte zum Türöffnen suche. »Erschrick nicht«, höre ich eine leise Stimme hinter mir. Ich fahre zusammen, mein Herz klopft zum Zerspringen. Dann sehe ich ihn. »Bist du wahn...«, weiter komme ich nicht – seine Hand legt sich auf meinen Mund – nicht zu fest, aber doch gerade so, dass ich nichts mehr herausbringe. Die andere Hand umfasst meinen Arm – auch gerade so fest, dass es kein Entkommen gibt. Auch er ist außer Atem, auch ohne die Treppe.

»Öffne die Tür«, flüstert er und lässt meinen Arm kurz los. Ich tue, was er sagt. Dann hält er mich wieder fest, drängt mich in mein Zimmer – ohne mich aus dem Griff zu lassen. Ich merke, wie sehr mich das erregt; das Gefühl, dass es kein Entkommen gibt, macht mich heiß. Die Tür fällt ins Schloss und seine Hand wandert von meinem Mund runter an meinen Hals, er drängt mich an die Wand – und sieht mich an. »Ich habe zwei Jahre darauf gewartet und ich weiß, dass du es auch willst«, flüstert er. »Ja, ich will das auch«, entgegne ich leise. Jeder Widerstand ist gebrochen. Mein Körper ist schwächer als mein heldenhafter Geist.

Wir küssen uns – hart und rau und ich schlinge meine Beine um seine Hüften, lege die Arme um seinen Hals. Mit drei Schritten ist er rückwärts am Bett. Eine Hand fest an meinem Po, streicht er mir mit der anderen über den Rücken. Wir sinken in die Kissen – seine linke Hand hält meine Arme. Seine rechte zieht mit einer einzigen Bewegung meinen Pareo weg und schlingt ihn um meine Hände und um den Bettpfosten. »Du willst es doch so, du willst mir ausgeliefert sein …«, murmelt er mit heiserer Stimme. Dann richtet er sich auf, kniet vor mir, zieht sich das enge Shirt über den Kopf und knöpft sich langsam die Jeans auf. Ich kann mich nicht bewegen, aber ich kann ihn sehen, hören und spüren – und ich weiß, was kommen wird.

»Dich fickt hier niemand, nur ich. Du gehörst nur mir«, sagt er, als er nackt über mir steht. Er weiß, wie unglaublich heiß *dirty talking* mich macht. Er betrachtet mich zufrieden, sieht, wie sich auf meinem weißen Bikinihöschen ein dunkler Fleck ausbreitet – ich bin total nass. Er reißt es mir vom Körper. Während er sich zwischen meine Beine drängt, raunt er mir zu: »Du spürst ihn jetzt. Fühlst, wie er hart, aber geschmeidig in dich eindringt.« Dann tut er es. Unsere Bewegungen sind nicht fest, aber rhythmisch, meine Hüften kreisen und seine Zähne nagen an meinen harten Nippeln.

Meine Beine halten ihn fest umschlungen: »Du könntest nicht tiefer in mich dringen«, seufze ich. Wieder hält er meinen Nacken, mein Haar ganz fest. Er stößt mich, wir sehen uns dabei in die Augen. Unsere Lippen sind untrennbar, verbissen, verschlungen. Ich höre und spüre ihn kommen. »Ich fühle dich, es ist gleich so weit«, flüstere ich erregt. »Ja, und du kommst mit mir! Deine Augen verraten dich – immer! Los!«

Wir wollen beide nichts mehr, als uns dem zu ergeben. Wir wollen loslassen und spüren, wie unsere Körper vollkommen von dieser geilen Hitze durchströmt werden, wie alles in Flammen steht, alles außer Kontrolle gerät und wir nichts mehr dagegen tun können als uns dem keuchend hinzugeben. Aber ganz plötzlich hält er wieder inne, so kurz davor! Er spürt, wie ich mich dagegen auflehne. An meinem Blick sieht er, wie sehr ich seine Stöße, seine Hände, seine Küsse, seine Zunge jetzt brauche. Ich will es ihm sagen, es verlangen, fauchend und unendlich geil – doch wieder legt sich seine Hand auf meine Lippen. Dieses Mal sauge ich gierig an ihr und kann mich selbst und den Champagner schmecken. Dann streichelt er mich sanft, küsst meine brennenden Lippen, er lässt seine Hände über meinen nassen Körper wandern.

Wir küssen uns weich, sein Mund wandert meinen Hals hinunter, über meine Brüste, die sich mit jedem Stöhnen heben und senken, über meinen Bauch; seine Hände sind jetzt auf meinem Po, fest und doch zart. Er küsst meinen Venushügel, ganz sanft, dann richtet er sich auf und befreit mich von meinen Fesseln, er löst den Knoten.

»Jetzt bist du dran«, sagt er leise. Er weiß, dass ich niemand bin, der sich dauerhaft ausliefert. Er weiß, dass ich eine Frau bin, die Kontrolle will – in gewissen Momenten jedenfalls. Mit letzter Selbstbeherrschung packe ich seine Schultern, drücke ihn aufs Bett und bin über ihm. Meine Haare fallen in dicken Strähnen über meine Schultern, berühren ihn. Ich grinse ihn herausfordernd an, jetzt werde ich mich rächen! Ich küsse und beiße ihn, gehe ein Stück höher, reibe meine Brüste kurz an ihm, er will sie ganz, will sie küssen, beißen, meine Nippel auf seinen Lippen spüren. Aber er bekommt sie kaum, immer nur einen Hauch, das macht ihn wahnsinnig. Er windet sich unter mir, aber es hilft ihm nicht. Ich gehe tiefer, auch meine Hände sind jetzt auf seiner Brust, meine Nägel graben sich tief in seine Haut. Ich wandere tiefer, küsse seinen Bauch und spüre, dass er seinen unglaublich harten Schwanz in meinen Mund pressen will – aber hier geht das Spiel weiter.

Ganz leicht fange ich an, ihn zu lecken, mit meiner Zunge mit ihm zu spielen, dann schließt sich mein Mund weich um seine pulsierende Spitze, er stöhnt auf, unsere Blicke treffen sich. Mit einem Stöhnen richtet er sich auf. »Bitte«, fleht er. »Ja«, sage ich nur, lege mich auf den Bauch und sehe ihn mit einem herausfordernden Blick über die Schulter an. »Komm«, flüstere ich. Er legt sich über mich, umklammert mich von hinten, dringt ganz tief in mich. »Ich will endlich kommen«, raunt er und stößt mich hart, die Worte gestöhnt, geschrien, gekeucht, sie werden zu einem erlösenden Schrei.

Danach liegen wir beieinander, wir haben noch kein Wort gesagt. Da blickt er mich an, sagt mit seinem unwiderstehlichen Wiener Akzent: »Was habe ich darauf gewartet, seit damals, seit du gegangen bist. Ich bin dein Chef und ich sage dir: Heut bleibst du. Mal sehen, ob wir uns umbringen. Hauptsache, dein Knie hält!«

13. GESCHICHTE VOM SEX MIT KOLLEGEN

Vorgeführt

Anke (24), Marktforschungsassistentin, Heidelberg,
über
Martin Klostermann (33), Chef eines Marktforschungsunternehmens, Heidelberg

Martin Klostermann ist ein Arschloch. Ein mieses, wurmstichiges Arschloch. Verkommen, charakterlos, erbärmlich – und dann auch noch mit einer viel zu großen Nase ausgestattet. Die macht ihn dazu auch noch lächerlich. Er sieht aus wie die schlechte Kopie von Ingolf Lück. Und Ingolf Lück sieht schon aus wie eine schlechte Kopie. Ich kann nicht fassen, dass ich seinen Schwanz gelutscht habe. Offenbar hat er mir mit seinem hässlichen Rüssel sämtlichen Verstand aus dem Oberstübchen gesaugt. Ich meine den oberen Rüssel, der untere sieht ganz akzeptabel aus. Es ist so unendlich peinlich, so erniedrigend. Ich bin das Tuschelthema der ganzen Firma. Tuschelthema klingt gnädiger als Gespött, aber Gespött wäre zutreffender.

Dabei hatte wirklich alles ganz toll angefangen. Ich kam frisch aus der Uni und war sehr dankbar für den Job bei der Agentur für Innovative Marktforschung. Klingt ja auch kreativ und hip und toll. Und meinen Chef fand ich auch ganz schnuckelig. Die große Nase fand ich sogar besonders toll, erstens war ich noch nicht davon überzeugt, dass der Spruch »Wie die Nase eines Mannes, so auch sein Johannes« wirklich völliger Bullshit ist. Und zweitens gab ihm das so was Markantes, Unverwechselbares.

Ja, ja, so kann man es eben auch sehen. Auf den ersten Blick schick, auf den zweiten Dreck. Reimt sich nicht, stimmt aber trotzdem. Besonders in Bezug auf Martin Klostermann, den Mafo-Superstar, den smarten Überzeuger. Die dämliche Labertasche! Er hat mich auch gleich angegraben, nicht subtil charmant, sondern ziemlich direkt. »Holla, was für ein optisches Highlight präsentiert sich denn hier in den schäbigen Hallen unserer Firma? Ich erblinde, ich erblinde!« Ich habe damals darüber gelacht. Nicht nur, weil ich mich einschleimen wollte. Das wäre noch verzeihlich gewesen. Sondern weil ich geschmeichelt war, ich dusselige Kuh.

Mein Job war es, Probanden für Befragungen zu rekrutieren. Die mussten dann endlose Befragungen zum Thema Knusprigkeitsverlust bei Cornflakes in einem Schälchen Milch beantworten. Oder an Pickelwasser schnuppern und den Geruch beurteilen. Riecht es nach Pfirsichhaut? Oder nach Eiterbeulen? Dafür gab es je nach Dauer fünfzig bis achtzig Euro für mehrere Stunden Fragenmarathon. Ich stellte die Runden zusammen, Martin war der Chef, der die Kunden aus der Industrie rekrutierte und bespaßte, im Team mit Bülent, dem zweiten Geschäftsführer, der ein dicker Kumpel von ihm ist. Außer mir arbeiteten noch acht andere Mädels in der Agentur. Alle nett, alle nichtssagend.

Vielsagend dagegen waren die Blicke, die Martin mir ständig zuwarf. Er grinste, lächelte, machte mir Komplimente, aber immer nur im Vorbeigehen, sodass die anderen nichts mitbekommen konnten. Ich hatte das Gefühl, seine Flirtattacken wurden jeden Tag massiver. Nicht, dass es mich gestört hätte. Mir fiel nur nie das Passende ein zu dem, was er mir so entgegenstrahlte. Ich kam morgens aus meiner Studenten-WG in dieses schicke Büro, dort empfing mich mein cooler Chef, erklärte mir, bei jedem neuen Projekt, das er mir übergab, ich hätte es schon drauf und würde das rocken und würde heute ja besonders scharf aussehen. Klar, dass wir uns von Anfang an duzten. »Wir sind hier alle ganz entspannt drauf«, hatte er mir schon am ersten Tag verkündet. Der Pimmeltänzer!

Nach ein paar Wochen fing ich an, Christian, mit dem ich seit einigen Monaten ohne verstärkten Leidenschaftseinsatz zusammen war, ständig mit Martin zu vergleichen. Christian studierte Germanistik, hatte Locken und nichts im Portemonnaie. Martin war Geschäftsführer, hatte was zu sagen und einen dicken Audi vor der Tür. Das war eben einfach geiler.

Das einzige Problem an Martin war, dass Bülent meist in seiner Nähe war. Die beiden hatten zwar verschiedene Büros, aber meist hing der eine auf der Schreibtischkante des anderen herum und machte schlaue Sprüche, welche Kunden man wie ködern würde. Ich kam dann mit der Teilnehmerliste für die Spinat-Runde herein und wurde gleich doppelt angegrinst. Wobei Bülent sich zurückhielt und Martin das Feld zum Baggern überließ. Das klang dann ungefähr so: »Da kommt ja unsere Superkraft! Die schönste Mitarbeiterin des Monats! Der Lichtstrahl unseres grauen Alltags! Ne, mal im Ernst, gut siehst du aus heute. Geiles Kleid ...« Woraufhin ich mich bemühte, cool zu bleiben, darin allerdings total versagte und mit den Spinat-News total durcheinanderkam. Das fand dann wiederum Bülent witzig: »Hey, du bringst sie ja ganz durcheinander. Ich glaube, ich lasse euch beide mal besser allein ...« Das tat er nur nie, was ich irgendwie ärgerlich fand.

Vier Wochen nach meinem ersten Arbeitstag erwischte mich Martin am Agenturkühlschrank, als ich gerade meinen Magermilchjoghurt herauszog. »Hey, Anke. Habe gerade gesehen, dass du jetzt seit einem Monat hier bist. Denke, wir könnten da mal ein kleines Feedbackgespräch halten«, sagte er ganz sachlich und mir wurde ein bisschen flau im Magen. Ich schaute ihn an und sah wahrscheinlich aus wie ein verschrecktes Hühnchen. »Hey, alles easy. Ich dachte nur, du willst dir mal deine Lobeshymne abholen bei mir!«

Erleichtert lächelnd riss ich den Aludeckel vom Joghurt und sagte: »Ja, gern.« Dann leckte ich ihn gründlich ab. Den Aludeckel, nicht den Chef. Aber das war peinlich genug. Ich hatte das ja nicht gemacht, um ihn Vamp-mäßig zu provozieren. Sondern weil ich jeden blöden Joghurtdeckel immer sofort ablecke. Oder? War vielleicht doch mein inneres Luder in Form einer gierig leckenden Zunge hervorgetreten? Im Nachhinein kann ich das nicht mehr beurteilen. »Mhmm, das sieht aber lecker aus«, raunte Martin. Was für ein dämlich platter Kommentar! Denke ich heute. Damals fand ich es ganz geil. Dann fügte er lauter hinzu: »Nach Feierabend, also so gegen sieben, im Interviewraum.« Ich wunderte mich kurz, dass er mich im Interviewraum und nicht in seinem Büro sehen wollte. Dachte dann aber nicht weiter drüber nach. Sondern freute mich stattdessen darauf, meinen Chef-Schwarm endlich mal allein zu treffen, das war ja schon geradezu privat. Wir beide ganz allein in einem Raum. In einem Raum, der sich zwar in der Agentur befindet. Aber sonst würde sich um die Zeit niemand mehr dort befinden. Also quasi ein Date.

Steffi, die dicke Sekretärin, verließ um halb sieben den Laden, Korinna, meine Kollegin, die nett, aber irgendwie auch sehr langweilig war, ging kurz darauf und die Teamassistentin Flo hatte sowieso frei. Bülent schien auch einen Termin zu haben, jedenfalls war die Agentur menschenleer, als ich um kurz nach sieben in den Interviewraum kam: ein quadratisches Zimmer mit grauem Teppich, weißen Wänden und einem rechteckigen Konferenztisch mit acht Stühlen. Hier saßen die Arbeitslosen, Studenten und Muttis, wenn ich sie zum Thema Spinat oder Pickel befragte.

An der rechten Wand befand sich ein großer Spiegel. Kennt man ja aus dem *Tatort*, dahinter stehen dann die Kommissare und schlaumeiern darüber, ob wohl Nummer eins, zwei oder drei den Mord an der Prostituierten begangen hat. Bei uns ging es um harmlosere Dinge: Hinter dem nach innen verspiegelten Fenster konnte man ganz einfach das Verhalten der Probanden zum Beispiel beim Schnuppern am Akne-Mittel beobachten, fürs Protokoll. Chef Martin und ich setzten uns einander gegenüber an den Tisch, er stützte die Ellenbogen auf und sah mich an.

»Schön, dass du bei uns bist«, fing er an und ich beschloss, erst mal abzuwarten, was er mir noch so zu sagen hatte. Ich spürte aber, dass ich ihn absolut lässig fand, wie er mir da gegenübersaß. Und das Wissen, dass wir ganz allein waren, brachte mich auf geradezu waghalsige Ideen. Ich hatte plötzlich Lust, Christian, den studierenden Langweiler, so richtig schön zu betrügen. Mit meinem Chef, geil, ein bisschen wie im Kino, wo Demi Moore mit ..., ja mit wem überhaupt? »... und deshalb finde ich, dass du das alles ganz toll managst hier«, hörte ich Christian sagen. So ein Scheiß, jetzt hatte ich vor lauter Giererei nicht zugehört und wertvolle Komplimente einfach überhört! Ich lächelte und sagte einfach mal: »Schön, das freut mich. Ich finde es aber auch sehr interessant bei dir. Äh, in der Firma, also hier.«

Martin stützte das Kinn auf die Hände und sah mich mit einem Lächeln an. »Weißt du was? Ich habe einen eisernen Grundsatz. Ich fange nie etwas mit Mitarbeitern an«, sagte er. »Aber seit ziemlich genau vier Wochen fällt mir das echt schwer. Und seit ziemlich genau vier Minuten denke ich, dass man seinen Grundsätzen auch mal untreu werden darf. Was meinst du?« Statt eine Antwort abzuwarten, stand er auf, ging um den Tisch herum, stellte sich hinter mich und begann, mir die Schultern zu massieren.

Mich durchfuhr ein Schauer. Vor Aufregung? Weil es sich gut anfühlte? Ich war mir da noch nicht so ganz sicher, als ich sein Gesicht an meinem Hals spürte, leichte Küsse fühlte und dann seine Stimme, ganz dicht an meinem Ohr: »Ich fand dich vom ersten Moment an scharf, Kleine. Und jetzt lass uns den ganzen Firmenkram mal vergessen. Ich habe doch gemerkt, dass du Bock hast, mal was Verrücktes zu machen.« Dieser Vollidiotenschwachmatenwichser! Fuck you! Das denke ich heute. Damals dachte ich: So ist es! Und drehte meinen Kopf ein Stück, um ihn zu küssen.

Er zog mich an den Schultern nach oben, sodass ich vor ihm stand und ihm in die Augen sah – nein, versuchte, ihm in die Augen zu sehen. Aber unpassenderweise fesselte sein Riechkolben meinen Blick noch viel mehr. Und wie ferngesteuert griff ich ihm zwischen die Beine – der unsichtbaren Nase-Schwanz-Achse folgend. Ich bin nicht gerade schüchtern, aber was mich in diesem Moment überkam, auch das wird eines der ewigen Rätsel in der Angelegenheit Klostermann bleiben. »Whooow, du gehst aber ran. Wusste ich doch, dass du total scharf bist«, sagte Martin. Er sagte es auffällig laut und deutlich. Ich fühlte mich angespornt. Und ließ mich wieder auf meinem Stuhl nieder, um ihm genüsslich die Hose aufzuknöpfen. In Wahrheit war es vor allem Forscherdrang, der meine Finger trieb. Ich wollte unbedingt wissen, ob dieser verdammte Spruch stimmte.

Martin stöhnte, wieder ziemlich laut, und drehte sich ein wenig schräg, sodass ich meinen Stuhl ein Stück verrücken musste, um noch perfekt an seinem Hosenstall herumhantieren zu können. Er trug Boxershorts, wie uncool. Noch uncooler: Sie waren blaurot kariert. Aber ich ließ mich nicht aufhalten, griff beherzt in den Stoff und spürte schnell seinen Schwanz. Auf den ersten Griff recht stattlich, ich wurschtelte ihn durch den Schlitz hervor und war zufrieden. Die Maße seiner Nase waren zwar vergleichsweise beachtlicher, aber der Schwanz gefiel mir. Er gefiel mir besser als der von Christian, wie ich mir still eingestehen musste, als ich anfing, das Teil hingebungsvoll zu lutschen.

»Oh yes, Baby. Das ist geil, du bläst meinen Schwanz, blas ihn richtig hart«, rief er. Ich kam mir vor wie in einer TV-Dauerwerbesendung: »Ja, der Sauger, der saugt richtig gut!« So ähnlich gekünstelt klang Martins Stimme. Danach ließ er jedoch ein tiefes Stöhnen ab, ein ziemlich authentisch klingendes Stöhnen. Ich machte zufrieden weiter und spürte, wie ich auch ganz feucht wurde. Klar, jetzt war ich ja auch gleich dran, ich hatte beileibe nicht vor, Cheffe hier mit einem unverbindlichen Blowjob aus der Nummer zu entlassen.

Ich war jetzt ziemlich in Fahrt. Wobei: Sex, nein, richtigen Sex wollte ich meinem Christian doch nicht antun. Solange Martin seinen Schwanz nicht in meiner Muschi parkte, konnte ich das unter Rummachen verbuchen und mein schlechtes Gewissen in Grenzen halten. »Uhhhh, geil, geil, geil«, jauchzte Mr Großnase. In diesem Moment ging das Licht an. Die Halogenstrahler an der Decke fingen sekundenschnell strahlend an zu leuchten. Es war vorher ein bisschen dämmrig gewesen. Jetzt war es hell. Und mich durchzuckte ein Blitz. Ich erstarrte. Eine Millisekunde später bemerkte ich, dass ich immer noch Chefs Schwanz im Mund hatte, und zog ruckartig den Kopf zurück. Ich blickte nach oben, auf die Nase. »Was ist das denn? Wer ist da?«, fragte ich mit hysterischem Unterton in der Stimme.

»Fuck! Scheiße! Weiß ich doch nicht!«, entgegnete Martin, »keine Ahnung, irgend so eine Art Kurzschluss halt. Entspann dich mal! Komm, hier, lutsch weiter!« Stattdessen sprang ich von meinem Stuhl auf, gut, dass meine Hose noch zu geblieben war, machte einen Satz Richtung Tür, bog um die Ecke und riss die Tür des Beobachtungsraums auf. Bülent.

»Was machst du denn hier?«, stieß ich entgeistert hervor. Er starrte mich genauso entgeistert an. Fing sich dann aber schnell wieder und antwortete einigermaßen souverän: »Wonach sieht es denn aus? Ich gucke zu, wie die Neue dem Chef einen bläst. Und ich ärgere mich, dass ich zweihundert Euro verloren habe.« Halt mal, das ging mir fast ein bisschen zu schnell, das Blasen hatte offenbar meine Hirntätigkeit verlangsamt. Bevor mir die Bedeutung von Bülents Worten so recht klar wurde, hastete Martin herein, hektisch an seiner Hose fummelnd. »Halt bloß die Klappe! Anke, ich habe keine Ahnung, was der hier macht, echt nicht.«

Das klang nicht überzeugend. Und mein Hirn hatte endlich kapiert: Bülent hatte zweihundert Euro verloren, weil er gewettet hatte. Darauf, dass Martin mich nicht rumkriegen würde. Und Martin, der verdammt noch mal eitelste geile Bock des Planeten, hatte ihm bewiesen, dass er es doch schafft. Und deshalb hatte er mich auch in den Interviewraum kommen lassen: Damit sein

Kumpel schön sehen konnte, wie er der dämlichen Neuen seinen Pimmel in den Mund schob! Mir schossen Tränen in die Augen.

»Hey, das war doch nicht schlimm. Von uns erfährt keiner was, Ehrenwort«, sagte Bülent und schaute jetzt immerhin ein bisschen betroffen. »Ihr seid ..., ihr seid...«, mir fiel nichts Passendes ein. »Ihr seid gemein!«, stieß ich hervor. Nicht gerade das, was ich eigentlich hatte sagen wollen. Nicht gerade vernichtend. Ich schaffte es noch nicht einmal, einen furiosen Abgang mit Türenknallen und wüsten Beschimpfungen hinzulegen. Ich war einfach nur fassungslos und die Tränen liefen mir übers Gesicht. Ich japste noch mal kurz auf, drehte mich um. Und verließ die Firma.

Martin versuchte zweimal, mich auf dem Handy zu erreichen. Ich ging nicht ran. Ich ging auch in den nächsten drei Tagen nicht ins Büro. Ich meldete mich bei einer Stellenbörse an, ich telefonierte Freunde und Bekannte durch, ich versuchte es bei der Arbeitsagentur. Und dann ging ich wieder ins Büro. Die Sache ist jetzt einige Monate her, ich schreibe Bewerbungen und hoffe, dass ich Martin bald meine Kündigung auf den Tisch knallen kann. So lange muss ich durchhalten. Pimmeltänzer!

14. GESCHICHTE VOM SEX MIT KOLLEGEN

Die Ernüchterung nach dem Rausch

Marietta (25), Barkeeperin, Berlin,
über
Markus (42), Barchef, Berlin

Unsere Affäre dauerte drei Monate. Von Ende April bis Ende Juli. Das beste Mal mit Markus war das erste Mal, danach wurde es kompliziert und zum Schluss einfach nur richtig mies. Ich fange einfach mal von hinten an. Mit einer Nummer von hinten im Keller des »Elvis« endete die Sache nämlich auch. Klingt blöd, aber so war es nun mal.

Ich habe ihn abgeschossen, nachdem ich ihn mit Nele erwischt habe. Meiner unschuldslockigen blonden Kollegin Nele. Sie hat ihm, auf eine Bierkiste im Lagerraum gestützt, ihren süßen Popo entgegengereckt. Markus war kurz davor, sie zu vögeln. Von hinten. Wahrscheinlich hat sein Reißverschluss geklemmt, jedenfalls war es noch nicht ganz so weit. Und ich bin mir sicher, nach meinem Auftritt ist da auch nicht mehr viel passiert. Ich kam zufällig rein, weil ein Kunde an der Bar den dritten Royal Lochnagar bestellt hatte, einen einigermaßen noblen schottischen Whisky. Die Flasche war leer, ich ging also die Treppe hinter dem Tresen runter, um Nachschub zu holen.

Ich wunderte mich schon, dass das Licht im Lagerraum brannte. Als ich die beiden da sah, sie mit hochgeworfenem Jeansrock und breitbeinig auf zwei Kisten Warsteiner gestützt, er hinter ihr, an seinem Hosenstall herumfummelnd, ist mir ein leises »Oh, Fuck« herausgerutscht. Danach ein lautes »Fuck!«, anschließend kamen nur noch derbste Beschimpfungen. Obwohl das eigentlich gar nicht meine Art ist. Ich arbeite zwar als Barfrau, aber ich bemühe mich meistens um eine einigermaßen zivilisierte Ausdrucksweise. Was nachts um drei mit besoffenen Gästen nicht immer einfach ist.

»Kringellockige Kackstelze«, so habe ich die kleine Nele genannt. Das war nicht nett und das war nicht fair, denn die Arme konnte ja nicht ahnen, dass ich noch zwei Nächte vorher in ähnlicher Pose hier gestanden hatte. Allerdings hatte Markus' Reißverschluss da einwandfrei funktioniert. Weil mir Pöbeln und Fluchen als Reaktion nicht ausreichend erschienen, griff ich ins Regal neben mir und schnappte mir eine Flasche. Es war Jägermeister. Klebriges Zeug, perfekt! Ich brüllte noch einen Satz, in dem das böse F-Wort vorkam, und schleuderte die Flasche auf den Betonboden. Direkt vor seine Füße. Es gab ein dumpf-klirrendes Geräusch, vor und auf seinen weißen Adidas-Turnschuhen ergoss sich eine braune Schnapsflut und er schrie »Scheiße«, und sie kreischte »Ihhhh!«. Dann drehte ich mich um, knallte die Tür hinter mir zu und atmete tief durch.

Drei Sekunden stand ich da, mit geschlossenen Augen, und versuchte die Wut und die Enttäuschung hinunterzuwürgen. Das gelang mir nur halbwegs, aber ich ging die Treppe hoch, öffnete die Schiebetür und trat zurück an die Bar. Hinter die Bar, um genau zu sein, vor das wunderschöne Schnapsregal mit Likören, Obstbränden, Wodka, Gin und allein 44 Sorten Whisky, dezent beleuchtet und aus weiß lackiertem Holz. Zum Glück war der Geräuschpegel an diesem Freitagabend extrem hoch, weil ein Ensemble Musicaldarsteller die letzte Vorstellung feierte und schon kräftig dabei war, die schnulzigen Lieder ihrer peinlichen Revue zu »singen«. Wobei von einer eindeutigen Melodie nicht die Rede sein konnte. Egal, ich war ihnen dankbar. Ich trat zu dem schon leicht angetrunkenen Gast, der den Royal Lochnagar bestellt hatte, und brachte bemüht beherrscht, aber leicht außer Atem hervor, dass wir leider keine Flasche mehr vorrätig hätten. Er bestellte Johnny Walker. Nun ja. Der Mann hatte eben ein breites Geschmacksspektrum.

Fünf Minuten später kam Markus durch die Schwingtür, die Jeans ordnungsgemäß geschlossen. Eine Minute darauf Nele, mit hektischen roten Flecken auf ihren Pausbäckchen. Sie hatte eigentlich schon frei, ich war ihre Ablösung gewesen; dass sie sich heimlich ins Lager verkrümelt hatte, das hatte ich gar nicht bemerkt. Jetzt hetzte sie Richtung Ausgangstür, wortlos. Und auch Markus' Abwesenheit war mir nicht weiter aufgefallen, er verschwand auch sonst häufiger mal. Meistens, um in einer stillen Ecke des Lagerraums wichtige Telefonate zu führen. Mit wem, hatte er mir nie gesagt, sondern immer ein ganz großes Geheimnis drum gemacht. Ich wollte es gar nicht wissen. Unsere Affäre beschränkte sich auf unsere Arbeitszeiten, unser Sexleben fand im »Elvis« statt und wirklich viel hatte ich nie über sein Privatleben gewusst. Viel konnte es da auch nicht geben, schließlich verbrachte er mindestens fünf Abende und Nächte pro Woche im »Elvis«.

Als Markus an die Bar trat, sagte er kein Wort, würdigte mich keines Blickes und nahm direkt die nächste Bestellung auf. Das war's, das war das Ende. Seit dieser Nacht reden wir nur noch das Nötigste und nur noch geschäftlich. Wir haben keine Aussprache geführt, er hat sich nicht entschuldigt. Wobei: Muss man sich entschuldigen, wenn man während einer Affäre, die auch eindeutig als solche definiert ist, eine andere Frau vögelt? Wenn man es am selben Ort, unter denselben Umständen und mit einer gemeinsamen Bekannten, einer Kollegin, tut, dann schon. Finde ich!

So, das war das Ende. Jetzt komme ich zum Anfang. Der Beginn unserer spritzigen Leidenschaft mit ernüchterndem Ende war nämlich viel berauschender. Zehn Monate hatten wir da schon gemeinsam im »Elvis« gearbeitet. Das »Elvis« ist eine beliebte Absturzbar in Mitte, das Publikum ab dreißig und nicht übertrieben szenig. Der Laden ist nach dem großen, braunen Mischlingshund von Sebastian, dem Besitzer, benannt. Letzterer ist auch für die Einrichtung verantwortlich: pink-braun gemusterte Tapeten, weiße, eckige Hocker mit bunten Polstern und Pin-up-Bilder an den Wänden.

Markus ist seit vier Jahren Barchef, ich versorge die Gäste seit anderthalb Jahren mit Drinks, Spirituosenwissen und freundlichem Lächeln. Wenn sie es verdient haben. Am Anfang fand ich meinen Kollegen zwar hübsch, aber eher so, wie man einen Sessel hübsch findet. Markus ist groß, muskulös und könnte auch ein Türsteher sein. Rein optisch, meine ich. Nicht mein Typ, jedenfalls. Also begann unsere Beziehung als Arbeitsverhältnis, freundlich, aber leidenschaftslos. Ich glaube sogar, er hat am Anfang ziemlich abwertend über mich geredet. Wahrscheinlich sogar bei Nele. Über mich, die rothaarige Münchnerin mit einer Vorliebe für High Heels und *smokey eyes*. Er fand mich suspekt, wir hatten keinen gemeinsamen Humor und entsprachen gegenseitig so gar nicht dem Beuteschema des anderen. Wenn er nach Feierabend – Feierabend, übrigens ein lustiger Begriff, bei uns war es am Wochenende eher Feiermorgen – die Abrechnung machte und ich den Tresen abwischte, redeten wir entweder gar nicht oder nur über anstrengende Gäste oder guten Wein. Mit beidem kennen wir uns nämlich aus. Unser neutraler Umgang wurde durch sehr viel Alkohol ins Gegenteil verkehrt.

An einem in doppelter Hinsicht lauen Abend im April, es war warm und kaum jemand war in der Bar, begannen wir, Weißwein zu trinken. Markus, weil er verliebt in Nicoletta war, einen Stammgast. Was nebenbei gesagt ziemlich unprofessionell ist. Und auch nicht erwidert wurde: Nicoletta ließ ihn auflaufen. Und ich trank, weil ich Lust dazu hatte und niemand zu Hause auf mich wartete. Nachdem wir die erste Flasche Sauvignon noch während der Arbeit so nebenbei weggetrunken hatten, schlossen wir den Laden ab.

»Ich brauche jetzt noch einen Wodka, bevor ich nach Hause gehe«, sagte Markus. Er wohnte ungefähr hundertfünfzig Meter vom »Elvis« entfernt, ich musste noch die S-Bahn nach Charlottenburg nehmen. Aber ich stimmte zu. Wie gesagt, zu Hause war es dunkel und einsam, warum also nicht. Markus entschied sich für eine Flasche Beluga Wodka aus Russland, nicht ganz billig, aber er würde den Einkaufspreis in die Kasse legen, das wusste ich.

»So, trink mal schön, das hilft immer«, sagte er. »Danke, ich brauche keine Hilfe«, entgegnete ich und sah ihn provozierend an. »Wir brauchen doch alle Hilfe«, murmelte Markus und kippte das Glas auf ex. Danach blickte er mich an und griff nach meiner Hand, mit der ich mich auf den Tresen gestützt hatte. Er streichelte darüber, nur ganz kurz, und verkündete: »Jetzt einen Gin, die Mischung soll ja schließlich stimmen!«

Ich war schon leicht angeschossen – man denkt ja immer, dass Tresenpersonal richtig was kann in Sachen Alkohol, aber obwohl ich viel und gern trinke, spüre ich ziemlich schnell eine benebelnde Wirkung. »Gin, ja lecker«, sagte ich und »Gin« klang schon wie »Schin«. Er suchte eine Flasche »Gilbey's Gin 47 Prozent« aus dem Regal, schraubte den Deckel auf und schenkte uns beiden reichlich ein.

»Bei mir«, sagte er und knallte die Flasche auf den Tresen, »war es ja wirklich keine Liebe auf den ersten Blick. Aber ich find dich zauberhaft. Zauberhaft, hörst du?« Ich griff erst einmal mein Glas, hob es an und sagte dann langsam: »Jaaa, ich mag dich doch auch, Markus. Toll, toll, toll. Jaaa, du bist schon toll, irgendwie.« Warum, war mir gerade entfallen. Aber es stimmte, plötzlich fand ich ihn auf irgendeine Art und Weise heiß. Beuteschema hin oder her, wie dieser große Kerl da angetrunken und mit leicht benebeltem Blick aus blauen Augen vor mir stand – das fand ich rührend und erregend zugleich. Ich trank den Gin und rief: »So, Herr Barchef! Da geht noch was!« Ich glaube, danach schenkte er noch mal Wodka ein, dieses Mal gossen wir Red Bull drauf. »Knisterndes Eis in süßem Drink«, entfuhr es mir. »Süße Lippen«, antwortete er, beugte sich vor und küsste mich. Ich war überrascht. Angenehm überrascht. Er küsste mich ganz zart, seine Zunge, die nach Alkohol und Nikotin schmeckte, in meinem Mund. Forschend, intensiv, er seufzte leise und zog mich zu sich heran. »Du schmeckst gut«, flüsterte er, »nach Wodka!« Ich schloss die Augen und küsste ihn wieder. Das fühlte sich besser an, als ich gedacht hätte. Wir knutschten eine Weile herum, er streichelte meinen Hintern, ich umfasste seinen Nacken. Zog ihn zu mir herunter, ich wollte mehr. »Das ist schön«, flüsterte ich. Aber Markus zog sich zurück, sah mich an und sagte: »Wir trinken noch einen.« Dann goss er uns die Gläser voll mit Wodka. »Trink das in einem Zug aus«, befahl er.

Ich war schon ziemlich benebelt, vom Alkohol und von seinen Küssen, und tat, was er sagte. »Mann, ich bin total breit«, entfuhr es mir. Als Antwort küsste er mich wieder, griff dabei hinter sich – und kippte mir seinen Drink in den Ausschnitt. »Hey!«, rief ich erschrocken und wich zurück. »Was soll das denn?« Er antwortete nicht, sondern zog mein Oberteil hoch bis über meinen BH und fing an, den Wodka von meiner Haut zu lecken. Gierig, schnell, leidenschaftlich. »Oh Marietta«, stöhnte er und kreiste mit seiner Zunge über meinen Bauch. Ich beugte mich zurück, stützte mich auf dem Tresen ab und genoss. Plötzlich hielt er mir die Flasche vor mein Gesicht. »Trink«, stöhnte er und ich nahm sie ihm aus der Hand und setzte an. Zwei Schlucke, drei, vier, dann konnte ich nicht mehr und kippte ihm einen Schwall ins Hemd. Er richtete sich auf, öffnete die Knöpfe und ich sah seine muskulöse, unbehaarte Brust, nass vom Alkohol. Ich war benommen und total scharf, leckte alles ab. Im Mund den Geschmack von Wodka, in der Nase sein markant-männliches Aftershave. Gierig schleckte ich seine Brustwarzen ab, ich war total geil.

»Komm, dreh dich um«, flüsterte er und packte mich an den Hüften. Ich tat es, stützte die Hände auf die Bar und ließ ihn meine Jeans öffnen. Mit einem Ruck schob er mir die Hose über die Hüften, spreizte meine Beine und stieß in mich hinein. Langsam, nicht heftig. Genüsslich umarmte er mich von hinten. »Das fühlt sich so gut an«, raunte er und ich stöhnte kurz auf. »Gib mir Whisky«, sagte ich heiser und er griff neben sich und reichte mir die Flasche. Ich nahm einen tiefen Schluck, er griff danach und trank. Trank fünf, sechs, sieben Schlucke und stieß wieder in mich. Mittlerweile war ich vollkommen breit und vollkommen benommen. Ich stöhnte. Er stöhnte. Ich spürte nur noch seinen Schwanz und den stechenden Geschmack des Alkohols.

Immer schneller vögelte er mich, ich seufzte, stöhnte – und schloss einfach die Augen. »Mach es, mach es, fick mich«, seufzte ich. Er streichelte meinen Rücken, während er sich rhythmisch in mir bewegte, immer schneller, bis ich nicht mehr konnte. »Mach weiter«, rief ich, er wurde noch schneller. »Ich komme«, flüsterte er und ich schloss die Augen. Konzentrierte mich voll auf seine Stöße. Und spürte, dass ich auch fast so weit war. Eins, zwei, drei, ich fühlte es kommen. Schrie auf, schlug mit dem Kopf auf das gelackte weiße Holz des Tresens. »Ja, gut, gut so!«, rief ich und genoss das Gefühl eines völlig breiten, total geilen Höhepunkts.

Ich keuchte, es war noch nicht ganz vorbei, langsame Wellen durchfuhren mich, als ich ihn hörte, wie von weit weg: »Oh mein Gott! So, ja, so!« Der Rest waren undefinierbare Stöhnlaute, er zuckte, bäumte sich auf und umfasste mich von hinten, vergrub sein Gesicht in meinen langen roten Haaren.

Danach standen wir noch einige Momente unbeweglich, er in mir, ich total betrunken, schwer atmend. Es war einfach nur berauschend. Mein erstes Mal mit Markus. Danach konnte ich nicht genug bekommen, was gut für die Arbeitsmoral war: Ich kam noch lieber ins »Elvis«, war noch charmanter und wenn ein Gast mir blöd kam, dachte ich nur daran, dass Markus mich wahrscheinlich noch vögeln würde. Und dann lächelte ich und war entspannt. Und das ist es, was mich heute fertigmacht. Er hat es mir gegeben – und es mir weggenommen. Er hat mich angefixt – und mich hängen lassen. Und das Schlimmste: Ich weiß, wenn er mir jemals wieder Wodka in den Ausschnitt kippen würde – ich würde mich danach sehnen, dass er ihn ableckt. Nele hin oder her.

15. GESCHICHTE VOM SEX MIT KOLLEGEN

Hannover all-inclusive

*Nele (32), Personalreferentin, München,
über
Klaus (35), Vertriebsmitarbeiter, Hannover*

Siebenter bis 9. Mai Leadership Training / Hannover, Best Holiday Hotel« blinkt in meinem Outlook auf. Hannover? Na großartig. Von allen Städten Europas muss mich meine Firma ausgerechnet nach Hannover schicken. Und das Hotel klingt ja auch nicht gerade vielversprechend. Ich bin echt genervt. Während meine Freundin schwärmerisch von ihrem Businesstrip nach Paris berichtet, kann ich dann Anekdoten vom Maschsee erzählen. Ich schnappe mir mein Handy und tippe eine Nachricht an meinen Kollegen Eddy, den schönsten Mann, den ich kenne. Er sieht aus wie der Modegott Tom Ford – und das sage nicht nur ich. Eddy ist durchtrainiert, immer perfekt angezogen, verführt mit Killerblick und Stilgefühl – und ist seit Jahren ziemlich glücklich mit seinem Freund Dieter.

»Nächste Woche Leadership in Hannover! Ist da auch einer von euch aus Berlin dabei?« Die Antwort kommt innerhalb von drei Minuten. Auf Eddy kann man sich verlassen! 15.15 Uhr Eddys mobile: »Das kann ich dir sagen, Darling: das Schmankerl kommt! Du wirst Hannover noch lieben ...«

Wie jetzt, Schmankerl? Ich vermute, Eddy hat gestern bei seinem Lieblingsitaliener wieder zu tief ins Glas geschaut und bringt da was durcheinander. Und selbst wenn er mir einen vermeintlichen Leckerbissen ankündigt: Das heißt noch lange nichts. Eddys androgyne Wesen sind selten auch was für mich – zum Glück. Wir kommen uns nicht in die Quere, teilen unsere Eroberungen aber trotzdem – wir erzählen uns nämlich gegenseitig alles. Eddy weiß Bescheid und, schwul hin, schwul her, der Typ ist ein Mann und kann mich somit stets mit Innenansichten der Psyche dieser Spezies versorgen. Ich tippe zurück: »Schmankerl – nee danke, deinen Kaiserschmarrn kannste behalten. Sag mir lieber, wann du das nächste Mal nach München kommst?«

Es summt sofort: »Direkt danach, am zehnten Mai bin ich da und erwarte Bericht. Ich *schwöre* dir, es wird was zu berichten geben ...« Ach Eddy ... wenn's nur so wäre, aber was soll mir in Hannover Spannendes passieren? Ich freu mich jedenfalls darauf, ihn bald zu sehen und das Leadership-Seminar krieg ich vorher auch noch rum. Ich wende mich wieder meinem Outlook zu. 15.52 Uhr *new message from Xing*: »Ein Kontaktvorschlag. Eddy Groß möchte Sie mit Klaus Will bekannt machen. Bitte hier klicken.«

Na, da meint es aber wieder jemand gut – aber bitte, wenn er mir unbedingt seinen Schwarm vorstellen möchte. So kann ich das Seminar in hoffentlich angenehmer Gesellschaft durchstehen – und der Vorteil ist, dass mir der Typ nicht nach dem dritten Drink an der Hotelbar ans Knie grabbeln wird. Ich klicke also beherzt auf »Kontakt hinzufügen« und warte, dass mir die Daten des flotten Klaus freigegeben werden. Da ist er ja. Und, das muss man Eddy einfach lassen, der Typ sieht super aus. Ob der wirklich schwul ist? Wirkt so männlich – markantes Kinn, Dreitagebart, stechender Blick. Aber Eddy ist ja auch kein Wattebausch-Schwuler und einer muss ja auch der Mann sein.

Eine Stunde später habe ich eine neue Nachricht: »Hallo Frau K., der Kollege Groß hat mir erzählt, dass wir gemeinsam einige Tage im wunderschönen Hannover verbringen dürfen. Freu mich drauf! Liebe Grüße, unbekannterweise, Ihr K.Will«

Nett, der Junge. Dann will ich mal auch nicht so sein: »Hallo Herr Will, ja – Kollege Groß hat ein Herz für einsame Kollegen, die in die niedersächsische Metropole verbannt werden. Wir machen's uns nett! Reisen Sie auch am Montag an? Es grüßt unbändig gespannt – gähn – Ihre Kollegin N.K.«

War das jetzt zu frech? Egal, wenn er sich mit Eddy gut versteht, wird er schon einen robusten Humor haben und außerdem nehme ich seine Jungs gern ein bisschen auf die Schippe. Ich bin so was wie Eddys Terrier – ein kleiner Kläffer, der viele auf den ersten Eindruck erschreckt. Auch wenn er Dieter treu ergeben ist, der Junge flirtet gern und hat immer ein paar Verehrer, die um ihn herumscharwenzeln. Ich bin diejenige, die ihm dann sagen muss, wie er die Hasen wieder los wird. Schade, dass er in Berlin lebt und ich in München! Mein Lieblingskollege und ich führen eine tägliche, angeregte Mailfreundschaft, aber sehen uns leider nur selten. Mittlerweile bin ich ganz gespannt auf sein »Schmankerl« und verabrede mich mit Klaus schon am Vorabend des Meetings im Hotel. So kann ich am nächsten Tag entspannt ausschlafen und muss nicht morgens um sechs in die Bahn steigen.

Ich muss sogar zugeben: Der Typ ist lustig! Wir haben uns ein paar Mal hin und her gemailt und er hat Humor. Ich blicke Hannover mittlerweile tapfer entgegen.

Und schon ist es so weit. Klaus und ich haben vorher noch fix Handynummern ausgetauscht und sind nun locker für den Abend an der Bar verabredet. Eigentlich mag ich Geschäftsreisen – allein in einem Hotelzimmer fühle ich mich immer so ein bisschen wie eine Femme fatale. Ich bin weit weg von zu Hause, weit weg von meiner Beziehung mit Dirk. Alles kann passieren. Nicht, dass ich meinen Freund nicht liebe, aber wir sind seit neun Jahren zusammen – und wenn man ehrlich ist, dann ist unsere Beziehung mittlerweile eine solide Freundschaft. Wir leben zusammen, wir verbringen die Wochenenden mit Freunden, wir reden über den Job und geben uns jeden Abend einen Gutenachtkuss. Ehrlich gesagt habe ich mit Dirk weniger Spaß als mit Eddy. Den Gedanken verdränge ich aber lieber. Und zum Glück habe ich ja auch noch meine Karriere, um die kümmere ich mich seit zwei Jahren, seit ich einen ziemlich guten Job in der Personalentwicklung bekommen habe, sehr intensiv.

Ich bin viel unterwegs, unser Unternehmen arbeitet international – und mittlerweile habe ich mein ganz eigenes Hotelzimmer-Ritual. Ich reise schon einen Abend früher an, die erste Übernachtung zahle ich dann eben selbst. Aber ich liebe es, einen Abend im Hotel ganz allein zu verbringen: Ich öffne mir einen Sekt aus der Minibar, dusche oder bade ausgiebig, rasiere mich am ganzen Körper, ganz glatt, kein Härchen darf stören. Wenn ich aus dem Bad komme, hülle ich mich in ein Handtuch und setze mich mit tropfenden Haaren auf das frisch bezogene weiße Bett. Ich trinke meinen Sekt und atme tief diesen ganz bestimmten Hotelbettwäschegeruch ein, der ein bisschen nach Ungewissheit und Abenteuer duftet. Ich liebe diesen Moment der absoluten Unabhängigkeit, keine Verpflichtungen, nur ich und so viele Möglichkeiten in diesem stillen Hotelzimmer. Anschließend mache ich mich schön: Ich lackiere mir die Nägel, föhne meine halblangen kastanienbraunen Haare glatt und ziehe mir ein Kleid an. Ich trage am ersten Abend immer ein Kleid – meist mein kleines Schwarzes. Als letztes in die High Heels schlüpfen und dann einen Blick in den Spiegel.

»Gut siehst du aus«, sage ich dann zu mir selbst und verlasse das Zimmer Richtung Hotelbar. Meist trinke ich dort ein bis zwei Whisky Sour und amüsiere mich über meine Selbstinszenierung. Ich habe gar nicht das Bedürfnis, mit gelangweilten Geschäftsmännern zu flirten – es geht mir um mich. Um meine eigene Erotik, um meine eigene Unabhängigkeit. Ich finde es prickelnd, wenn ich weiß, dass ich könnte – es aber dann doch nicht tue. Ich bin schließlich vergeben. Aber heute bin ich verabredet. Mit dem schwulen Klaus. Eddy simst aufgeregt, ob wir uns schon getroffen hätten und wie ich ihn denn nun fände? Ich antworte: »Ruhig, Brauner – in zwanzig Minuten im Innenhof des Hotels, der Herr hat noch einen Termin mit dem Seminarleiter.«

Dann schlendere ich in den Innenhof des Hotels – unerwartet schön ist es hier! Loungemöbel, leise Musik und ein Pool. Ist ja fast wie auf Ibiza, nur ein bisschen kalt. »Sorry – komme wohl ein paar Minuten später – Taxi kommt nicht. Herzlicher Gruß, K.«, simst jetzt Klausi. Das macht gar nichts, dann erkunde ich das Hotel noch ein bisschen, obwohl es nicht viel zu entdecken gibt. Ein Standard-Hotel für Durchreisende und Kongresse. Ich gehe durch den Hauptausgang vor das Haus, hier ist noch Abendsonne. Ich blinzle ein wenig und frage mich, wie viele Menschen heute Nacht wohl in diesem Haus schlafen werden. Da fährt ein Taxi vor – ist er das schon?

Das Taxi hält und eine halbe Minute später steigt er aus. Später werde ich Eddy erzählen, dass in diesem Moment meine innere Fanfare ein Solo getrötet hat, glockenhelle Hallelujas erklangen und dass mein Blick sich babyrosa vernebelt hat. Ich finde diesen Mann unglaublich attraktiv! Er ist mittelgroß, ein bisschen schlaksig, längeres Haar, wie ich es mag, ich erkenne den Dreitagebart, den er schon auf dem Foto hatte. Ich bin hingerissen. Er trägt Businesskluft, hatte ja schließlich gerade noch einen Termin: dunkelblauer Anzug und weißes Hemd ohne Krawatte. Und er trägt ein Lächeln, das mich umwirft. Jedenfalls für einen kurzen Moment. Dann habe ich mich wieder unter Kontrolle. Der Typ ist schwul. Dumme Idee, hier so ein inneres Blaskonzert abzufeiern – also besser zusammenreißen.

Er kommt auf mich zu, er lächelt und ich merke, dass er nicht so recht weiß, wie er mich begrüßen soll. Es wird irgendwas zwischen einer Umarmung, einem Handschlag und einem Kuss. Bei der ersten Begegnung? Das ist ja alles völlig abgefahren. Ich lasse ihn erst einmal reden. Da kann ich nichts falsch machen. »Ich habe echt überlegt, ob ich dich anrufen soll, aber dann habe ich gedacht, nee, ich bleib bei den Mails. Dass wir uns jetzt echt hier sehen, na ja, das ist ja wegen des Seminars, aber ich meine heute schon, das ist schon schräg«, grinst er verlegen. Verlegen? Warum eigentlich? Ich reise immer einen Abend früher an, aber das werde ich ihm nicht erzählen. »Komm«, sage ich betont lässig, »der Innenhof ist toll, da nehmen wir erst mal einen Drink.« Ich zumindest brauche einen, denke ich, am besten einen doppelten.

Wir setzen uns auf zwei blau gepolsterte Lounge-Sessel, er bestellt Weißwein für uns beide und ich versuche, mein Gehirn wieder zu nüchternen Gedanken zu bewegen. Das kann nicht sein, es ist vollkommen unmöglich, dass dieser Mann nicht an mir interessiert ist. Wie er mich anschaut, seine Körperhaltung, seine Verlegenheit – wo bleibt das typische Homo-Herumgealbere? Nichts davon, das hier fühlt sich ganz anders an. »Ich habe gewusst, dass du dieses schwarze kurze Kleid tragen wirst«, sagt er verschwörerisch grinsend. »Wie bitte? Woher das denn?«, frage ich entgeistert zurück.

Er beugt sich vor, immer noch grinsend: »Eddy hat mir von deinem Ritual erzählt.« Na toll, das ist mir jetzt echt unangenehm. Ich spüre, wie ich rot werde. Klaus redet einfach weiter: »Er hat gesagt, du seist seine absolute Lieblingskollegin, ihr wärt quasi Brüder – Genie und Wahnsinn lägen bei dir nah beieinander, aber mit niemandem könne man so über die Schmerzgrenze hinaus lachen wie mit dir.« Eddy, das Lästermaul! Ich versuche, Fassung zu bewahren. »Na, das ist ja interessant – was hat er denn noch so alles ausgeplaudert, der feine Herr Groß? Er weiß wirklich fast alles. Bei mir tut er so, als wärt ihr nur nette Kollegen, dabei plaudert ihr bei euren Meetings und am Telefon über meine intimsten Geheimnisse.«

Er schaut mich an, wirkt immer noch amüsiert, sagt aber nichts. Das verunsichert mich. »Apropos intim«, plappere ich weiter, »seit wann läuft das denn zwischen euch?« Ein Weißweinprusten in meine Richtung ist die Folge. Ich drehe mich weg, wische mir die Tropfen aus dem Gesicht und triumphiere innerlich. Er ist geschockt! Weil ich Bescheid wusste! Und so schlau gefragt habe, dass er jetzt vor vollendeten Tatsachen steht! »Wie bitte?«, bringt er hustend hervor, »Eddy und ich? Du denkst, ich sei schwul?« Ich bin ein bisschen verunsichert. »Ja, äh, sicher! Das habe ich mir wohl so gedacht!«, stoße ich hervor. Denn wenn ich jetzt darüber nachdenke, hat Eddy tatsächlich nie gesagt, dass mit Klaus etwas läuft. Ich habe es messerscharf geschlussfolgert ... nun gut, wenn ich jetzt überlege, war die Schlussfolgerung wohl eher ziemlich stumpf.

Ich werde feuerrot und stammle: »Du bist also nicht ...?« – »Nein – alles andere als das. Ich bin seit sechs Jahren verheiratet, mehr oder weniger«, sagt er, ebenso rot wie ich, weil er gerade ein halbes Glas Grüner Veltliner durch seine Luftröhre geröchelt hat. Dann fängt er an, schallend zu lachen. Ich muss auch grinsen und lache dann ebenso schallend mit – da war ich wohl auf dem Holzweg. Oder auch nicht, denn mein erster Eindruck, als er aus dem Taxi stieg, hat mich also doch nicht getäuscht.

»Na dann, auf uns«, sage ich und erhebe mein Glas – immer noch kichernd. »Auf uns«, grinst er und wischt frech ein paar Weintropfen von meinem nackten Knie. »Und jetzt muss ich dich ja noch endgültig überzeugen«, sagt er, und eh ich mich versehe, kommt er näher, ich drehe meinen Kopf ein kleines Stückchen und der Kuss landet auf meinem Hals. Das fühlte sich gut an. »Was hältst du davon, wenn wir den Wein einfach oben austrinken – jetzt, wo wir alles geklärt haben?« Sehr direkt, der Herr Kollege. Ich weiß nicht, ob es an meinem Femme-fatale-Ritual liegt, aber ich sage spontan Ja. Und füge sogar noch hinzu: »Das ist eine brillante Idee!«

Er scheint überrascht, wie einfach das war: »Hier meine Karte ... Zimmer 332, du gehst vor, ich komme nach. Keine Lust darauf, gesehen zu werden von Kollegen, die es genauso machen wie du und einen Tag früher anreisen.« Umsichtig, der Herr. Ich erhebe mich und gehe betont langsam davon. Auf dem Weg zum Fahrstuhl frage ich mich, wie ich mich fühle. Eine Mischung aus heiß, abenteuerlich, frei, amüsiert – es fühlt sich einfach richtig an! Ich betrete sein Zimmer, es ist schön ordentlich, mein geliebter Hotelzimmerduft liegt in der Luft, ein fast leerer geöffneter Koffer auf dem Boden und Schokoriegel auf dem Nachtschrank. Prima – wenn mich der Hunger packt, werde ich mich denen widmen.

Doch der Hunger kommt gerade durch die angelehnte Tür herein – in ganz anderer Form. Mit blitzenden Augen steht er vor mir. »Wahnsinn – du bist hier und du bist wundervoll.« Sagt es und küsst mich, ganz selbstverständlich. Nach einem weiteren Kuss lässt er von mir, betrachtet prüfend und ungläubig mein Gesicht, lächelt, küsst mich wieder und schiebt mich zum Bett. »Diese Beine …«, murmelt er dabei, »ich will sie ganz sehen!« Kaum hat er das gesagt, streift er mir auch schon mein kleines Schwarzes über den Kopf.

Gott sei Dank habe ich mein Ritual und bin vorzeigbar – glatt rasiert, zart duftende Haut, weiches braunes Haar. Sein Körper ist fest und gut trainiert. Ich knöpfe sein Hemd auf, streiche bewundernd über seinen schlanken, muskulösen Oberkörper. Schmal, aber austrainiert, so mag ich das. Gebräunt und ebenfalls duftend, wunderbar. Ich öffne die Knöpfe seiner Hose, ziehe sie herunter, seine Shorts folgen unmittelbar. Ich habe keine Lust, das brave Mädchen zu spielen. Gerade will ich mir die Heels abstreifen, das schwarze Lederbändchen an der Fessel lösen, da unterbricht er mich. »Nein, lass das – behalt sie an, das macht mich scharf«, sagt er und beginnt meine Fesseln sanft zu lecken. Bitte, gern, dazu sind sündhaft teure Boss-Sandalen schließlich da, endlich hat's einer erkannt.

Er leckt weiter, haucht abwechselnd zarte Küsse und verlangende Bisse auf meine Schenkel, er wandert immer höher und zieht mir langsam den Slip runter. »Ah, das ist der Brazilian Wax Hollywood Cut«, sagt er grinsend und guckt zu mir hoch. Ich öffne die

Augen – halt mal, ein Mann, der nicht schwul ist und sich mit Wachs-Enthaarung auskennt? Gibt es nicht! Da hatte doch schon wieder Eddy seine Finger im Spiel! Na warte, du Plaudertasche! Ich verkneife mir einen Kommentar, denn für Eddy ist hier gerade kein Platz im Bett. Der schöne Klaus richtet sich halb auf – er verliert keine Zeit. Mit unerwarteter Heftigkeit dringt er sofort in mich ein. Nimmt mich fest und schnell. Ein großer Junge. Mir gefällt, wie energisch der große Junge zur Sache geht. Er wird laut, er stöhnt, sein Blick ist durchdringend, okay, er ist doch kein Junge mehr. Hier hat ein Mann Sex, und zwar gewaltig. Und mit beeindruckender Ausdauer – meine anfängliche Sorge, der Spaß könnte in dem Tempo bald vorbei sein, ist nämlich völlig unbegründet. Er scheint zu bemerken, dass ich noch denken kann, und wird noch eine Gangart härter. Ich schließe die Augen, jetzt setzt mein Hirn wirklich aus. Plötzlich keucht er: »Jetzt werde ich in dir kommen. Willst du das? Willst du, dass ich das tue?« Mein heiseres »Ja« geht in seinem Stöhnen fast unter. Ich keuche, er stöhnt, klammert sich an mich, er kommt so heftig, wie er mich eben gevögelt hat.

Der Mann ist der Hammer, ist mein erster Gedanke, als ich wieder denken kann. Vollkommen erschöpft liegen wir da – erst schweigend, dann reden wir leise. Ein Gespräch wie an der Hotelbar, wir plaudern über Gott und die Welt, fast so, wie ich mit Eddy plaudern würde. Wir hätten nur mehr an. »Wir wollten doch den Wein trinken«, sagt Klaus, steht nackt auf, öffnet das Fenster, schiebt den Schreibtisch davor, zündet sich eine Zigarette an und reicht mir das Weinglas. »Allein im Bett sitzen und ein Glas genießen, so magst du das doch, oder?« Ich habe keine Kraft mehr, mich über Eddys Tratschsucht aufzuregen. Ich stehe auf und setze mich zu ihm, auf den Schreibtisch. Wir sitzen nackt da, trinken, blicken in den Nachthimmel und ich finde Hannover richtig schön.

Wir reden über Freunde, übers Reisen, über das Leben, über Strände und kleine Sünden. Es ist richtig schön vertraut. »Komm, wir duschen noch mal, dann gehen wir ein bisschen schlafen – schließlich ist morgen Meeting!«, sagt er lächelnd.

Ich tapse selig ins Bad. »Kommst du?«, frage ich. Und spüre ihn wenige Sekunden später hinter mir ... sehr eng hinter mir. Seine Hände plötzlich wieder an meiner Hüfte. Er dreht mich um, schaut mir mit flackerndem Blick in die Augen und raunt: »Ob ich komme? Ja, natürlich komme ich.« Er drückt mich sanft nach unten, sodass ich mich auf dem Rand des Waschbeckens abstützen kann, er spreizt meine Beine und nimmt mich ein zweites Mal. »Was machst du da?«, bringe ich gerade noch hervor. »Du hast mich gefragt, ob ich komme, und genau das habe ich jetzt vor«, sagt er, heiß vom Stoßen und heiß auch davon, dass er uns hinter meinem Rücken im Spiegel sieht. Jetzt geht es bei mir schnell, schon nach wenigen Stößen spüre ich, dass ich kommen kann. Ich stöhne, schließe die Augen, spüre seine Hände noch fester um meine Hüften. Dieser Mann ist wirklich unglaublich.

Nach einer zärtlichen Dusche, die unsere wunden Körper kühlt, sinken wir in die duftenden, mittlerweile arg ramponierten Kissen. Ich kann nicht glauben, was hier passiert ist und wie selbstverständlich harmonisch und doch aufregend sich das anfühlt. Heute Nacht war ich wirklich mal eine Femme fatale. »Du bist wundervoll«, murmelt er noch in mein Ohr, bevor ein kurzer traumloser Schlaf beginnt.

Der dauert genau bis 6.50 Uhr. Da piept mein Handy: eine SMS. Schlaftrunken greife ich es vom Nachttisch. Eddy! »Husch, husch, aus den Federn, meine Süßen, euer Lieblingskollege wartet auf Bericht. Und vergesst es: Ich weiß es ...«

16. GESCHICHTE VOM SEX MIT KOLLEGEN

Lorem ipsum

Kristin (40), Redakteurin, Rostock,
über
Kurt (41), Redakteur, Rostock

Die Sache ist einige Jahre her, aber ich bin mir sicher, dass sogar die neue Praktikantin, die vor einer Woche angefangen hat, die Story schon von irgendeinem meiner lieben Kollegen gehört hat. Die Geschichte ist eben leider gut. Und gute Geschichten sind Mangelware in der Hansestadt, in der ich wohne. Ich arbeite in der Lokalredaktion einer Tageszeitung. Ja genau, ich bin die, die von der Jahrestagung des Karnickelzüchtervereins berichtet. Und vom 95. Geburtstag von Erna Strullenkötter.

Und auch davon, dass der Bürgermeister sich voll wie tausend Russen eine Verfolgungsfahrt mit der Polizei geliefert und anschließend versucht hat, sich hinter seinem Touareg zu verstecken. Hinter seinem Touareg! Unser stets geschniegelter Bürgermeister war nach einem ausgiebigen Kneipenbesuch von einer Streife angehalten worden – als er pusten sollte, gab er noch mehr Gas als kurz vorher am Tresen, brauste davon und schaffte es immerhin noch, das Einfahrtstor seiner Garage zu erwischen. Dann sprang er heraus und versteckte sich hinter dem Auto. Total breit! Mit weißem Van-Laack-Hemd und königsblauem Schlips! Zusammengekauert hinter seine Karre geklemmt, fanden ihn die beiden Streifenpolizisten. Und hatten ziemliche Mühe, den feinen Herrn hervorzulocken. Dank eines freundlichen Tipps aus der Zentrale empfing ich unseren Ortsvorsteher, der aussah wie rückwärts durch die Hecke gezogen, schließlich mit einem freundlichen »Knips« meiner Kamera, was von seiner Seite mit vollkommen unverständlichen Nuschel-Pöbeleien kommentiert wurde. Da es schon zwei Uhr nachts war, stand die Geschichte erst am übernächsten Tag in der Zeitung. Als Schlagzeile! »Bürgermeister von Hicks – Betrunken HINTER seinem Auto!«

Oh du selige Erinnerung, es war ein einsamer Höhepunkt meiner nichts versprechenden Karriere. Lange her und der Bürgermeister ist immer noch Bürgermeister. Doch die Geschichte klebt an ihm wie ein altes Kaugummi. Genau wie meine Laptop-Schweinerei an mir. Der Bürgermeister und ich, im Schicksal vereint, wer hätte das jemals gedacht.

Die Schote begann damit, dass ich mich in meinen Kollegen Kurt Kleinert verliebte. Kleinert ist Sportredakteur. Den »Engländer« nennt ihn Jenny, die Sekretärin. Den »Blutarmen« nennt ihn Axel, der Layouter. Kurt ist also ganz offensichtlich ein Typ, der polarisiert. Groß, schlaksig, volles blondes Haar und ja, ich gebe es zu, mit einem ausgeprägten Hang zu Augenringen. Ich fand aber nicht, dass ihm das einen anämischen Bleich-Touch verlieh. Ich fand das eher faszinierend abgründig. Und das ist der Mann ja auch, aber dazu später.

Jedenfalls sollte natürlich keiner in unserer Redaktion etwas von der Affäre mitkriegen. Die Kollegen dachten alle, er wäre noch mit seiner hamsterbäckigen Cordula zusammen, dabei hatte die ihm schon mit viel Gezeter den Wohnungsschlüssel auf den Tisch geknallt. Woran ich auch nicht so ganz unbeteiligt war: Die blöde Kuh hatte doch tatsächlich nachts sein Handy durchsucht und darin ziemlich pikantes SMS-Material von mir entdeckt. Uhh, das ist mir im Nachhinein fast ein bisschen peinlich vor der dicken Cordula. Aber was soll's. Schließlich hatte Kurt sie sowieso verlassen wollen, und die geschätzten 146 schmutzigen Nachrichten haben die Sache eben ein bisschen beschleunigt, das war eigentlich ganz in meinem Sinne. Kurt hat sich auch relativ schnell wieder eingekriegt.

Unser Sexleben war von Anfang an richtig, richtig gut. Alles begann an dem Abend, als ich bis spät in der Redaktion war, weil ich den dämlichen Vorentscheid zum Grand Prix gucken musste. Es war eine optische und akustische Herausforderung, weil eine Versagerkapelle der anderen das Mikro in die Hand gab. Und Thomas Anders moderierte im weißen Eisverkäuferjackett. Was für ein Grusel! Ich war gerade dabei, einen richtig fiesen Verriss über die bundesdeutsche Musikkultur zu schreiben, da kam Kurt in mein verqualmtes Büro.

Wir hatten bis dahin eigentlich kaum Kontakt gehabt, die Sportredaktion ist immer eine eigene Welt mit eigenen Konferenzen und eigenen Spielregeln, da gibt es mit der Lokalredaktion nicht viele Berührungspunkte. Apropos Berührungspunkte: Bei uns kam es sehr schnell zu Körperkontakt. Kurt stand hinter mir, wir lästerten ein bisschen über den mopsigen Thomas Anders und dann fing er an, mir den Rücken zu massieren. Das war genau das, was ich in dem Moment brauchte – und nach fünf Minuten Schulter-Geknete drehte ich mich auf meinem Bürostuhl, weil ich das Gefühl hatte, ich könnte eigentlich noch etwas ganz anderes gebrauchen. Wir sahen uns kurz an – und zwei Minuten später saß ich auf dem Schreibtisch und wir knutschten, während eine beschämende Kapelle *Give me your hot Love* sang. Heiße Liebe gab es an diesem Abend noch nicht, aber es war klar, dass unserer kleinen Fummel-Einlage noch größere Dinge folgen würden. Es klappte einfach zu gut. Und ich fand den Kollegen Kurt schon ziemlich aufregend, obwohl er mir vorher nie aufgefallen war. Sportredaktion eben, eine andere Welt, ich erwähnte es bereits.

In den folgenden Wochen legte ich immer wieder mal gern eine Nachtschicht ein – mit Kurt. Wir trafen uns nach Feierabend in meinem Büro, das sogar abzuschließen war, und hatten Sex. Anfangs noch relativ gesittet und normal, von vorne, von hinten, im Stehen. Aber wir erkannten schnell, dass wir beide eigentlich ganz andere Vorlieben hatten. Kurt mochte es, wenn ich streng zu ihm war. Leider ist so ein Lokalredaktionsbüro ja nicht gerade ein SM-Studio und deshalb waren unsere Möglichkeiten relativ beschränkt. Und so weit, dass ich ihm Tacker in die Brustwarzen jagte oder ihm mit dem Brieföffner Kreuze auf den Rücken ritzte, waren wir nicht. Ist ja irgendwie auch geschmacklos. Und richtig hart anfassen konnte ich ihn deshalb nicht, weil er ja zu Hause sein Hamsterbäckchen sitzen hatte und die sich vermutlich gewundert hätte, wenn ihr Schatzilein mit Striemen am Hintern vom Dienst gekommen wäre. Also beschränkten wir uns auf hektische Quickies auf, an und neben meinem Schreibtisch, wir mussten uns auch beeilen – wie erwähnt, Hamsterbacke war wachsam.

Unsere kurzen, hektischen Treffen führten allerdings dazu, dass wir ständig total spitz aufeinander waren. Und weil wir ja nun einmal Schreiber sind, wenn auch für ein Lokalblatt und nicht für die *New York Times*, nutzten wir unsere Fähigkeiten und schickten uns gegenseitig ziemlich versaute E-Mails. Die führten dazu, dass ich noch genervter war, wenn mein hektischer Chef mich auf die Vollversammlung der Kleingartenkolonie »Waldfrieden« schickte, weil das bedeutete, dass ich mindestens zwei Stunden nicht an meinen Computer konnte und somit keine scharfen Mails von meinem unterwürfigen Gespielen lesen konnte.

»Ich stelle mir gerade vor, wie du meinen Schwanz richtig hart anfasst. Ich kann deine langen Nägel auf meiner Eichel spüren, quetsch mir die Eier, bis ich schreie, ich will dich spüren, du geiles Stück!« Solche Sachen kamen von Kurt fast schon im Minutentakt und waren noch geradezu harmlos. Ich steigerte mich voll in meine Rolle als dominanter Kommandierkasten hinein und es gefiel mir extrem gut. Wenn Sekretärin Jenny ahnen würde, was ihr »Engländer« für Gelüste hatte, sie hätte vor Entsetzen gequietscht. Oder vor Begeisterung, bei Jenny war ich mir da nie so sicher.

Das Verhängnis nahm an einem Sonntag seinen Lauf. Schuld war ein Fußballspiel. Hansa Rostock hatte ein entscheidendes Spiel, Kurt musste bei diesem wichtigen Ereignis natürlich live vor Ort sein und berichten. Damit er seine scharfsinnige Analyse auch problemlos absondern konnte, nahm er das erste Mal überhaupt den Redaktionslaptop mit. Sonst notierte er sich seine drei Sätze zum Spielablauf immer auf einem handelsüblichen Notizblock, aber dieses Mal war es ja ganz besonders wichtig und der Text sollte möglichst früh kommen, Kurt sollte ihn per Mail an Enno, den Sportchef, schicken. Zwei Abende zuvor hatte ich Kurt vorgeschlagen, dass wir ja eigentlich auch mal zu mir fahren könnten, diese ewigen Büronummern gingen mir nämlich tüchtig auf die Nerven. Klar ist es lustig, auf dem Kopierer gevögelt zu werden, aber das hatten wir jetzt schon mindestens fünf Mal gemacht und ich wollte ihn im Bett. Wehrlos und mit Handschellen, als mein ganz persönliches Lustobjekt. Bisher hatte Kurt da immer Hemmungen gehabt, als wäre es weniger schlimm, seine Freundin im Büro zu betrügen als im Bett!

An diesem Sonntag hatte ich ihn so weit; als er auf dem Weg zum Spiel war, schrieb er mir aus dem Auto eine SMS: »Hey meine scharfe Schöne, heute Abend bei dir? Habe bis 21 Uhr Zeit!« Yes! Mit der Aussicht auf ein paar heftig-ungestörte Stunden mit meinem Redaktionslover war der Tanztee-Termin im Seniorenheim »Goldener Herbst« das reinste Vergnügen. Ich ließ mich sogar von Herlinde, dreiundneunzig, zu einem Walzer überreden. Danach stieg ich beschwingt in meinen Opel Corsa und düste in die Redaktion. Als ich mein Outlook-Mailprogramm öffnete, hatte ich eine Mail mit dem Absender sport@tagesanzeiger.de. Kannte ich gar nicht! »Es steht null zu null. Würde es jetzt geil finden, wenn du deine Handschellen rausholst ...« Kurt, der Schlingel! Missbrauchte den Redaktionslaptop für heiße Mails! Ich zögerte nicht und tippte: »Du machst mich scharf! Aber pass auf, nachher wird es richtig wehtun! Kerzenwachs auf deinem Schwanz ... heiße Tropfen brennen sich in deine Haut, ich höre nicht auf, immer mehr, es ist kaum auszuhalten ...« Zufrieden grinsend widmete ich mich den achtzig Zeilen über den Tanztee.

»Ich will deinen Finger in meinem Arsch spüren, schieb ihn ruhig ganz tief rein ... Es steht immer noch null zu null.« Der Spielstand war mir völlig schnuppe, ich war einfach voller Vorfreude auf den Abend mit Kurt. Als ich den Text fertig hatte, ging ich zu meinem Ressortleiter Hopf ins Büro, ich wollte mich allmählich verabschieden, weil ich ja zu Hause noch allerhand vorzubereiten hatte. Mist, hatte ich überhaupt noch Kerzen da?

Als ich die Treppe Richtung Büro hinunterging, schallte mir lautes Männergelächter entgegen. Ich öffnete die Tür und sah Hopf umringt von Redakteur Schulz, Layouter Peters und Sportchef Möller an seinem Rechner sitzen. Die Jungs hatten mich gar nicht bemerkt, wie gebannt starrten sie auf den Monitor. »Nee! Geil, die Alte soll ihm Wachs aufs Gebimsel träufeln! Boah, dass der Kleinert auf so was steht! Bei der Jansen wundert mich das ja nicht«, grölte Schulz. »Die ist ein richtiges Miststück, das habe ich mir schon immer gedacht«, das kam von Möller. Äh, was war denn hier los? Ich kapierte gerade nicht, was da vor sich ging. Jansen? Das war ja ich! Und wieso aufs Gebimsel träufeln?

In diesem Moment fiel es mir heiß wie Wachs ein: Die sprachen von den Mails! Ich hatte den Gedanken kaum fertig gedacht, da erblickte mich Peters, und auch die anderen drehten sich um. »Wie jetzt?«, fragte ich nur, weil mir nichts Besseres einfiel und mir immer noch nicht so recht klar war, warum meine Kollegen aus den Mails zitierten, die ich wenige Minuten vorher an Kurt ... »Kristin, Mensch! Da lernen wir ja noch ganz neue Seiten an dir kennen«, begrüßte mich Möller mit einem Grinsen. Langsam fühlte ich mich nicht nur unwohl, sondern richtig schlecht. Um genau zu sein, wurde mir total übel! »Oh, die Kollegin mit der Vorliebe für romantisches Kerzenlicht«, rief Schulze und grölte los. »Scheiße!«, rief ich nur. »Schnüffelt ihr in meinen Mails rum?

Was soll das denn?« Jetzt wandte sich mein Chef Hopf um und verkniff sich freundlicherweise sein dusseliges Grinsen. »Äh, nein, werte Kollegin. Aber offenbar war weder Kurt noch dir klar, dass alle Mails, die vom Redaktionslaptop gesendet werden, automatisch in Kopie an mich und Möller gehen. Als Back-up, weil es ein paarmal passiert ist, dass Texte verloren gingen.«

Oh nein, jetzt hatte ich ein Problem. Was für eine unfassbare Blamage! Nicht nur, dass spätestens morgen früh jeder in der Redaktion wissen würde, dass ich was mit Kleinert hatte. Von der Putzfrau bis zu Jenny würden auch alle genau wissen, *was* ich mit ihm hatte! »Das ist ja blöd gelaufen«, stammelte ich und verschränkte die Arme vor dem Körper. »Äh, na ja, ich wollte eigentlich Feierabend machen!« Was für ein blöder Satz! Jetzt greinten die vier im Chor: »Ah, Feierabend, du hast wohl noch was vor heute Abend?« Oh nein, es war so entsetzlich peinlich! »Jungs, es wäre echt total nett von euch, wenn ihr die Mails löschen würdet. Und ausnahmsweise mal die Klappe halten würdet! Wir wussten nicht, dass unsere Mails zur Unterhaltung der Kollegen dienen würden«, hob ich an. Ach, es war doch zwecklos! Klar würden sie alles weitertratschen und sich dabei wegschmeißen vor Lachen.

Und genau das ist auch passiert. Der Abend mit Kurt war einerseits total versaut, also versaut im Sinne von im Eimer. Aber andererseits brachte die Bloßstellungsblamage uns dazu, über unser Verhältnis zu reden. Und das führte dazu, dass wir beschlossen, die Sache durchzuziehen. Es war nämlich nicht nur der spezielle Sex, der uns zueinandertrieb. Heute sind Kurt und ich ein Paar. Klar haben die Kollegen erst kräftig gespottet, aber inzwischen hat sich die Lage normalisiert. Die Geschichte wird gern noch bei Weihnachtsfeiern rausgekramt und wie gesagt, den Praktikanten wird sie sicher auch gern noch mal erzählt. Aber was solls. Da sehe ich es wie der Bürgermeister – manche Dinge muss man einfach aussitzen. Und am Ende hatte unsere Enttarnung ja auch ihr Gutes. Womöglich würden wir sonst immer noch in meinem stickigen Büro vögeln!

17. GESCHICHTE VOM SEX MIT KOLLEGEN

Die Weihnachtsfeier

*Melanie (23), Sekretärin, Erfurt,
über
Silvio Eckes (34), Geschäftsführer, Erfurt*

Ich war neu in der Firma, hatte meinen Job als Bürokauffrau in der Verwaltung einer Wohnungsbaugenossenschaft erst im November angefangen. Und am liebsten hätte ich auch schon gleich wieder aufgehört. Mein Chef, einer der drei Vorstände, war ein Korinthenkacker, der alles furchtbar genau nahm, und die Kollegen waren bieder und zum Gähnen langweilig. Und das ist noch freundlich ausgedrückt, wirklich. Ich hockte den ganzen Tag auf meinem ergonomisch geformten Bürodrehstuhl – als eine Art lebendiger Anrufbeantworter mit Terminplaner-Funktion. Zwischendurch musste ich Herrn Albrich, meinem gelbhaarigen Chef mit Siebziger-Seitenscheitel und einer Vorliebe für karierte Jacketts mit Lederflicken auf dem Ellenbogen, ständig schwarzen Kaffee servieren. Und dafür hatte ich die Ausbildung als Zweitbeste meines Jahrgangs abgeschlossen? Es war zum Jammern.

Und das tat ich gern und reichlich: Abends jammerte ich entweder meinen Freundinnen vor, wie langweilig und fade mein neuer Job war. Oder meinem Freund. Silvio war auch Bürokaufmann, er arbeitete in einem Kieswerk. Na ja, das war natürlich auch kein Sechser im Job-Lotto, aber er hatte wenigstens lustige Kollegen, mit denen er abends in der Kneipe Bier trinken ging. Ich ging nur tagsüber Kaffee trinken, allein und in der Kaffeeküche. »Menno, Silvio! Ich langweile mich so! Und die sind da alle doof!«, quengelte ich gern. »Silvio, echt, das ist nicht zum Aushalten! Du kannst dir das gar nicht vorstellen! Silvio, was soll ich denn machen? Ich finde doch auch so schnell nichts Neues, oder?« Gut, dass Silvio so ein ruhiger Typ war. Ich konnte ihn vollplärren, ohne dass er genervt reagierte. Das liebte ich so an ihm: Während ich eine leidenschaftliche Quasseltasche war, hielt er die Klappe. Die ideale Kombination. Überhaupt, wir sind so ein schönes Paar, ich die kleine Brünette, er der große Blonde. Ach mein Silvio, Mensch! Wenn ich darüber nachdenke, bricht es mir wirklich fast das Herz. Aber nur fast! Und darum werde ich auch weiterhin schweigen. Gibt es nicht so einen Spruch? »Im Krieg und auf der Weihnachtsfeier ist alles erlaubt«? Ich glaube, der ging anders. Aber eigentlich trifft er auch so ins Schwarze.

Also, wie gesagt, ich war erst vier Wochen in der Firma gefangen, als Anfang Dezember eines Morgens ein rotes Kärtchen mit grünem Weihnachtsbaum auf meiner kaffeebefleckten Tastatur lag. »Einladung zur Weihnachtsfeier« stand drauf. »Liebe Melanie, wir würden uns freuen, Sie am 15.12. zu unserer betrieblichen Weihnachtsfeier im Restaurant »Bei Gunther« begrüßen zu dürfen. Sagen Sie uns bitte bis zum 10. Dezember zu.« Das war ja typisch für diesen Laden. Langweiliger konnte man eine Einladung nicht formulieren. Und langweiliger konnte eine Weihnachtsfeier wahrscheinlich auch nicht sein. »Da muss ich vorher schon trinken, damit ich das aushalte«, lästerte ich vor Silvio. »Das wird doch vielleicht ganz nett. Und du kannst die Kollegen mal von einer ganz anderen Seite kennenlernen«, ermunterte er mich. Er konnte ja nicht ahnen, wie recht er hatte, mein armer, lieber Silvio.

Am 15. Dezember entschied ich mich morgens vor dem Kleiderschrank für mein dunkelrotes Samtkleid mit tiefem Ausschnitt. So ein bisschen in Wallung wollte ich die drögen Herren

Kollegen doch gern mal bringen und außerdem, welche Farbe passt besser zu Weihnachten als Rot? Eben. »Du siehst toll aus«, sagte mein Silvio-Schatz zum Abschied und küsste mich. »Bevor ich da über meinem Rotwein einschlafe, rufe ich dich an. Dann kannst du mich abholen«, sagte ich mit einem schiefen Grinsen. Ich erwartete nichts als Langeweile von diesem Abend. Und überhaupt: »Bei Gunther«, das war nun wirklich nicht das erste Haus am Platz. Eher eine Schankwirtschaft, wo man gutbürgerlich und mit reichlich Klößen als Beilage isst. Die gab es natürlich auch, zum Schweinebraten mit Rotkohl. Ich hasse Fleisch! Und ich war kurz davor, mich von Silvio aus diesem miefigen Schuppen evakuieren zu lassen, ganz ehrlich. Mein Chef trug schon wieder ein kariertes Sakko und starrte mir obendrein auch noch richtig unverschämt in den Ausschnitt. Geiler Bock! Dafür wäre eigentlich eine saftige Gehaltserhöhung angebracht gewesen.

Während ich noch darüber sinnierte und lustlos in meinem Nachtisch, Vanilleeis mit heißen Himbeeren, herumstocherte, setzte sich jemand neben mich. »Ich wollte Sie schon längst mal persönlich kennenlernen. Die schönste Frau der Firma, und wir haben uns noch nie wirklich unterhalten!« Neben mir saß plötzlich der Geschäftsführer. Den Namen hatte ich dummerweise vergessen, aber gut sah er aus: Mitte dreißig, blaue Augen, kurz rasierte braune Haare. Ein bisschen alt vielleicht, aber eigentlich genau mein Typ. »Verraten Sie mir noch mal Ihren Namen? Ich bin Silvio Eckes«, sagte er und streckte mir seine Hand entgegen. Silvio, na den Namen würde ich mir merken können. Ich lächelte. »Melanie Christ«, sagte ich und ergriff seine Hand ...

Der gut aussehende Geschäftsleiter! Vielleicht könnte er mich retten! Brauchte der nicht noch eine Sekretärin? Ich schlug die Beine übereinander, jetzt aber Vollgas geben, dachte ich. Das tat ich dann den ganzen Abend lang, so gut ich konnte. Wir tranken reichlich Rotwein, er erzählte mir erst von seinem Job, den er unglaublicherweise sogar gern machte, dann fing er mit Fußball an, was mich überhaupt nicht interessierte, und nach einigen Gläsern wurde es endlich etwas privater. Wobei er es vermied, von seiner Frau und seinen Kindern zu sprechen. Dass es eine Frau gab, sah ich an seinem dicken goldenen Ehering, und Kinder, die gehören doch irgendwie dazu. Ich fragte aber lieber nicht genauer nach. Dass ich meinen Job hasste, erzählte ich ihm natürlich nicht. Doch er selbst deutete an, dass »der Kollege Albrich« ja im Umgang nicht unbedingt einfach wäre. »Das kann man wohl sagen«, rutschte es mir heraus. Er beugte sich zu mir und nahm meine Hand. Holla! Der ging aber ran. Oder lag's am Rotwein? »Dieser Job wird ja nicht der letzte sein, den Sie machen. Eine Frau wie Sie hat doch mehr Talente als Tippen und Telefonieren!«

Ich lächelte. So ein bisschen beduselt war ich auch schon, die Komplimente vom Geschäftsleiter gefielen mir nämlich ziemlich gut. »Kommen Sie mit an die Bar? Die Bedienung scheint hier ja tatsächlich überfordert und ich habe wirklich Bierdurst jetzt«, sagte er und erhob sich. Ich folgte ihm durch den Festsaal, der extra engagierte DJ spielte gerade *Du wolltest mich für eine Nacht* von Andrea Berg und ich war ganz froh, dass mir das jetzt erspart blieb. Nach ungefähr vier Bier und fünf Schnäpsen an Gunthers rustikalem Tresen hatte ich richtig einen im Schuh. Es störte mich gar nicht mehr, dass der Geschäftsleiter mir immer dichter auf die Pelle rückte, mir sogar über den Rücken streichelte. Die Kollegen im Festsaal waren mit langweiligen Gesprächen und schnulzigen Schlagern ausgelastet und wir standen am äußersten Ende des Tresens.

»Noch einen Sauren, nee, lieber zwei«, rief ich der Bedienung zu. Wenn es in der Firma schon so öde war, dann konnte ich ja wenigstens auf dem Firmenfest mal richtig auf den Putz hauen, dachte ich und kippte den Sauren. Langsam wurde ich auch richtig scharf auf Silvio. Oh nein, Silvio! Plötzlich fiel mir mein Silvio-Schatz wieder ein, der jetzt allein in unserem Bett lag und auf mich wartete. »Noch einen Sauren, neee, zwei«, rief ich entschlossen.

Das hier war ja im Grunde rein geschäftlich. Also, vielleicht konnte dieser Silvio hier mich retten und mich als seine Sekretärin einstellen! Und davon würde dann auch mein Silvio profitieren, weil ich nicht mehr so viel rumjammern müsste. Das war doch eine gute Sache. Für alle Beteiligten! Ach, ich machte es einfach genau richtig. Beruhigt kippte ich das nächste Glas.

»Weißt du was«, raunte der Kollege Geschäftsleiter und fiel fast in meinen Ausschnitt. »Ich habe was im Büro vergessen, das ich dringend noch holen muss. Kommst du kurz mit?« Was hatte der denn bitte so Wichtiges vergessen, dass es nicht bis morgen früh warten konnte? Egal, er guckte mich so süß an mit seinen braunen Augen und eigentlich fand ich es in diesem Lokal ja sowieso blöd und langweilig. »Ja, gern komme ich mit«, sagte ich und stakste ein bisschen wackelig Richtung Garderobe, um meinen Mantel zu holen.

Die Firma war nur ein paar Gehminuten von »Gunther« entfernt und der Eckes hatte natürlich einen Generalschlüssel. Schon im Fahrstuhl in den zweiten Stock fingen wir an, wild herumzuknutschen. Dann taumelten wir immer noch eng umschlungen in den Flur, er griff hinter sich und öffnete eine Bürotür. »Das ist doch gar nicht dein Büro«, wunderte ich mich zwischen zwei Kuss-Attacken von ihm. »Ist doch egal. Ich hatte nur keine Lust mehr, mit dir am Tresen rumzustehen, wo wir uns hier doch viel sinnvoller beschäftigen können«, sagte Silvio und schob mich durch die Tür. »Das ist Albrichs Büro, lustig«, kicherte ich und setzte mich auf den perfekt aufgeräumten Schreibtisch. »Tataaa, ich habe sogar noch einen Rotwein mitgebracht!«, rief der Kollegen-Silvio und wedelte damit vor meiner Nase herum. »Wir müssen aber aus der Flasche trinken!« Er drehte den Schraubverschluss auf, ich griff beherzt nach der Flasche – und sie entglitt mir. Null komma sieben Liter Dornfelder ergossen sich über die Tastatur von Alberich. Und auf die fein säuberlich abgelegten Unterlagen daneben. Rechnungen, Mietverträge, Korrespondenz.

»Super«, prustete ich los, »der dreht morgen durch! Mist, ehrlich!« Statt zu antworten drückte Silvio meinen Oberkörper nach hinten, sodass ich auf dem Schreibtisch lag, kniete sich davor, zog mir meinen weißen String herunter und fing an, mich zu lecken. Nicht wirklich gut, er war mir ein bisschen zu wild und zu heftig. Also richtete ich mich auf, nahm sein Gesicht in die Hände und küsste ihn. Mein Kleid war mittlerweile rotweingetränkt, weil ich mich genau in die Pfütze auf dem Schreibtisch gelegt hatte.

»Wow, eine wilde Wein-Orgie!«, raunte Silvio und machte sich hektisch an seiner Hose zu schaffen, öffnete seinen Gürtel und zog sie runter. Lustiger Anblick, den Kollegen mit steil aufragendem Schwanz und halb darüber hängendem weißen Oberhemd im Büro meines Chefs zu sehen. Ich kicherte schon wieder. »Soll ich den Albrich mal anrufen und ihm sagen, dass wir gleich auf seinem Schreibtisch vögeln?«, fragte ich und griff nach dem Telefon. »Hey, bist du verrückt?«, rief Silvio und riss mir den Hörer aus der Hand, stolperte unglücklicherweise aber über seine heruntergezogene Hose. »Ahhh«, rief er, während er wild in der Luft herumwedelte, um irgendwo Halt zu finden. »Ahhh!« Dann fiel er hin, den Hörer in der Hand, das Kabel spannte sich, das Telefon rutschte über den Schreibtisch – und ich, heldenhaft reaktionsschnell trotz meines Schnaps-Rausches, warf mich zur Seite und hielt das Ding fest. Was dazu führte, dass das Kabel aus dem Hörer riss. Rums! Da lag er, der Kollege Eckes, halbnackt, mit aufgerichtetem Schwanz und abgetrenntem Telefonhörer in der Hand. Ich saß mit meinem nackten Hintern in einer Weinlache auf dem Schreibtisch, das Telefon fest umklammert.

»Uhhhh!«, ich konnte mich nicht beherrschen und lachte laut los. »Was war das denn?«, prustete ich. Silvio rappelte sich fluchend wieder auf, ich versuchte krampfhaft, mich zu beherrschen. »Tolle Wurst! Da will ich meine Kollegin im Büro flachlegen, und dann lande ich selbst auf dem Boden«, bemerkte er grinsend. »Jetzt bist du aber dran!« Er packte mich, zog mich vom

Schreibtisch und küsste mich. Das konnte er wirklich, ich dachte weder an die Schweinerei, die wir hier gerade angerichtet hatten, noch an die Schweinerei, die ich meinem Silvio gerade antat. Und endlich kam auch sein tapferer Schwanz zum Einsatz, der all die Turbulenzen im wahrsten Sinne des Wortes durchgestanden hatte.

Wir machten es im Stehen, dabei konnte einfach weniger kaputtgehen. Es war schnell, heftig und den Umständen entsprechend gut. Keine Super-Nummer, ich glaube, der ganze Schlamassel hatte uns beiden wohl auf die Gier geschlagen. Als ich mich zu Hause ins Bad schlich, hatte ich trotzdem ein ganz schlechtes Gewissen. Das wurde noch schlimmer, als ich meinen Silvio friedlich schlummernd in unserer Blümchenbettwäsche vorfand. Denn wenn ich ehrlich war, glaubte ich nicht mehr daran, dass der andere Silvio edle Absichten verfolgte – also dass er mich wirklich aus meinem öden Alltag bei Albrich befreien wollte. Manno! Dank des Rotweins schlummerte ich aber schnell ein.

Der nächste Tag im Büro war allerdings eine kleine Entschädigung. Offenbar hatte die Putzkolonne freitags frei – und mein Chef fand sein Büro genau in dem Zustand vor, in dem wir es gestern verlassen hatten ... Er drehte total durch. »Was für ein widerlicher Schmutz ist denn hier vor sich gegangen?«, brüllte er. »Die Schleckmann-Verträge! Ruiniert mit Rotwein! Widerlich! Fräulein Christ! Haben Sie Informationen über das, was hier vorgefallen ist? Haben Sie etwas beobachtet? Womöglich haben Kollegen hier noch Beischlaf praktiziert! Oh Gott, nicht auszudenken!« Ich tat natürlich völlig überrascht. »Herr Albrich, oje! Pfui, das ist ja wirklich schlimm. Der ganze Schreibtisch! Und dann noch das Telefon ...« Mein Chef war puterrot angelaufen und fuchtelte wild mit den Händen in der Luft herum. »Das ... das ist ja so eine Sauerei«, rief er und ging hektisch auf und ab. »Oh nein, oh nein!«

Es war herrlich! Mein penibler Chef, völlig außer sich. Einen Moment lang befürchtete ich, er würde vor lauter Verzweiflung über ein paar Rotweinflecken gleich in Tränen ausbrechen. Und in diesem Moment beschloss ich, dass Kollege Silvio mir doch geholfen hatte, meinen Job erträglicher zu finden. Denn immer, wenn Albrich mich in Zukunft mit kleinkarierten Korrekturen quälen würde, müsste ich nur an diese Situation denken. An seine knallrote Birne. Und seine totale Verzweiflung.

Und dann an das Sommerfest. Ich freute mich schon sehr darauf …

18. GESCHICHTE VOM SEX MIT KOLLEGEN

Das ganz große Glück – für einen Moment

*Ellen (30), Controllerin, Frankfurt,
über
Henrik Klausen (40), Controller, Eschweiler*

Er heißt Henrik und ist der großartigste Mann, den ich jemals getroffen habe. Er ist groß, stark, klug und lustig, intelligent und tiefgründig, gewieft und zärtlich. Er ist der Mann für mich. Und er ist mein Chef.

Jeden Tag sehe ich ihn. Jeden Tag wünsche ich mir, ihn zu küssen. In schwachen Momenten, wenn ich vergesse, dass ich mir diesen Wunsch eigentlich verboten habe. Und dass es so kommen würde, das wusste ich schon beim Einstellungsgespräch. Ich hatte mich als Controllerin in einer Firma beworben, die Industriefußböden herstellt. Nach einer halben Stunde Frage-Antwort-Spiel und Kaffeetrinken war ich sicher, dass ich den Job bekommen würde. Und er mein Herz. Ich war rettungslos verloren und ich wusste es. Ich wusste auch, dass er verheiratet war und ich keine Chance hatte. Jedenfalls keine realistische Chance darauf, das zu bekommen, was ich vom ersten Moment an von ihm ersehnte. Ich wusste, dass ich den Job nicht annehmen sollte, ich hatte andere Bewerbungen laufen, ich hätte etwas anderes gefunden.

Als er mich drei Tage nach unserem Gespräch anrief und mir sagte, dass er sich freuen würde, mit mir zusammenzuarbeiten, spürte ich ein Ziehen im Herzen. Es stimmte, ich kannte ihn gar nicht. Wie konnte ich so verliebt sein und mich wissend in eine Situation begeben, die für mich mit aller Wahrscheinlichkeit schmerzhaft werden würde? Ich weiß es nicht. Es lag ja nicht an meinem Verstand. Es lag an ihm, Henrik Klausen, und es begann in dem Moment, als er mich in sein Büro bat. Die Art, wie er mich ansah, als er mir zur Begrüßung die Hand gab. Seine tiefe männliche Stimme, die Art, wie er sich bewegte. In dieser ersten halben Stunde mit ihm erfuhr ich viel über Industriefußböden, die Auftragslage, die Firmenstrukturen. Aber ich erfuhr auch, dass es Liebe auf den ersten Blick gibt. Ohne rationale Begründung, er machte mir weder schöne Augen, noch hatte ich den Eindruck, dass es ihm auch nur annähernd so ging wie mir. Er war freundlich. Ich war hingerissen, fand ihn unbeschreiblich – ohne viel mehr über ihn zu wissen, als dass er einen dicken silbernen Ehering am Finger trug.

In den ersten Wochen, in denen er mich einarbeitete, wurde mein Gefühl immer stärker. Wenn er mir das Abrechnungsprogramm erklärte, hörte ich kaum zu und dachte mir nur, wie gern ich ihm durch seine braunen Haare wuscheln würde. Ich sah ihm in die Augen, grün waren sie, ich sah seinen Mund, wenn er mit mir redete, und ich sah seine Hände, seine großen Hände auf der kleinen Maus, wenn er mir etwas am Bildschirm zeigte. Und er? Henrik war freundlich zu mir, er war aufmerksam, er kümmerte und bemühte sich, er lobte mich und bewies Vertrauen, indem er mir ein eigenverantwortliches Projekt übertrug – inklusive der Präsentation beim Vorstand. »Ich habe Sie eingestellt, weil Sie gut sind«, sagte er häufig zu mir.

Das erste Kompliment, das zumindest teilweise über das Berufliche hinausging, machte er mir an einem 25. Mai, ich werde es nie vergessen. Ich kam in sein Büro und präsentierte ihm eine von mir ausgearbeitete Kostenkalkulation für eine Produktionshalle in Tschechien. »Ich mag es, wie Sie komplizierte Zusammenhänge schnell erfassen. Ich mag Ihre Art, zu arbeiten«, sagte er und fügte dann hinzu: »Ich mag Sie sehr. Tolle Frau ...« Danach schaute er mich an, das erste Mal so, wie ein Mann eine Frau anschaut. Eine Frau, die er mehr als mag. Zärtlich fast schon, mit ruhig-ruhendem Blick. Er saß in seinem Stuhl zurückgelehnt da, sah mich an – und sagte diese Worte. »Ich mag Sie sehr. Tolle Frau ...« Als ich das hörte, spürte ich eine warme Welle, die aus meinem Bauch in mein Herz strömte, sich in mir ausbreitete und mir fast die Luft nahm. Ich stand vor seinem Schreibtisch, mit diesem warmen Gefühl in mir, nicht wissend, wohin mit mir – und was ich antworten sollte.

»Das ist schön«, meine Stimme klang ganz heiser, »ich mag Sie auch. Ich mag Sie sehr. Ich finde, Sie sind ein ... ein wunderbarer Mann.« Hatte ich das gesagt? Das war zu viel gewesen. Ich spürte, wie meine Wangen anfingen, heiß zu werden, und fügte schnell hinzu: »Danke, ich muss jetzt weitermachen«, und drehte mich auf dem Absatz um. Ich verließ sein Büro, ging direkt zur Toilette, stellte mich ans Waschbecken, vor den Spiegel, und atmete tief ein. Weiße Kacheln, der Geruch von Zitronenreiniger und Mandelseife – das holte mich wieder zurück, meine Reaktion war mir ja selbst schon unheimlich. »Er hat ›tolle Frau‹ gesagt«, flüsterte ich und blickte mich im Spiegel an. Ich wiederholte den Satz, sagte ihn mir selbst immer wieder und musste dabei lächeln. Er hatte es gesagt. Es konnte doch noch etwas passieren.

Und es geschah. Drei Monate später geschah es. Wir schliefen miteinander, ich durfte ihn berühren, ihn einatmen, ihn spüren, streicheln, ja, und ich küsste ihn, konnte gar nicht aufhören, ihn zu küssen, zu schmecken, seinen Körper abzulecken, den salzigen Geschmack seiner Haut auf meiner Zunge. Ich hatte ihn so lange so hungrig betrachtet und jetzt durfte ich ihn haben, vielleicht nur dieses eine Mal, das war mir in jeder Sekunde bewusst. Ich wollte ihn auf mir, in mir, so sehr bei mir haben. Als könnte ich einen Vorrat anlegen, eine Reserve, die ich herausholen konnte wie ein Stück Brot, wenn der Hunger wieder unerträglich würde. Es passierte nach Feierabend, auf dem beigefarbenen Ledersofa in seinem Büro. Die Wochen vorher war unser Kontakt intensiver geworden, aber nicht unbedingt häufiger. Wir telefonierten nicht privat, wir schrieben uns keine E-Mails, aber es waren Blicke, Gesten und kurze Wortwechsel. Wir waren uns vertraut – und hatten jetzt zwei Ebenen, die berufliche, vordergründige, aber dahinter verbarg sich eine zweite, intensive, die für dieses schöne, warme Gefühl im Bauch verantwortlich war, wenn er mich ansah oder mich zufällig berührte.

Einmal legte er seine Hand auf meine Schulter, als er hinter mir stand und ich ihm an meinem Schreibtisch sitzend eine Präsentation zeigte. Er streichelte mich, sanft spürte ich den Druck seiner Hand und atmete ganz tief ein, schloss kurz die Augen, um dieses Gefühl zu genießen. Ein anderes Mal saßen wir gemeinsam in der Kantine, nebeneinander, und ich lehnte mein Bein an seines, spürte seine Wärme und die Wärme in mir, die mich fast überwältigte, als wir uns ansahen. Zwei, drei Sekunden lang tauchte ich in seine Augen, dann wandte er sich ab und atmete tief durch. »Was soll ich denn machen«, fragte er und sah mich wieder an. »Soll ich es lassen?« Ich erwiderte seinen Blick. »Ich würde es lassen – wenn ich vernünftig wäre. Aber ich bin nicht vernünftig.« – »Bitte, sei nicht vernünftig.« Er streichelte mir ganz kurz über die Hand und erhob sich. Ich blieb sitzen, wie berauscht, in diesem Moment wusste ich, dass es unausweichlich war. Und dass es unausweichlich wehtun würde – ich es aber nicht verhindern wollte.

Einen Tag später betrat ich sein Büro, es war halb sieben, eigentlich Feierabendzeit. Ich hatte den ganzen Tag überlegt, ob es eine gute Idee wäre, mit so offenen Karten zu spielen, aber ich hatte gespürt, dass es einfach nicht mehr anders ging. »Ich möchte nicht, dass wir weiterhin so vernünftig sind«, sagte ich schlicht, als ich vor seinem Schreibtisch stand und ihn ansah. Statt zu antworten stand er auf, schloss wortlos die Tür seines Büros, blieb hinter mir stehen und umarmte mich von hinten. Umschlungen von seinen starken Armen blickte ich an mir herunter und konnte es nicht glauben. Diese Hände, die ich so oft angesehen hatte, diese Hände berührten mich, dieser Mann, den ich so sehr wollte, er umarmte mich. Ich seufzte leise und spürte kribbelnd seine Stimme in meinem Ohr.

»Ich will dich schon so lange. So lange ...« – »Ja«, flüsterte ich und drehte mich um. Ich sah ihm in die Augen, dem großen, starken Mann, meinem Vorgesetzten, dem ich so verfallen war. Er nahm mein Gesicht in seine Hände: »Ich muss. Ich muss dich küssen!« – »Tu es, bitte.« Ich spürte ihn, das erste Mal, seine Lippen, seinen Kuss, ich reckte mich ihm entgegen, schlang meine Arme um ihn. Ich wollte mich an ihm festklammern, am liebsten in ihm versinken, jetzt schon. Dabei war es doch nur ein Kuss. »Bitte«, flüsterte ich, »bitte, hör jetzt nicht auf. Bitte ...« Er sah mich an, fordernd und unsicher zugleich, ich konnte sehen, wie er kämpfte. Sein schlechtes Gewissen gegen seine Lust, sein Bedürfnis nach mir.

Er umschlang mich und hob mich hoch, er nahm mich auf den Arm, machte mich völlig perplex. Und dann trug er mich zu seinem Sofa, legte mich vorsichtig auf das Polster, kniete sich davor und sah mich an. »Du bist so schön, ich finde dich so wunderschön«, flüsterte er und streichelte meine Wange. Ich lag nur da, mochte mich nicht bewegen – aus Angst, jedes Zucken von mir könnte diesen Traum beenden. Ich lag da und sah ihn an, eigentlich fassungslos. Das passierte wirklich gerade? Er küsste mich, innig und leidenschaftlich, ich spürte seine Hände auf meinem Körper, kribbelnd, wohlig. Ich bog den Rücken durch, reckte mich ihm entgegen. Ich wollte ihn nur noch fühlen, ohne Stoff, ich wollte ihn nackt bei mir haben, endlich diese Haut spüren und riechen, in ihn eintauchen, wie ich bisher nur in seinen Blick eingetaucht war. »Komm, zieh dich aus, bitte«, flüsterte ich.

Wir waren nackt, beide, in seinem Büro, das wir nicht mehr wahrnahmen, weil wir nur noch uns spürten. »Es ist ... es ist schlimm«, stöhnte ich, weil mir plötzlich noch bewusster wurde, wie sehr er mich beherrschte, meine Gefühle, Gedanken. Dass er dabei war, mich willenlos zu machen. Und dass es hoffnungslos war. Er war verheiratet. Ich wusste, dass er es bleiben wollte. Nein, ich wusste es nicht. Ich glaubte es, ich hatte es mir immer wieder eingeredet, um die Distanz zu ihm bewahren zu können in den Monaten, in denen wir uns umkreist hatten. Jetzt, wo ich ihn spürte, wollte ich alles auf einmal. Und doch nicht. Der Gedanke, dass sich diese Situation vielleicht niemals wiederholen würde, machte die Erfahrung noch intensiver, berauschte und betäubte mich gleichzeitig.

»Fühle mich«, seufzte ich immer wieder, »fass mich an. Fass mich an!« – »Ich will dich schreien hören«, flüsterte er, »zeige mir, was du fühlst.« Ich ertrank fast in ihm, in seinen Armen. Als ich ihn in mir spürte, konnte ich kaum noch atmen. So viel Gefühl, so lange aufgestaut, es entlud sich fast schmerzhaft intensiv. Ich wollte ihn greifen, kratzen, ich wollte Spuren auf seinem Körper hinterlassen, so wie er Spuren in mir hinterlassen hatte. Ich hielt mich zurück, riss mich zusammen, Kontrolle in der Hemmungslosigkeit. Er war verheiratet. Ich wollte nicht, dass er seiner Frau die Kratzer auf seinem Rücken erklären müsste.

Der Geruch seiner Haut, seine Bewegungen in mir, sein Gesicht über mir, seine geschlossenen Augen – es war alles so, wie ich es mir immer vorgestellt hatte. Aber es war echt. Es war keine Fantasie, jetzt nicht mehr. Ich berührte sein Gesicht, packte seinen Hals, fassungslos fast, dass das jetzt wirklich passierte. Ich stöhnte laut auf, wand mich, bog meinen Körper ihm entgegen – ich spürte es in mir aufsteigen. Ich wollte kommen und diesen Mann dabei in mir spüren, die Erfüllung, wie ich sie mir erträumt hatte. An ihn geklammert stöhnte ich, verlor völlig die Kontrolle, war nur noch Fühlen und Atmen. »Halt mich fest«, seufzte ich, als ich kam, ihn dabei so tief in mir spürte, seine Hände um meinen Hals geschlossen, atemlos, haltend, fest. Mein Körper, sein Körper, für einen Moment gab es keine Unterscheidung mehr. Ich spürte, wie Tränen meine Wangen hinunterliefen. Traurige Glückstränen.

Ich liebe ihn immer noch. Es ist nie wieder passiert, aber dieses Erlebnis habe ich in mir eingeschlossen, jedes Detail kann ich hervorholen und in meinem Kopfkino abspielen. Ich bin nicht enttäuscht, ich war ja darauf vorbereitet. Er hat es mir erklärt, einen Tag danach, als ich mit klopfendem Herzen mittags in sein Büro kam. Wieder stand er auf und schloss die Tür, aber dieses Mal spürte ich danach keine Umarmung von ihm. Er setzte sich wieder und sah mich an. »Ich kann es nicht«, sagte er mit ruhiger Stimme und blickte angestrengt auf seine Hände. Auf seinen Ehering? »Ich empfinde etwas für dich, was mich im Innersten berührt. Es beseelt mich, das ist der richtige Ausdruck. Ich bin beseelt von dir. Aber ich will es nicht.« Er blickte auf: »Ich bin verheiratet, seit vier Jahren. Es klingt so blöd in dieser Situation, aber ich liebe Ingrid. Ich habe Ja zu ihr gesagt. Ich kann es jetzt nicht aufgeben. Es ... es ist etwas anderes. Aber es ist wichtig für mich. Ich habe Verantwortung übernommen für sie und für mich. Für uns.« Er atmete tief durch. »Ich möchte weiter mit dir zusammenarbeiten. Bitte. Bitte geh nicht.« Er sah mich an, mit flehenden Augen. »Es tut mir leid – nein, es tut mir nicht leid. Ich habe jede Sekunde genossen. Ich wollte es.«

Ich bin nicht gegangen. Bis heute nicht. Nein, ich glaube nicht, dass es noch mal passieren wird. Und ich habe mittlerweile einen Freund, einen Mann, mit dem es gut ist, wir passen zusammen, auf eine angenehme, harmonische Weise. Ich glaube, ich kann es akzeptieren. Ich weiß, dass Henrik der Mann meines Lebens ist. Und ich bin froh, dass ich ihm begegnet bin, auch, wenn es der falsche Zeitpunkt war – und der richtige wohl nie kommen wird. Ich kann ihn ansehen, ohne dass es heiß in mir aufsteigt. Ich habe ihn in meinem Herzen, aber ich habe ihn darin eingeschlossen und versiegelt. Er ist mein Chef. Mehr versuche ich nicht mehr in ihm zu sehen.

19. GESCHICHTE VOM SEX MIT KOLLEGEN

Döner macht glücklich

*Ruth (30), Unfallchirurgin, Berlin,
über
Joachim (37), Radiologe, Berlin*

Mein Name ist Ruth und zu der Zeit, als die Sache mit Joachim passierte, hatte ich zwei Probleme: Ich fand mich zu fett und ich fand keinen Mann.

Das erste Problem hatte ich behandeln lassen: Ich war sechs Wochen in einer Klinik in Norddeutschland gewesen. Seitdem versuchte ich, Essen nicht mehr zum Kotzen zu finden. Für das zweite Problem gab es keine Behandlung. Leider. Also hatte ich beschlossen, mich mit dem Alleinsein zu arrangieren, und konzentrierte mich voll auf meinen Beruf: Ich war gerade dabei, meine Facharztausbildung in Unfallchirurgie an einer Klinik in Berlin zu machen. Ärzte sind eigentlich wirklich nicht mein Beuteschema, ich finde die Herren Kollegen normalerweise entsetzlich langweilig. Ausgerechnet ein Radiologe entsprach allerdings so gar nicht meinem Bild vom faden Fachidioten: Joachim, 36 Jahre alt – und Fahrradfahrer. Prinzipiell finde ich Männer in schicken Audis wesentlich verführerischer als Zweirad-Strampler. Aber bei Joachim war das anders.

Das erste Mal war er mir nämlich aufgefallen, als er Mitte März auf dem Klinikparkplatz an mir vorbeiradelte. Es goss in Strömen, ich war gerade dabei, hektisch meinen Regenschirm aufzuspannen, als mir ein Typ mit Trainingsjacke und ohne Haare entgegengefahren kam – und mich frech angrinste. »Frau Kollegin, zeigen Sie doch mal ein wenig Wetter-Härte«, rief er zu mir herüber. Bevor ich etwas antworten konnte, war er schon weg. Kannte ich den etwa? Ich konnte mich nicht erinnern und wie ein Arzt sah der ja nun wirklich nicht aus. Aber attraktiv fand ich ihn, ziemlich sogar. Besonders in diesem nassgeregnet-verschwitzten Zustand auf dem Fahrrad – ich mag es, wenn Männer männlich aussehen. Und dieser Vertreter mit dem kahlen Kopf war schon im Vorbeifahren als durchtrainiertes Prachtexemplar dieser Gattung zu erkennen gewesen. Auch die blaue Sportjacke fand ich ganz annehmbar – immerhin nicht so glatt wie die gebügelten dezent farbigen Oberhemden der meisten Kollegen. Was für Langweiler!

Auf dem Weg zur Station grübelte ich, woher ich den hübschen Kerl wohl kennen konnte. Und als ich meinen Kittel anzog, hatte ich beim Zuknöpfen einen Geistesblitz: Hey, den Typen kannte ich wirklich! Aus der Radiologie! Da trug er aber immer eine Brille – und die weiße Krankenhauskluft. Sofort startete ich eine Umfrage auf der Station: Wer kannte den Herrn Doktor? Konnte der was? Gab es schlimme Geschichten? »Ach der, Joachim Brand. Komischer Typ, redet nicht viel. Radiologe halt! Ich glaube, der ist seit Ewigkeiten Single. Na ja, das ist ja auch kein Wunder, so wie der drauf ist!« Ach, ich liebte die offenen Worte meiner Freundin, der Stationsschwester Regina. Sie war auch die Einzige auf der Station, die von meinen Ess-Störungen wusste und die mich immer sehr unterstützt hatte. Nun gut, in Sachen Radiologen-Eroberung würde sie das eventuell nicht tun, sie hatte ja nicht gerade euphorisch geklungen.

In den nächsten Wochen schaffte ich es, Joachim Brand mehrere Male über den Weg zu laufen, natürlich vollkommen zufällig. Ich fragte ihn dann wegen irgendwelcher Befunde aus und versuchte herauszufinden, ob sein Blick nun flirtig oder vorschriftsmäßig rein dienstlich war. Ich war mir nicht sicher. Ich befürchtete wirklich, jedes Gespür für Männer verloren zu haben. Wie guckten die denn noch mal, wenn sie flirten wollten? Es war einfach zu lange her, ich hatte keine Ahnung mehr. Meinen letzten Mann im Bett hatte ich vor über einem Jahr gehabt. Und aus dem Kollegen Brand wurde ich sowieso nicht schlau, oder besser gesagt, aus mir selbst nicht, weil ich meine eigenen Absichten nicht mehr einordnen konnte. Wollte ich nun mit ihm flirten oder nicht? Ja, wollte ich! Aber eigentlich auch doch nicht, er schien ja nicht unbedingt ein Schwiegermuttertraum zu sein, aber andererseits fand ich genau das reizvoll. Es war ein Dilemma. Und ich war wie üblich zu gar nichts in der Lage.

Schließlich begegnete ich ihm wirklich zufällig – und ganz woanders: Freitagnacht in einer Dönerbude in Mitte. Aus lauter Frust über mein nicht vorhandenes Sexleben hatte ich mich bei einer Flirtseite im Internet angemeldet. Hätte ich gewusst, wie einfach und schnell man dort Männer kennenlernt, ich hätte es schon viel früher gemacht! Ich gebe zu, mein Foto war schon sehr vorteilhaft – ein Porträt in Schwarzweiß, mein Gesicht wirkte geradezu schmal und mein Augenaufschlag lasziv wie bei Sophia Loren. Und mit der hat mich wirklich noch niemand verwechselt ... Innerhalb von zwei Tagen bei *happypartner.de* hatte ich mein erstes Date. Er hieß Marc, war 34, Jurist und wir trafen uns ganz schick im »Felix«. Es war ein Albtraum – Marc redete ununterbrochen und ausschließlich von sich selbst und seinen heldenhaften Fähigkeiten beim Golf, Segeln und im Bett. Und er verschwand ständig aufs Klo, wahrscheinlich war er auch noch ein Kokser. So etwas konnte ich nun gar nicht gebrauchen! Um kurz nach Mitternacht verlangte ich die Rechnung, zahlte meine drei Weißweine und verschwand einfach während eines seiner endlosen Toiletten-Besuche.

Als ich nach draußen in die kühle Frühlingsluft trat, überfiel mich eine ekelhafte, überwältigende Welle Lebensfrust. Was war ich nur für eine Verliererin? Ich hatte keinen Mann, war immer noch keine Fachärztin und kam gerade selbst aus einer Klinik.

Ich merkte, wie mir die Tränen hochstiegen, und ging schneller. Und dann auch noch Berlin! Ich war Heidelbergerin, schönes, heiles Heidelberg, aber fürs Studium war ich hierher gekommen. Schmutzige Scheißstadt, dachte ich und beschloss, mir meinen eigenen Höhepunkt des Abends zu verschaffen. Einen Döner. Hatte ich mir seit Ewigkeiten verkniffen, weil ich nach meiner Therapie auf gesunde Ernährung schwor. Drauf gepfiffen! Ich wischte mir die Tränen aus den Augen und marschierte fest entschlossen zum »Döner-Imperium«, das war zum Glück ganz in der Nähe und hatte die beste scharfe Soße Berlins.

»Einen Hähnchendöner mit viel scharfer Soße und ein Bier«, bestellte ich bei Mohinda. Jawohl, der Besitzer des »Döner-Imperiums« ist ein Inder. Der beste Döner-Inder der Welt, da können sich die meisten Türken eine Scheibe von absäbeln. Ich schnappte mir meine Dose Warsteiner und ging in Richtung der Alu-Stehtische, die im hinteren Bereich des Ladens standen. Mir fiel fast das Bier aus der Hand, als ich ihn entdeckte. Dr. med Joachim Brand, wie er hingebungsvoll in einen Dürüm-Döner biss.

Als er mich sah, rief er mit vollem Mund: »Hallo, Frau Doktor! Nächtliche Heißhungerattacke?« Sehr lustig – der Blödmann! Aber ich freute mich, ihn zu sehen. Und beschloss, diesen Abend doch noch zu einem Highlight zu machen. Wobei mir noch nicht klar war, wie ich das anstellen sollte. Erst einmal essen! Joachim Brand war wirklich ein ziemlich spezieller Typ. Keiner von diesen erfolgreich-souveränen Ärzten, die sich perfekt selbst darstellen. Er sagte, er hätte keine Lust auf die Kollegen, sei am liebsten allein, nicht nur bei der Arbeit, sondern auch zu Hause. Immerhin hatte er mich noch nicht weggeschickt, im Gegenteil, er war es doch auf dem Parkplatz gewesen, der mir einen zugegebenermaßen blöden Spruch rübergerufen hatte. Und auch jetzt war er relativ gesprächig.

Langsam hatte ich das Gefühl, dass ich mich gar nicht so schlecht machte – obwohl ich nachts um eins im viel zu hellen

Licht einer indischen Dönerbude mitten in Berlin stand und gerade noch aus purem Selbstmitleid geheult hatte. Immerhin hatte ich mich gleich an seinen Tisch gestellt und zwischen scharfer Soße und Dosenbier hoffte ich, dass ich ihn rumkriegen würde. Ich brauchte wirklich mal wieder einen Mann, schon allein für mein Selbstwertgefühl. »Sie, nein, ich sage jetzt mal du, also du bist auch nicht ganz normal, oder?«, fragte Joachim mich plötzlich. Komischerweise klang das aus seinem Mund eher wie ein Kompliment.

»Hmm«, fragte ich kauend, »was soll das denn jetzt heißen?« – »Ich finde, du wirkst gehemmt. Tust du nie, wozu du gerade Lust hast? Hast du dich immer unter Kontrolle?« Ich war perplex. Was erlaubte der sich denn? Bevor ich antworten konnte, sah er mir direkt in die Augen: »Was würdest du in diesem Moment gern tun? Das würde mich ehrlich mal interessieren.« Oh Gott, gib mir Zeit, dachte ich. Was sollte ich denn darauf jetzt antworten. Ich griff nach meinem Warsteiner, nahm einen tiefen Schluck. Und dann tat ich es einfach. Ich griff nach seiner Hand, auf der noch ein Rest Soße von seinem Dürüm-Döner klebte. Ich nahm sie, blickte ihm tief in die Augen – und leckte seine Finger dann langsam und genießerisch ab. »Das wollte ich tun, genau das«, sagte ich und konnte es selbst nicht fassen. Was war das denn? Ich hatte ihm die Finger abgeleckt! Unglaublich. »Und, bist du jetzt zufrieden?«, fügte ich noch hinzu. Ich musste völlig durchgedreht sein! Zwei Weißwein und ein Bier, davon konnte ich doch nicht schon so betrunken sein, dass ich mich nicht mehr unter Kontrolle hatte! Immerhin, Joachim Brand schien beeindruckt. Und ich hatte den Verdacht, dass er sich ein ganz anderes Körperteil vorgestellt hatte, als ich seinen Finger im Mund hatte.

»Wow«, sagte er nur. »Ich glaube, wir sollten das Lokal wechseln. Oder wir fahren gleich zu mir …« – »Dass ich dir die Soße vom Finger lecke, muss ja nicht heißen, dass ich mit dir ins Bett will!«, erwiderte ich. »Zicke«, sagte er nur grinsend und rief Richtung Tresen gewandt: »Mohinda, ruf uns mal ein Taxi!« Einerseits war ich schockiert. Von mir selbst in erster Linie, so etwas hatte ich noch nie gebracht. Aber ich gefiel mir – und die Vorstellung, jetzt mit dem Radiologen Sex zu haben, die gefiel mir ehrlich gesagt auch.

Bis auf den Döner, der mir schwer im Magen lag, aber immerhin auch dort blieb, war es fantastisch. Wir fielen schon im Flur seiner kleinen Wohnung übereinander her, ich war völlig ausgehungert und Joachim offenbar auch, wir rissen uns die Sachen nur so vom Leib. Vor lauter Leidenschaft dachte ich nicht einmal daran, den Bauch einzuziehen, und das will bei mir schon was heißen. Er biss mich in den Hals, meine empfindlichste Stelle! Das ist bei mir so was wie der Auslöseknopf, ich drehte total auf, zerkratzte seinen Rücken, klammerte mich an ihn, stöhnte, schrie und keuchte – ich ließ mich richtig gehen. Das erste Mal seit Jahren. Irgendetwas an diesem Mann brachte mich dazu, meine Hemmungen zu verlieren. »Fick mich«, stöhnte ich immer wieder, ich hatte überhaupt keine Grenzen mehr. Dr. Joachim Brand vögelte mich um den Verstand.

Und danach nahm er mich in den Arm. Wir lagen auf den Holzdielen seines Flures, engumschlungen und schwer atmend. »Was war das denn gerade?«, sagte er und schaute mich an, »was ist denn aus der gehemmten kleinen Chirurgin in spe geworden?« – »Und was aus dem kauzigen Radiologen?«, konterte ich. Er küsste mich: »Wenn wir hier noch lange liegen bleiben, werden wir bald Rheumapatienten, so viel steht fest. Ich habe übrigens auch ein Bett. Und ich würde mich freuen, das heute Nacht mit dir zu teilen. Auch wenn mir klar ist, dass dir das wahre Ausmaß dieses Angebots gar nicht bewusst ist. Es ist ein halbes Jahrzehnt her, dass ich eine Frau über Nacht hierbehalten habe.« Für mich war es keine Frage, dass ich bei ihm blieb.

Eigentlich gab es seit dieser Nacht keine Fragen mehr zwischen uns. Wir sahen uns am nächsten Abend, da hatte ich schon meine Kulturtasche dabei, weil ich wusste, dass ich bei ihm übernachten würde. Und von den Kollegen gibt es auch keine komischen Blicke oder Fragen – die haben nämlich keine Ahnung, dass Joachim und ich ein Paar sind. Er sitzt unten in der Radiologie, ich im vierten Stock in der Chirurgie. Wir haben beruflich eher selten Kontakt und dass unsere Dienstpläne aufeinander abgestimmt sind, fällt niemandem auf. Wir trennen Beruf und Privates eben. Aber dass es für mich überhaupt ein Privatleben gibt, das diesen Namen verdient hat und auf das ich mich freue, das habe ich diesem Mann zu verdanken. Und dem besten indischen Dönerladen der Stadt.

20. GESCHICHTE VOM SEX MIT KOLLEGEN

Hassliebe mit Happy End

*Marlene (31), Industriekauffrau, Stuttgart,
über
Kai (32), Rechtsanwalt, Stuttgart*

Verdammt, ich bin so verliebt! So, so sehr verliebt! Ich möchte es am liebsten als Facebook-Status all meinen digitalen Freunden verkünden: »Marlene ... ist verliebt! In Kai – nach all den Jahren!« Dass so etwas passieren würde – damit hätte ich niemals gerechnet. Ach was, ich hätte es vor zehn Jahren noch absolut ausgeschlossen! Ich war eben jung und ahnungslos. Aber so ähnlich fühle ich mich jetzt wieder, wie ein junges Mädchen. Es fühlt sich an, als hätte ich Sprudelwasser im Bauch, Champagner in der Kehle, Brausepulver im Mund, es prickelt und kribbelt überall und ich weiß gar nicht, wohin mit meiner Energie. Momentan arbeite ich im dritten Stock und seit einer Woche nehme ich die Treppen und nicht den Aufzug. Weil ich so unglaublich viel Energie habe, die werde ich gar nicht mehr los. Es ist so schön! Ich glaube, ich habe so ein Gefühl noch nie gehabt – und ich bin 31! Unglaublich, dass es ausgerechnet der Mann ist, den ich nach meiner Ausbildung noch als »Fehltritt meines Lebens« bezeichnet hatte.

Kai und ich waren Auszubildende im gleichen Lehrjahr bei einem Auto-Konzern in Stuttgart. Damals waren wir Anfang zwanzig. Ich hatte Babyspeck auf den Hüften, er hatte keinen Geschmack in Sachen Klamotten. Kai trug kurzärmlige Karo-Hemden – an besseren Tagen. Und er trug ständig einen blauen Eastpak-Rucksack mit sich herum. Einen Rucksack – schlimmer wäre es nur gewesen, wenn er sich einen rosa Turnbeutel umgehängt hätte. Dazu war er ein schrecklicher Spießer – Kai war derjenige, der sein Berichtsheft ordentlich führte, während ich nicht einmal wusste, unter welchem Klamottenstapel das Ding gerade wieder vergraben war. Was uns verband, war der gemeinsame Azubi-Freundeskreis und eine herzliche Abneigung. »Chaos-Krause«, nannte er mich, »Bieder-Böttcher«, nannte ich ihn. Na gut, nicht originell, aber bitte, wir waren 21 Jahre alt. Irgendwann fingen wir an, uns während der Arbeitszeit garstige Mails zu schreiben. Ich an ihn: »Na, schon Berichtsheft geführt?« Er zurück: »Na, schon wieder nüchtern?« Im Nachhinein betrachtet war das eigentlich spätjugendliches Balzverhalten auf niedrigem Niveau.

Das erste Mal gemeinsam im Bett waren wir, als mein damaliger Freund Fabian für ein Auslandssemester nach Amerika verschwand. Ich hatte irgendeine Wette gegen Kai verloren, ich weiß schon gar nicht mehr, worum es ging. Das Ergebnis jedenfalls war, dass ich ihn in meine WG einlud, ihn bekochte und anschließend mit ihm schlafen wollte. So sagte ich ihm das auch: »Ich will jetzt mit dir schlafen!« Warum auch nicht, mein Freund war weg, Kai war da, er hatte seinen Rucksack neben der Tür abgestellt und trug einen neutralen schwarzen Pulli. So weit alles okay also. Nur machte mir der Junge einen Strich durch die Rechnung.

Als ich nach dem fünften Bier auf meinem Sofa auffällig näher an ihn heranrutschte und ihn mit bemüht lasziven Augenaufschlag ganz unverblümt zum Beischlaf aufforderte, streikte er: »Lass mal! Du bist doch total breit!« Unverschämt! »Was, du willst nicht? Wenn ich nicht breit wäre, dann hätte ich dich doch gar nicht gefragt, du Blödmann!«, nuschelte ich und versuchte tatsächlich noch mal, ihn zu küssen. Ich war wirklich forsch damals. Und Kai war wirklich nicht sehr konsequent, denn zu einem ersten Kuss ließ er sich hinreißen. Er schloss die Augen und nahm mich sogar in den Arm – ich war erstaunt und angenehm überrascht, er küsste mich ganz zart, richtig liebevoll. Mehr allerdings auch nicht. Als ich mich freudig an seiner Hose zu schaffen machte, hielt er meine Hand fest, schaute mich an und sagte: »So, du solltest jetzt wirklich mal lieber schlafen gehen.« Danach brachte er mich ins Bett, deckte mich zu, ignorierte mein beleidigtes Jammern – »Sei froh, dass ich dir das überhaupt angeboten habe! Die Gelegenheit kommt nie, nie wieder!« – und legte sich neben mich.

Am nächsten Morgen um halb acht schrillte erst der Wecker – und dann meine innere Alarmglocke. »Was machst du denn hier!«, kreischte ich, als ich Kais blasses Gesicht auf meinem roten Kissen entdeckte. Er rekelte sich genüsslich – und grinsend: »Wieso? Du wolltest doch, dass ich mit dir schlafe. Dein Wunsch ist mir Befehl, Chaos-Tante. Und jetzt steh auf, wir müssen zur Arbeit. Im Gegensatz zu dir bin ich nämlich ein pünktlicher Mensch!«

Seine alberne Abstinenz gab er am nächsten Wochenende auf. Wieder bekochte ich ihn, dieses Mal brauchten wir gar keinen Vorwand mehr. Ich wollte mir beweisen, dass ich ihn doch noch rumkriegen würde. Und er wollte sich rumkriegen lassen, vermute ich. Wir hatten uns per Mail verabredet, das beim nächsten Biertrinken mit der Clique aber tunlichst keinem von den anderen Azubis erzählt – irgendwie war es uns wohl beiden peinlich. Die Krause und der Böttcher, das war eine Kombination wie Bier mit Brausepulver. Ging gar nicht. Bevor wir beim zweiten Versuch begannen, uns zu betrinken, fingen wir an, uns zu küssen. Und dann gingen wir in die Badewanne, das war seine Idee.

»Deine wildeste Fantasie, was?«, neckte ich ihn und dachte nur: Der kleine Spießer, dem zeige ich es. Aber als er in der Wanne anfing, mit geschlossenen Augen hingebungsvoll an meinen Zehen zu lutschen, fand ich das überraschend prickelnd. Und als er mich nackt in ein Handtuch wickelte, mich küsste und dann die Wassertropfen langsam von meinem Hals leckte, war ich mir nicht mehr sicher, ob ich den biederen Böttcher womöglich arg unterschätzt hatte.

Kai war ein Naturtalent im Bett, anders konnte ich mir das nicht erklären. Soweit ich wusste, hatte er bisher nur eine Freundin gehabt, eine Rechtsanwalts- und Notarfachgehilfin aus seinem Heimatdorf an der Mosel. Ob er die im Stehen am Schreibtisch gevögelt und dabei an den Haaren gepackt hatte? Konnte ich mir nicht vorstellen. Ich konnte mir gar nichts mehr vorstellen, weil mein Gehirn einfach ausgeschaltet war, als er danach hinter mir kniete, meine Beine spreizte und anfing, mich zu lecken. Seine Zunge drang in mich ein, sanft und fordernd zugleich. Kai war der erste und einer der ganz wenigen Männer, die begriffen hatten, dass die Klitoris keine Weißwurst ist, an der man erst herumzutzeln, um dann kräftig daran zu saugen. Nein, ein flirrend leichtes Lecken, ein zartes Spiel, das ist es, was die Säfte zum Fließen und die Frau zum Schmelzen bringt. Ich schlug vor Erregung mit der flachen Hand immer wieder auf die vollgekritzelte Schreibtischunterlage – es war wirklich überwältigend. Und ich hatte einen Orgasmus – Bieder-Böttcher hatte mich kommen lassen! Und damit war Kai der Erste, der mich zum Höhepunkt geleckt hatte.

Bei diesem einen Mal blieb es allerdings auch. Eine Woche später starteten wir mit unserer ahnungslosen Clique nämlich zu einem verlängerten Wochenende an den Bodensee. Ich hatte mir schon freudig ausgemalt, wie ich es mit Kai im Wasser, am Strand, unter der Dusche und heimlich in der Küche treiben würde. Und ihn danach wegen seiner korrekten Art verspotten würde, so als reine Fassade vor den anderen. Aber irgendwie schien ihm unsere Nummer am Schreibtisch nicht gut bekommen zu sein, sprich: Er war wieder ganz der Alte.

Erst hielt ich seine genervten Sprüche für ein originelles Vorspiel oder eine geschickte Tarnung und machte mich in einem unbeobachteten Moment in unserem Ferienhaus auf Reichenau an ihn heran. Als er mittags auf die Toilette verschwand, folgte ich ihm, öffnete die unverschlossene Tür und fragte grinsend, ob ich mich nicht mal um seinen »kleinen Freund« kümmern sollte. Ja, damals sagte ich noch Dinge wie »kleiner Freund«, aber ich glaube nicht, dass es dieser dämliche Ausdruck war, der ihn dazu bewegte, mein Angebot zum zweiten Mal auszuschlagen. »Lass mal lieber. Kümmere du dich besser darum, dass hier ordentlich Haare im Abfluss sind, die Küche nicht gewischt ist und du genug Bier zu trinken hast«, erwiderte er garstig und wusch sich gründlich die Hände. »Idiot«, zischte ich nur und knallte die Tür hinter mir zu. Ich ging direkt zum Kühlschrank, schnappte mir ein Bier und setzte mich zu den anderen auf die Terrasse.

Am selben Abend bekam ich mit, wie Kai mit Katja auf der hässlichen Hollywoodschaukel auf der Terrasse hockte, intensiv ins Gespräch vertieft – wahrscheinlich diskutierten sie über die richtige Führung eines Berichtshefts. Als er mit ihr Richtung Strand verschwand, wurde ich allerdings richtig eifersüchtig. Ausgerechnet Katja! Ein unauffälliges kleines Mäuschen, blond gelockt, ungeschminkt und mit dicker Kiste. Was wollte er denn von der Schnepfe? Ich schnappte mir ein Bier und hörte mir zähneknirschend an, wie die anderen Kai und Katja als »Traumpaar« beschrieben. Mark behauptete sogar, da würde »schon länger was gehen«. Ich überstand die drei Tage Reichenau damit, mich mit den anderen zu betrinken, Karten zu spielen und mich tagsüber beim Wasserskifahren zu blamieren. Kai warf ich höchstens einen beleidigten Blick zu. Den er ignorierte. Dann eben nicht! Sollte er doch mit der langweiligen Katja mit dem fetten Hintern glücklich werden. So eine wie mich würde der nie wieder kriegen!

Nein, so *eine* wie mich bekam er auch nicht wieder. Er hat *mich* bekommen. Zehn Jahre später. Vor genau drei Wochen. Und seitdem bin ich im Ausnahmezustand, weil ich irgendwie gar nicht glauben kann, dass der spießige Kai der Mann sein soll, mit dem ich glücklich werde. Aber gerade fühlt sich alles genau so an. Es ging so verdammt schnell: Ich bekam eine E-Mail von ihm, nach so langer Zeit.»Na, Chaos-Frau, erinnerst du dich noch? Ich bin jetzt in Stuttgart. Trinkst du immer noch so viel? Dann lass uns auf die alten Zeiten anstoßen. Bieder-Böttcher« Ich war überrascht. Und dachte das erste Mal nach langer Zeit wieder an unsere Ausbildungszeit zurück. Lustig war es gewesen, mit Abstand betrachtet. Natürlich habe ich mich mit ihm getroffen, aus reiner Neugierde. Ob er die kleine Katja wohl geheiratet hatte? Und weil ich sowieso nichts Besseres vorhatte, nachdem ich das Verhältnis mit meinem Kollegen aus der Buchhaltung gerade beendet hatte. Ja, ich muss zugeben, seit Kai hatte ich einen Hang zur Männerjagd in der Firma. Ich arbeite immer noch bei dem Autohersteller, mittlerweile im Vertrieb. Und den einen oder anderen Kollegen habe ich nach Feierabend schon bekocht. Keiner hatte sich je wieder so zickig angestellt wie Kai, aber andererseits hatte sich auch keiner so geschickt angestellt …

Wir trafen uns also in einem Weinlokal in der Innenstadt. Innerlich grinsend saß ich da, wartete nur darauf, dass der kleine Kai mit seinem peinlichen Rucksack um die Ecke biegen würde. Und war geradezu geschockt, als plötzlich ein Mann vor mir stand, ohne East- dafür augenscheinlich mit Sixpack. Das war mein Azubi-Kai? Er trug ein Hemd, aber das war nicht kurzärmlig und kariert, sondern eng geschnitten und weiß.

»Na, du Chaos-Queen? Aus dir ist ja richtig was geworden«, sagte er grinsend und nahm mich zur Begrüßung fest in den Arm. Ich war sprachlos. Fast jedenfalls. »Aus dir aber auch. Du bist ja ein richtiger Mann«, witzelte ich. Die nächsten Stunden verbrachten wir damit, über alte Zeiten zu lachen. Unsere Lebensläufe durchzuhecheln. Uns tief in die Augen zu sehen. Und viel, viel Weißwein zu trinken. »Du warst schon was Besonderes. In den drei Jahren mit Katja habe ich ziemlich oft an unsere Nummer am Schreibtisch gedacht«, sagte er irgendwann, »na ja, nicht nur daran. Und nicht nur während der Zeit mit Katja. Eigentlich habe ich dich nie vergessen. Weil ich nie wieder eine Frau getroffen habe, die mich so gereizt hat. Im Positiven wie im Negativen.« Ich nahm erst mal einen Schluck Wein. Das hatte ich nun gar nicht erwartet! Aber die Nummer war noch nicht durch, ich hatte noch eine Rechnung mit ihm offen.

Als er mir gegen Mitternacht anbot, mich nach Hause zu begleiten, stimmte ich zu. Und hätte nichts lieber getan, als ihn mit in meine Wohnung zu nehmen. Nicht nur, weil ich mit ihm schlafen wollte. Sondern weil es wirklich kribbelte. Ganz anders als früher, dieser Kai war ein Mann und kein kleiner Azubi-Bubi mehr. Aber Strafe musste sein, auch nach zehn Jahren. Deshalb spazierte ich mit ihm zu meiner Wohnung, griff sogar nach seiner Hand und genoss es zu spüren, dass er mindestens genauso angetan war wie ich. Aber als wir nach zehn Minuten romantischem Mondscheinspaziergang vor meiner Wohnung standen, nahm ich ihn kurz in den Arm und sagte nur grinsend: »Du kommst hier nicht rein. Strafe muss sein ... und heute will ich nicht mit dir schlafen. Du bist mir nämlich viel zu breit!«

Ich sah kurz die Enttäuschung in seinem Blick – aber dann konterte er. »Dann bestehe ich auf Revanche. Wie beim letzten Mal! Dieses Mal koche ich aber für dich. Ich habe nämlich einen ziemlich großen Schreibtisch!« Und an dem hatten wir eine Woche später mindestens so viel Spaß wie ein Jahrzehnt vorher in meiner chaotischen Azubi-Bude. Und dieses Mal war es keine einmalige Angelegenheit. Wie gesagt, ich bin total verliebt. In meinen Bieder-Böttcher, der gar nicht mehr bieder ist. Und der Gott sei Dank keinen Rucksack mehr mit sich herumträgt.

21. GESCHICHTE VOM SEX MIT KOLLEGEN

Auf Liebe und Tod

*Tina (26), Krankenschwester, Bielefeld,
über
Stefan (33), Pathologe, Bielefeld*

Es gab keine Zweifel, Herr Dublinski war tot. Friedlich eingeschlafen, irgendwann nach dem letzten Kontrollgang der Nachtschwester. Eigentlich ein schönes Ende nach einem erfüllten Leben. Herr Dublinski hatte 92 Jahre auf der Erde verbracht, eine lange Zeit. Und diese Zeit war heute Nacht abgelaufen. Er war gestern Abend eingeschlafen und heute Morgen einfach nicht mehr aufgewacht. »Bilderbuch-Ende«, nannten wir Schwestern das – und es kam nicht allzu häufig vor auf der Onkologie. Ich fühlte seinen Puls, prüfte seine Reflexe, eigentlich überflüssig, aber man will ja sichergehen. »Danke«, flüsterte ich leise, »danke, Herr Dublinski!«

In mir breitete sich ein wohlig-aufgeregtes Gefühl aus, als ich ihm seine dritten Zähne entnahm und sie mit seiner Lesebrille in eine Nierenschale packte. Dann befreite ich ihn von seinem Dauerkatheter und musste ein bisschen lächeln. Nicht, weil der alte Mann dahingeschieden war. Ich hatte ihn sehr gemocht, er war ein angenehmer Patient gewesen. Der alte Herr Dublinski hatte sich nie beschwert. Er war immer freundlich, wenn ich ihm morgens das Frühstück brachte, und manchmal überraschte ich ihn mit einem Stückchen Nougatschokolade, das ich ihm vorsichtig in den Mund schob. Er hatte dann immer ganz selig gelächelt. Jetzt war er gestorben. Und sein Gesichtsausdruck war ganz ähnlich: selig entspannt. Das war gut. Für ihn – und auch für mich. In den letzten Wochen hatten die Patienten meine Station aufrecht verlassen. Jetzt hatte ich Herrn Dublinski. Und mit ihm einen Grund, in den Keller zu fahren. Ob das gute Timing seines Ablebens sein Dank für die Schokolade war?

Herrje, Tina, jetzt wirst du aber wirklich ekelhaft, dachte ich und zog die weiße Krankenhausdecke zurück. Ich holte ein OP-Hemd, zog es ihm an und deckte seinen Körper dann mit einem Laken zu. Langsam begann mein Herz schneller zu schlagen. Ich rief die Lernschwester, fünf Minuten später schoben wir Herrn Dublinski Richtung Aufzug. Es war halb sieben Uhr morgens, eine gute Zeit, der Krankenhausflur war menschenleer. Es ist nicht schön, wenn Patienten mit dem Tod konfrontiert werden – und was es bedeutet, wenn ein Mensch mit einem Laken bedeckt Richtung Fahrstuhl geschoben wird, das weiß im Krankenhaus jeder. Wir schafften es mit Herrn Dublinski unbeobachtet bis zu dem Aufzug. Seine vorletzte Reise. Als Schwester Marion das »K« für Keller drückte, wurde mir ganz flau. Reiß dich zusammen, dachte ich, bleib ganz ruhig jetzt! Wer weiß, ob er überhaupt da ist. Vielleicht hat er frei, vielleicht hat er Spätdienst.

»Ist irgendwas los? Das ist doch nicht der erste Tote, den du entdeckt hast, oder?«, fragte Marion. »Äh, nein, natürlich nicht«, stammelte ich und versuchte, mein klopfendes Herz irgendwie unter Kontrolle zu bringen. Erfolglos, ich klammerte mich an das kühle Metall des Bettes. *Pling.* Der Aufzug war im Keller angekommen. In der Pathologie. Ich atmete tief durch, schloss kurz die Augen. Wie sah ich überhaupt aus? Ich hatte mir nicht einmal die Haare gekämmt. Wann auch. Hätte ich Herrn Dublinski liegen lassen sollen, um kurz im Bad zu verschwinden und mir die Haare zu kämmen und die Nase zu pudern? Das wäre selbst mir geschmacklos vorgekommen. Energisch schob ich das Bett aus dem Fahrstuhl, den Gang entlang, in den Umlagerungsraum. »Du kannst jetzt wieder hochgehen«, sagte ich zu Marion. Ich wollte sie loswerden. Falls Stefan hier war, wollte ich jede kostbare Minute nutzen und nicht noch das altkluge Gerede der Lernschwester dazwischen haben.

Und da war er! Meine Knie wurden weich, als er den Raum betrat, mein Herz raste, mein Blut rauschte. Während ich auf der Station der Toten stand, tobte in mir das Leben.

»Guten Morgen, Tina«, sagte er und lächelte. »Wen bringst du mir denn hier?« Wir klärten kurz die Formalitäten, Herr Dublinski war ein Routinefall, es lag kein Grund für eine Obduktion vor. Gemeinsam hievten wir den alten Mann aus seinem Bett auf die Metallbahre. »Und, wie geht es dir so?«, fragte Stefan mit einem Lächeln. Für ihn war das hier seit ein paar Monaten Alltag. Stefan war Arzt im Praktikum, das letzte Jahr seines Studiums verbrachte er in der Pathologie. Optisch eine klassische Fehlbesetzung. Er entsprach nämlich überhaupt nicht dem Klischee des kauzigen Leichenaufschneiders aus dem *Tatort* – er hatte blonde Locken, trug ein Lederbändchen ums Handgelenk und seine Augen waren fast unnatürlich blau. Meerblau. Ein Typ, der eher aufs Surfbrett passte als in den Leichenraum.

»Ich, äh, mir geht es gut«, krächzte ich vor Aufregung ganz heiser und merkte, wie mir die Röte in die Wangen stieg. Zum Glück hatte ich gerade eine Leiche hochgehoben, das konnte also auch reine Anstrengung sein. »So, dieses Mal denke ich aber an das Fußschild, letztens habe ich das bei einer Selbstmörderin vergessen, die war schon ziemlich ramponiert und ich habe sie einfach so in die Kühlung geschoben! Schöne Bescherung«, sagte Stefan grinsend und befestigte den Zettel an Herrn Dublinskis blassem, steifem Zeh. »So, ich bringe den alten Mann mal kurz in die Frischhaltezelle, bin gleich zurück!«

Was nun? Nicht, dass ich es in der Pathologie besonders schön oder romantisch fand, aber ich wollte auf gar keinen Fall hier weg, bevor ich Stefan nicht wenigstens ein Date abgeluchst hatte. Wer weiß, wann der Nächste stirbt, dachte ich und atmete tief ein. Da war er schon wieder. »Willst du einen Kaffee?«, fragte Stefan. »Hey, du bist ja ganz blass? Ich dachte, du bist Krankenschwester! Da wird dich doch ein toter Rentner nicht aus den Birkenstocks kippen lassen?« Ich japste nach Luft. Mir war tatsächlich ganz flau. Ob das an der irgendwie toten Luft des Leichenkellers lag oder an Stefans atemberaubender Präsenz oder an beidem – mein Kreislauf war überfordert. »Huu«, stöhnte ich. »Huuu, huuu.« Was das bedeuten sollte, erschloss sich mir selbst nicht so genau und bevor ich näher darüber nachdenken konnte, sackte ich zusammen. Direkt neben dem Bett, in dem eben noch Herr Dublinski gelegen hatte.

Als ich wieder zu mir kam, lag ich drin.

Ich schlug die Augen auf und sah als Erstes Stefans braun gebranntes Gesicht über mir. Besorgt. Liebevoll. Blitzende blaue Augen. Dann begriff ich, wo ich mich befand. Im Bett eines Toten. Das brachte mich kurzfristig in einen Interessenskonflikt: Sollte ich jetzt entsetzt aufspringen oder selig lächeln? Ich hatte keine Zeit, darüber nachzudenken. Stefan strich mir über die Wange. »Oh Mann, ich dachte schon, jetzt muss ich dich auch gleich ins Kühlfach rollen«, bemerkte er trocken.

»Gut, dass du noch lebst. Ich hatte mir nämlich schon länger was vorgenommen. Und wo du hier gerade so gut liegst, werde ich die Gelegenheit doch einfach mal ergreifen!« Dann beugte er sich zu mir herunter und küsste mich auf den Mund. Mein wirklich besorgniserregender innerer Zustand erlaubte mir allerdings nicht, diesen Kuss zu erwidern. Mein Herz fing schon wieder an zu rasen wie ein Hamster im Laufrad. Was hier passierte, war einfach zu viel. Erst hatte ich einen Toten im Bett gefunden, jetzt lag ich selbst drin und wurde vom Mann meiner Träume geküsst. Im Umbettungsraum der Pathologie. »Uffff«, stöhnte ich und schnappte nach Luft. Stefan schaute mich grinsend an. »Hey, das war eine reine Wiederbelebungsmaßnahme. Ich arbeite zwar in der Pathologie, aber in deinem Fall bin ich nicht interessiert daran, dich als Studienobjekt zu gewinnen!« Dann küsste er mich noch mal, und jetzt spürte ich erst, wie gut sich das anfühlte. Ich schaffte es sogar, meine Arme um seinen Hals zu schlingen. Er schmeckte unglaublich gut, nach Pfefferminz und Sonne. Nach einem Tag am Strand, nach Lachen und Meer. Ich streichelte ihm über die Wange und schaute ihn an, immer noch schwer atmend.

»Ich glaube, es hilft«, flüsterte ich, »mach einfach mal weiter mit der Wiederbelebung!« Er umfasste mich und zog mich aus dem Bett von Herrn Dublinski. »Aber nicht hier. Ich arbeite zwar in der Pathologie, aber ich habe nicht jeden Sinn für Pietät verloren«, antwortete er und nahm mich an der Hand. So makaber das jetzt klingt: Das war wirklich mein Glückstag. Erst der Tod von Herrn Dublinski, dann mein Ohnmachtsanfall und jetzt stellte sich heraus, dass Stefan auch noch ganz allein Frühdienst in der Pathologie hatte. Insgesamt hätte es ja gar nicht besser laufen können. Wir gingen in die kleine Kaffeeküche. Sehr gut, die Luft war hier eindeutig besser als im Leichenraum.

»Was hast du eigentlich jetzt mit mir vor?«, frage ich grinsend. »Ich hol dich ins Leben zurück!«, erwiderte Stefan ebenfalls grinsend, hob mich auf die Anrichte und fing an, mich stürmisch zu küssen. Wir zogen beide unsere Kittel aus, bloß weg mit dem Krankenhausambiente, die Bluse knöpfte er mir auch vorsichtshalber noch auf. »Ich muss dringend prüfen, ob dein Herz noch regelmäßig schlägt«, raunte Stefan und ich lächelte. Er öffnete meinen BH, und das ziemlich geschickt, wie ich registrierte. »Los, mach deine Hose auf«, flüsterte ich, »jetzt will ich das volle Programm. Ich bin mir nicht sicher, ob ich sonst durchkomme!«

Stefan erfreute mich mit einem prallen Stück Leben, er ließ meine Wangen noch heftiger glühen und raubte mir zum zweiten Mal an diesem jungen Tag völlig den Atem. »Nicht so laut! Du weckst ja einen Toten auf!«, raunte er mir ins Ohr, als ich heftig stöhnte.

Ich schnappte nach Luft, zwischen Lachen und totaler Geilheit. Und dann kam ich, in der Kaffeeküche der Pathologie hatte ich einen Orgasmus. Einen lauten Orgasmus, irgendwie schien sich all meine Anspannung und Aufregung zu einer geballten Ladung Lust zusammengebraut zu haben. Stefan hielt mir erschrocken die Hand auf den Mund.

»Das nächste Mal machen wir das lieber bei mir zu Hause! Sonst erfüllt das den Straftatbestand der Störung der Totenruhe«, sagte er und lächelte. »Schwester, Schwester! Treiben Sie es immer so wild, wenn Sie in den Leichenkeller herabsteigen?« Ich sah ihn an, verschwitzt und mit glühenden Wangen. »Nein, Herr Doktor in spe. Sie sind der einzige Grund dafür, dass ich mich hier wie zu Hause fühle!«

Mittlerweile ist Stefan Facharzt für Pathologie. Ich arbeite immer noch in der Onkologie und manchmal begegnen wir uns noch dort, wo wir uns das erste Mal geküsst haben. Sex haben wir mittlerweile aber lieber zu Hause, ordnungsgemäß im Ehebett. In letzter Zeit hält Stefan mir allerdings wieder die Hand vor den Mund, wenn ich zu laut und heftig komme. Sonst wacht nämlich Justus auf, unser Sohn.

22. GESCHICHTE VOM SEX MIT KOLLEGEN

Crazy Kasper-Kino

*Miriam (31), Journalistin, Hamburg,
über
Caspar (36), Regisseur, Duisburg*

Die Sache mit dem Regisseur ist einige Jahre her. Und damals befürchtete ich, nicht ganz richtig im Kopf zu sein. Ich hatte das Gefühl, meinen Verstand irgendwo auf einem staubigen Dachboden verloren zu haben.

Meine Freundin und Mitbewohnerin Julia hatte mir danach als Trost zwei Topflappen zum Geburtstag geschenkt, auf die sie *Protect me from what I want* gestickt hatte. Sie war es, die die aufregende, aufwühlende und absurde Nacht mit dem Regisseur in allen Einzelheiten mit mir durchkaute. So zwölf bis 14 Mal. Sie fand, ich sollte dem Kerl nicht mehr hinterherweinen. Sie machte ihren Job als beste Freundin wirklich gut. Die Topflappen sind mir wirklich ans Herz gegangen. So süß, danke Julia. In Ermangelung anderer Verwendung (zum Kochen kam ich nie) habe ich sie mir übers Bett gehängt. Beschütze mich vor dem, was ich will.

Tja, wer sollte das tun? Meine Kollegen in der Redaktion der Tageszeitung, bei der ich damals volontierte? Gelächter. Jeden Abend starrte ich diese Dinger an, wenn ich vor dem Einschlafen noch eine Zigarette rauchte. Und Musik hörte, über Kopfhörer, ich wollte Julia nicht auch noch mit meinem seltsamen Musikgeschmack belästigen. Ich bin ein rücksichtsvoller Mensch. Und damals war ich dazu noch ein verzweifelter. Allabendlich suchte ich mein Heil in der Musik. Aber Rob Zombie war kein Protector, so viel stand schon mal fest. Der Typ war Rockstar und schon allein deswegen nicht ganz dicht. Aber abgründige, ins Schwachsinnige tendierende Gruseltexte zu Auf-die-Fresse-Gitarrenriffs waren genau das, was mich vor dem totalen Absturz in die Abgründe des ewigen Selbstmitleids bewahrte. *Electric Head*, *I, Zombie* und *Blood, Milk and Sky* – die unheitere Untermalung meiner unheilvollen Gelüste. Der Soundtrack jenes Sommers. Refrains für Rückfälle. Mindestens einmal in der Woche passierte es, meist bei nächtlicher Raucherei mit Musik auf den Ohren. Ich schnappte mir mein Handy und tippte ihm Botschaften, die ich für tiefsinnig hielt. Gewollt, aber nicht so richtig gekonnt. »Verdammt viel Gefühl, das ich fühle. Federnd schwer auf wundem Herzen.« Was wollte die Autorin damit sagen? Dass sie eine Karriere als Rosamunde Pilcher für Minderbemittelte anstrebte? Er ignorierte meine trivialen Hilferufe. Aber ich konnte nicht anders. Und so bitter das war, ich konnte nicht mithalten mit Caspar Ehlers, dem Nachwuchsregisseur. Dem Könner.

Fuck you. Eine einzige Antwort könnte er mir wenigstens zukommen lassen, dachte ich immer wieder. Eine Regieanweisung. Ein klares Nein, wenigstens das. Er hatte mich ja gewarnt, der lonesome Caspar, aber wer nimmt schon das Gerede von exzentrischen Künstlern ernst?

Ich war damals Volontärin. Und eigentlich war Journalistin mein Traumberuf, an Schauspielerei hatte ich nie gedacht. Warum hatte ich mich also für eine Rolle in seinem Film beworben? Ich glaube, mir war langweilig, und statt über Olli Kahns Affäre mit Discoluder Verena zu recherchieren, surfte ich im Internet und stieß auf die Seite *fist-of-fox-der-film.com*. Für die Low-Budget-Produktion wurden noch Nebendarsteller gesucht. Ich schrieb hin. Geistreicher als jede SMS, die ich in den Wochen danach absonderte. Kurzer Lebenslauf, kurze Begründung, warum ich mitmachen wollte. Bald darauf bekam ich eine Rolle als Pommesbudenbedienung mit drei Drehtagen und mehreren Sätzen. Zwei Monate später hatte ich meinen ersten Set-Auftritt in Hamburg, auf einem Supermarktparkplatz in Wilhelmsburg. Dort stand der als Imbissbude frisierte Bauwagen, in dem ich Bier zapfen und Würstchen braten sollte. Überall wuselten mittelprächtig gelaunte und gestresst wirkende Crew-Mitglieder herum, die entweder Haarbürsten mit sich herumtrugen (die Stylistinnen), an Kameras fummelten (die Kameramänner), herumbrüllten (der Aufnahmeleiter), wichtig guckten (keine Ahnung, welche Funktion die nun alle hatten) oder ziemlich gelassen alles im Griff hatten (der Regisseur). Der war es auch, der mir genau sagte, was zu tun war. Na ja, er machte halt seinen Job. Meiner bestand hauptsächlich im Herumsitzen, Herumstehen, Warten und eben Wichtig-Gucken. Lichtprobe, Stellprobe, diese Probe, jene Probe, ich hatte mir das alles glamouröser vorgestellt. Caspar war damals 28, das war schon sein dritter Film. Kleines Budget, große Hoffnungen. Das Geld von der Filmförderung hatte er bekommen, nachdem er in drei Wochen das Drehbuch runtergeschrieben hatte. Eine Tragikomödie, vier Mittzwanziger mit seltsamen Frisuren und ohne große Perspektiven reisen durch Deutschland und philosphieren an diversen Pommesbuden über das Dasein an sich. Das war tatsächlich geistreich, stellenweise philosophisch und oft brüllend komisch. Und am Ende brannte eine Bude samt Pommesfett und Lebensträumen.

Meine Freundin Julia sagte, Caspar sähe aus wie Alfred E. Neumann, der Typ vom *MAD-Magazin*. Er hatte rote Haare, okay. Er hatte abstehende Ohren, na gut. Sommersprossen, geschenkt. Aber Caspar war einfach eine verdammt coole Fritte. Gerade, direkt, aufrichtig. Ein Kerl eben. Ein Kerl mit Hang zu tiefen Abgründen. Das war mir allerdings noch nicht klar. So was ist den Menschen ja nicht ins Gesicht geschrieben. Leider. Oder zum Glück. Denn sonst hätte ich mich wahrscheinlich nicht auf ihn eingelassen. Und die Nacht auf seinem Dachboden ist eine

Geschichte, die ich meinen Enkeln noch erzählen kann. Wenn sie volljährig sind.

Ich war total hilflos. Möchtegern-Aktrice inmitten von Profis. Er hat sich um mich gekümmert, aber nicht auf so eine schmierige »Hey Püppi, ich zeig dir, wie es geht«-Art, sondern ruhig und professionell. »Hampel nicht so herum, wenn du ein Bier zapfst. Rede nicht so laut, dafür haben wir den Ton. Wir sind hier nicht im Theater.« Er hat mir meine Rolle, na ja, mein Röllchen, vorgespielt. Er weiß, wie es geht, dachte ich und steigerte mich richtig rein in meine Begeisterung. Was natürlich dazu führte, dass ich noch unkonzentrierter wurde. Je besser ich diesen Typen fand, desto dämlicher stellte ich mich an. Ich fing sogar an, hemmungslos zu kichern, wenn ich meine Szene mal wieder versaut hatte. Kichern! Das wirklich allerpeinlichste Weibchengetue der Welt, ich fand normalerweise nichts lächerlicher als giggelnde Hühner. Jetzt war ich selbst eins.

Oh Gott, oje! Ich war offenbar so eine miserable Schauspielerin, dass ich nicht einmal meine Faszination für den Chef am Set überspielen konnte. Und dann diese entsetzliche Klischeekiste. Amateurdarstellerin himmelt den Regisseur an und quittiert jede Anweisung mit roten Wangen. Dabei war ich doch eigentlich ganz anders. Und Caspar, der schien das erkannt zu haben. Mir wird heute noch flau, wenn ich darüber nachdenke. Er hat mich gesehen, fernab von meiner Unsicherheit, meiner hilflos-verkrampften Lässigkeit. Er hatte erkannt, dass uns etwas verband, etwas, das sich nicht wegkichern ließ. Einige Wochen später sah ich das anders. Da hielt ich ihn für einen Spieler. Einen, der Inszenierungen liebt. Und für eine karge, einsame Insel, einen steinigen Felsen im Ozean. Das hatte er selbst zu mir gesagt. In der Nacht. Die damit endete, dass er mich rauswarf. Aus seiner möblierten Dachbutze. Aus seinem Leben, das er nicht teilen wollte.

In der Nacht, zu der es kam, weil schon der Tag eine Katastrophe gewesen war. Ich war fast verzweifelt an dem Satz: »Jungs, wenn ihr was erleben wollt, dann ab auf den Kiez. Da geht der Fuchs ab.« Ich hatte ihn gefühlte 83-mal wiederholen müssen. Der Satz war simpel, aber doch wichtig, denn auf der Reeperbahn kam es zum großen Showdown. Mein Auftritt war allerdings eher ein Trauerspiel. Flatterndes Elend, vor lauter Nervosität bekam ich hektische Flecken, die von der mies gelaunten Make-up-Frau in Baggy Pants hektisch überpudert wurden. Immer wieder, weil ich zusätzlich auch noch schwitzte wie ein Bauarbeiter im Hochsommer und die Schminkschicht pappig an mir klumpte, sodass ich aussah wie ein Streuselkuchen.

Caspar blieb ruhig, er blieb professionell. Sehr lange. Sehr, sehr lange. Doch irgendwann wurde seine heisere Stimme laut. Sehr laut. In dem Moment hätte ich mich am liebsten in eine Wurst verwandelt und still auf dem Grill gebrutzelt. Ich war zu schnell, immer wieder verhaspelte ich mich, blickte nervös zur Seite, redete absurd laut und nicht in der richtigen Betonung. Es waren insgesamt nur fünf Sätze und drei Thüringer, die ich hin und her wenden sollte. Alle waren nur noch genervt. Der Aufnahmeleiter hüpfte herum wie Rumpelstilzchen auf Speed, der Kamerafredi verdrehte die Augen und mir drehte sich der Magen um. Das kam von meiner Scham – und vom Grilldunst. Ich wollte abwechselnd Wurst sein und unsichtbar. Ich beschloss, doch lieber Museumsangestellte in Duisburg zu werden, bloß keine Aufmerksamkeit mehr. Aber irgendwann passte es. Die Szene war im Kasten, wie man so schön sagt. Ich war befreit und trottete beschämt vom Platz, geschlagen, so vernichtet, technischer K.o. in der ersten Runde.

Abends saß ich zu Hause, hörte deprimiert und desillusioniert alte Stücke von *Suicidal Tendencies* und nicht das Klingeln meines Handys. Die Kopfhörer, die verdammten! Erst um halb elf bemerkte ich, dass Caspar vor über einer Stunde angerufen hatte. Goodbye, Schauspielkarriere, er wird mir sagen, dass ich nicht wiederkommen soll – das war mein erster Gedanke. Immerhin war er so anständig, mir mein Scheitern selbst mitzuteilen. Ich wählte seine Nummer. Und erschauerte, als ich seine tiefe Stimme so nah an meinem Ohr hörte. »Wir sollten uns sehen, ich komme gerade vom Set. Hast du eine Stunde für mich?« Mir wurde ganz übel vor Aufregung, Angst und Anspannung. »Ja, natürlich«, erwiderte ich nur. Und spürte sogar ein leichtes Gefühl der Rührung. Er wollte es mir selbst sagen, von Angesicht zu Angesicht. Ein nobler Ritter. Ein Regisseur mit Anstand. Ich war ja nun wirklich die unwichtigste Person am Set, aber er wollte mir selbst sagen, dass ich so talentiert wie ein feuchter Lappen war. Das fand ich groß.

Eine halbe Stunde später kletterte ich die steilen Treppen des Eimsbütteler Altbaus hinauf, in dem er für die drei Wochen Drehzeit in Hamburg wohnte. Unter dem Dach. Heiß, stickig, wahnsinnig romantisch, die Kulisse für ein Kammerspiel: dunkle Dachbalken, ein großer Eichentisch mit zwei roten Kerzen in silbernen Ständern, alte, verstaubte Bücher überall auf dem Boden. Und vor der kleinen blinden Dachluke eine Matratze mit zerwühlter weißer Decke. Perfektes Setting. Aber dafür hatte ich erst mal keinen Blick, Romantik war für mich gerade so weit entfernt wie die Straße von Gibraltar. Ich wich seinem Blick aus und sagte erst mal nichts, weil es wieder nur Unsinn gewesen wäre.

»Setz dich«, sagte er und nahm auf dem Stuhl mir gegenüber Platz. Er sah mich an, im Kerzenlicht. Ich hielt seinem Blick stand, mir fiel nichts Besseres ein. Warum sagt der nichts, dachte ich. Warum bringt er es nicht hinter sich? »Ich wollte dich sehen«, sagte er ruhig, ohne mich aus den Augen zu lassen. Ich schwieg immer noch, jetzt aus Einfallslosigkeit. Was will der nur, grübelte ich. Was denn nur? »Du hast heute zu mir gesagt, dass du Regieanweisungen brauchst. Ich kann sie dir geben.« Jetzt wurde mir ganz heiß, noch heißer, als es in dieser stickigen Luft normal gewesen wäre. »Ja«, stieß ich nur hervor. Ich verstand gar nichts mehr. »Steh auf«, sagte er. »Komm zu mir, stell dich vor mich.« Ich atmete tief ein. Ohne nachzudenken tat ich, was er sagte. Stand vor ihm, mit klopfendem Herzen, jetzt nicht mehr aus

Angst, sondern vor Aufregung. Das hier war keine Kündigung. Es war eine Ankündigung.

Er lehnte sich zurück, ich hielt die Luft an. »Näher, komm ganz nah heran. Ich will dich spüren.« Ich trat einen Schritt vor. Stand jetzt dicht vor ihm, unsere Beine berührten sich. Er blickte zu mir auf. »Beug dich zu mir herunter. Nimm mein Gesicht in deine Hände.« Ich tat es. Spürte seine Haut, unfähig, mich überhaupt noch zu fragen, was ich da gerade tat. Er sah mich mit halbgeöffneten Lippen an, den Kopf zurückgelehnt. Ich blickte ihn an, mit pochendem Herzen. Ich sah es schon kommen, ich würde versagen wie heute am Set. Meine Wangen glühten schon wieder. »Küss mich auf den Mund.« Ich beugte mich vor. Ganz vorsichtig berührten sich unsere Lippen. Zurückhaltend erst, dann tief, innig, aber immer noch langsam. Erstaunt darüber, was dieser Kuss bewirkte. Ich sank auf die Knie, umarmte ihn, spürte nur noch seine Lippen, seine Zunge, den salzigen Geschmack seiner Haut. Er wich ein Stück zurück. »Stell dich wieder hin. Ich will dich ansehen.« Oje, dachte ich. Jetzt ist der Punkt gekommen, wo ich gleich wieder kichern muss, weil ich so unsicher bin. Ich zögerte.

»Tu es. Vertrau mir jetzt, bitte tu es.« Er streichelte meine nackten Oberschenkel, wanderte höher, zwischen meine Beine. Feuchtigkeit in der Hitze, es strömte nur so aus mir heraus. Ich schloss die Augen, mein Herz raste jetzt wie verrückt, vor Aufregung, vor Erregung, ich wusste gar nicht mehr, was hier gerade passierte, aber es fühlte sich furchtbar gut an. Das hier war mein Film, die Realisation meiner sexuellen Fantasien. Ich stöhnte leise. »Sei still«, raunte er – und ich war still. Er erhob sich, küsste mich und schob mich langsam Richtung Matratze, Richtung kunstvoll zerwühlter Bettwäsche. Ich ließ mich fallen, sah ihn an. Unsere Blicke trafen sich, tauchten ineinander. Es war heiß, sehr, sehr heiß.

Und ich war plötzlich von aller Unsicherheit befreit. Kein Kicherbedürfnis, keine albernen Übersprungshandlungen. Was hier passierte, war keine Darstellung. Es war die Wahrheit. Die Tiefe hinter der oberflächlichen Kommunikation. »Ich werde nicht mit dir schlafen«, murmelte er. »Nein, das wirst du nicht«, flüsterte ich. Er kniete vor mir, er trug plötzlich nur noch sein T-Shirt, dann spürte ich ihn in mir. Ich schloss die Augen. Er tat es doch, und ich wollte es, unbedingt sogar. Ich wollte ihn fühlen.

»Nein, geh weg, weg! Das hier passiert nicht!« Ich zuckte zusammen, er schnellte zurück, stieß mich zur Seite. »Ich werde das nicht tun!«, seine Stimme war jetzt laut. Ich zuckte zusammen, nicht in der Lage, etwas zu sagen. Erschrocken. Schockiert. Gelähmt. Er ging zurück zum Tisch, setzte sich. Ich blieb sitzen und verstand gar nichts. Für zwei Sekunden sahen wir uns an, im Kerzenlicht. Verdammt, das hier ist wirklich eine Scheiß-Inszenierung, schoss es mir durch den Kopf. Die Leidenschaft, die Dramatik. Was für ein Irrsinn! Hatte er mich heimlich gefilmt? War das Teil des Drehbuchs? Was passierte, fühlte sich so gar nicht wirklich an: erst die perfekte Umsetzung all meiner sexuellen Fantasien – dann mein Alptraum. Absurd, das ist doch absurd, hämmerte es in meinem Kopf. Hatte ich Knoblauch gegessen? Roch ich komisch? Was war denn hier überhaupt los?

»Komm her«, sagte er. Und was tat ich? Ich stand auf und ging zu ihm. Ich war vollkommen unfähig, mich diesem Mann zu entziehen. Wie ein hypnotisiertes Kaninchen. Nackt stand ich vor ihm, nackt sah er mich an. »Lass dich nicht auf mich ein«, sagte er leise. »Das ist mein Ernst, tu es nicht. Es wird scheitern, es scheitert immer. Es wird nicht passieren, egal, was du dir erhoffst. Lern deinen Text für morgen und geh. Bitte.« Jetzt kam es mir vor, als hätte ich einen Pürierstab im Bauch. Alles in mir war gerührt und gehäckselt. »Äh, ja«, stammelte ich und hob meinen Rock auf. Mein Top. Zog mich an, vollkommen ungeschickt, den Knopf bekam ich kaum zu, weil ich gerade die Kontrolle über jegliche Funktionen meinen Körpers verloren hatte. Das war doch bizarr! Ein Witz! Aber er sah nicht aus, als würde er scherzen. Caspar erhob sich, nahm mich in den Arm.

»Es tut mir leid. Das hier war mehr, als ich gewollt habe. Ich kann es mir nicht erlauben.« Dann ließ er mich los. »Ja, äh, dann tschüss«, stammelte ich. Nicht geistreich, aber was bitte sagt man denn in solch einer Situation? Ich hatte da keinerlei Erfahrung. Benommen, vollkommen taub, wie durch Watte hörte ich seine Abschiedsworte, schaffte es, im dunklen, verwinkelten Treppenhaus nicht zu stolpern. Und trat ins Freie. »Nein«, hämmerte es durch meinen Kopf. »Nein, nein, nein, das ist nicht passiert. Und wenn doch, dann nie wieder. Niemals!«

Am nächsten Tag kicherte ich nicht mehr. Ich hatte nur noch zwei Sätze. Es funktionierte, ich funktionierte. Caspar war freundlich, aber distanziert. Nach Drehschluss, es war mein letzter Tag am Set, wurde ich das erste Mal schwach. »Sehen wir uns? Wieder?«, schrieb ich ihm per SMS. Er antwortete nicht. Tagelang nicht. Wochenlang nicht. Ich litt, ging zur Arbeit, hörte Musik und redete mir ein, dass Künstler wohl offenbar so seien. Ein bisschen verrückt. Ich war sogar bei der Premiere des Films, weil ich darüber für die Zeitung schreiben musste. Mein Auftritt dauerte wirklich nur ein paar Sekunden. Mein Artikel war euphorisch. »Der Regisseur kann was, keine Frage«, schrieb ich und das meinte ich genau so. Was für eine Inszenierung.

23. GESCHICHTE VOM SEX MIT KOLLEGEN

Die Welle des Grauens

*Ellen (31), Reederei-Angestellte, Hamburg,
über
Frank Hummel (41), Reeder, Hamburg*

Ich glaube, es war der braune Tequila. Oder waren es zwei, die ich kurz nacheinander kippte? Das Zeug ist jedenfalls teuflisch. Und eigentlich weiß man ja, dass man auf Weihnachtsfeiern besser die Finger von teuflischen Spirituosen lässt. Aber Fräulein Walde konnte sich mal wieder nicht bremsen und wollte den Herren mit den Goldknopf-Sakkos ihre Trinkfestigkeit beweisen. Tja, so stand ich irgendwann kurz nach Mitternacht allein an der Bar, versuchte, mich unauffällig an einem der lederbezogenen Hocker abzustützen und spürte es wieder in mir hochsteigen. Das allmächtige »Vamp-Feeling«, wie ich es nenne.

Wenn ich richtig betrunken bin, fühle ich mich unwiderstehlich, wie die schärfste aller Frauen, wie das schönste aller Mädchen. Ich bin die Königin der Welt! So weit sollte es eigentlich nie kommen, weil ich in diesem Zustand zu allem fähig bin – und wenn ich Pech habe, erinnere ich mich am nächsten Morgen auch noch genau, was ich angerichtet habe. Aber nichts kann mich in diesen Momenten zurückhalten. Ich war vor den Kollegen geflohen, stand allein mit meinem weißen Hosenanzug, den schwarzen Pumps und einer warm aufsteigenden Hybris im Au Quai am Hamburger Elbufer. An einer Bar steht man nicht mit leeren Händen und weil ich meinen Shiraz auf einem der rotweinbefleckten, weiß gedeckten Tische verloren hatte, bestellte ich mir einen Tequila. Oder zwei, keine Ahnung. Cola light wäre vernünftiger gewesen, war mit meinem Zustand der Unwiderstehlichkeit aber auf keinen Fall zu vereinbaren. Ein Vamp trinkt keine Brause. Okay, mexikanischer Agavenschnaps mag auch nicht die Krönung der Destillerie sein, aber mein Urteilsvermögen war bereits eingeschränkt.

Um mich herum Männer in blauen Sakkos, mit Einstecktüchlein und Budapester Schuhen, die sich angeregt und Weingläser schwenkend mit Frauen in teuren Blusen, mit Perlenohrsteckern und Prada-Pumps unterhielten. Hanseaten eben, genau das, was man in einer Traditionsreederei so erwartet. Trinken können die alle gut, aber ich vermute, sie können es auch alle besser vertragen als ich und betrachten Alkoholkonsum nicht als Leistungssport. Ich hatte mein Trainee-Programm gerade angefangen und passte noch nicht so richtig in diese marineblaue Hanseaten-Welt. Aber ich war fest entschlossen, in zwei Jahren auch so zu sein wie Hilke, Sophie und Sandra, meine Kolleginnen, alle drei mehr oder weniger blond, alle drei bevorzugt in Burberry-Outfits unterwegs – und alle drei latent verknallt in Frank Hummel, unseren Juniorchef. Was mir in dem Moment herrlich egal war, ich kippte den oder die Drinks, machte mir eine Zigarette an und sah mich um. Ich brauchte dringend Aufmerksamkeit. Männliche Aufmerksamkeit. Hicks! Verdammt, nicht auch das noch. Ich hatte einen Schluckauf, wie peinlich. Und wie verräterisch. Schnell bestellte ich noch einen doppelten Jägermeister, das half meistens. Hicks! Widerliches Zeug, aber ich kippte die braune Plörre ohne Rücksicht auf meinen Würgreflex hinunter und atmete tief durch.

Und dann sah ich ihn. Er stand höchstens zwei Meter von mir entfernt an der Bar. Oje, hoffentlich hatte er mein Hicksen nicht gehört. Ich zählte innerlich bis zwanzig, nichts passierte. Der Kräuterschnaps schien gewirkt zu haben. Dann straffte ich meine Schultern und warf einen lasziven Blick nach rechts. Aber der Juniorchef reagierte nicht. Wie auch, er unterhielt sich gerade, nippte ab und zu an seinem Whisky Sour und würdigte mich keines Blickes. Frank Hummel. Der Sohn von Richard Hummel – dem Reeder, in dessen Laden ich gerade dabei war, mir den Ruf zu versauen. Mit Frank hatte ich bisher nur oberflächlich zu tun gehabt, ich war im Crewing-Office, er für die Vercharterung der Flotte zuständig. Hummel Junior hatte ein großes Büro mit Elbblick, eine muffelige Sekretärin namens Hanne und ständig Konferenzen und Besprechungen mit wichtig dreinblickenden Anzugträgern. Meine Kollegin Sandra behauptete, er wäre ein »Menschenfänger«, was für ein gruseliges Wort, aber angeblich sorgte er dafür, dass es der Reederei wirtschaftlich blendend ging. Ein Mann mit Macht, genau das, was ich jetzt brauchte. Ich trat einen Schritt näher an ihn heran. Wo war meine Kippe? Hatte ich nicht eben noch geraucht?

Egal, hektisch fummelte ich in meiner Fake-Vuitton-Handtasche herum und zog mir eine neue West Light heraus. Betont langsam. Verdammt, der musste mich doch mal sehen! Langsam wurde mir blümerant, Tequila und Jägermeister waren dabei, sich in meinem Magen zu einem unappetitlichen, aber explosiven Gebräu zu vermengen. Dazu noch der Rotwein. Eine ekelhafte Bowle, die an meinen Magenschleimwänden hochschwappte. Hoffentlich geht das gut, dachte ich. Ich musste kurz, aber heftig aufstoßen. Oh nein, bloß nicht wieder ein Schluckauf.

Ich brauchte dringend ein neues Getränk, aber erst mal brauchte ich Feuer. Ich schob mir die Kippe in den Schmollmund und durchwühlte mein Täschchen noch mal ganz besonders demonstrativ. Das musste der doch sehen! Und der musste doch Manieren haben! Ja, die hatte er. Plötzlich flammte es vor mir auf, dahinter erkannte ich schemenhaft das lächelnde Gesicht des Reederei-Erben. Ich bemühte mich, gleichzeitig am Filter zu saugen und verführerisch zu lächeln. Ersteres gelang mir nur mangelhaft, nach dem ersten Zug erlosch die kümmerliche Glut und ich schob mir die Kippe noch mal in den Mund. »Sorry«, stieß ich heiser hervor, »ich brauch noch mal Feuer.« Wieder das wortlose Aufflammen. Danach zwinkerte er mir kurz zu und ich klammerte mich ein bisschen fester an den Barhocker. Jetzt unbedingt gerade bleiben! »Einen Whisky Sour, bitte«, rief ich der Bedienung mit sportlichem Bob zu. Whisky Sour, geiles Zeug! Das würde mich jetzt nach vorn bringen.

Ich griff nach dem Glas und prostete dem Junior zu. Nur schaute der schon wieder ganz woandershin. Verdammt. Ich versuchte es noch mal, schwenkte mit dem vollen Glas hin und her, mein Lächeln schon eine eingefrorene Fratze. Guck doch bitte mal her! Der Inhalt des Glases schwappte über, lief mir über die Finger, ich schwenkte weiter. Da! Er blickte herüber. Hob lächelnd sein Glas, trat sogar einen Schritt näher an mich heran und ich knallte meinen Whisky Sour gegen seinen, dass es schepperte. Sein Gesprächspartner hob ebenfalls sein Bier. Ein dicker Typ mit spärlicher Kopfbehaarung, auch er prostete mir grinsend zu. Nein, nein, weg mit dem! Ich konzentrierte mich voll auf Frank Dingenskirchen, äh, Hummel.

»Du bist doch Ellen, oder?« Ellenbogen? Was war mit meinem Ellenbogen? Ich verstand kein Wort und machte es wie einst Maren Gilzer, die Glücksrad-Buchstabenfee: Ich grinste über beide Backen und blickte ausdruckslos ins Leere. Dann nahm ich einen tiefen Schluck von dem gelblichen Getränk in meinem Glas. Verdammt, was hatte ich denn da schon wieder bestellt? Ach ja, Whisky Sour. Lecker, geiles Zeug. »Ich bin Ellen Walde«, brachte ich hervor. »Die neue Trainee-Hoffnung in der Geschäftsführung!« Oha, der Satz klang vorbildlich gerade und hoffentlich selbstironisch. Ich, die Trainee-Hoffnung! Haha! Ach je, ich hatte es eben doch drauf. Humor und Sexappeal zugleich, darauf kam es an!

Ich schickte noch ein verführerisches Lächeln hinterher. Frank Hummel trat noch einen Schritt näher. Die Musik (Genesis: *In the Air tonight*) war plötzlich extrem laut und ich beugte mich vor. »Wie bitte?«, rief ich. »Ich habe nichts gesagt«, entgegnete Frank Hummel. »Dann sag doch jetzt was!« Er lächelte mich an. Ich lächelte zurück. Klarer Fall, der wollte es auch. Was eigentlich genau? Egal, ich unterhielt mich mit dem zweitwichtigsten Mann der Reederei Hummel und das entsprach gerade genau meinem Vamp-Feeling. Sollten die anderen doch über Bruttoregistertonnen palavern! Ich hatte Besseres zu tun.

Dummerweise fiel mir jetzt zum Erbrechen keine geistreiche Bemerkung mehr ein, also orderte ich noch einen Whisky Sour. »Du hast doch noch ein volles Glas«, raunte der Hummel mir zu. Ach ja, schau an, da stand es. »Oh«, sagte ich nur und probierte es mit meinem Prinzessin-Diana-Gedächtnisblick: Schön von unten nach oben und die Augen tüchtig aufreißen. Wieso duzte der mich eigentlich? Das hatte er noch nie gemacht. Er lächelte und schaute mich mit seinen großen braunen Augen amüsiert an. Ich war motiviert, schaute zurück, schweigend. Bloß nichts Falsches mehr sagen. »Du bist wirklich ein Lichtblick im Büro, das denke ich jeden Tag«, sagte er. »Du bist keine von den Perlen-Paulas, die bei uns so rumstaksen. Und du hast frische Ideen, das fällt mir schon seit Längerem auf.« War das nun ein Kompliment?

Ich hatte das Gefühl, mir hätte jemand Tapetenleim in den Kopf gepumpt. In Ermangelung verbaler Kompetenz machte ich weiter mit dem Maren-Gilzer-Grinsen. »Dienstag sollten wir mal zusammen Mittag essen. Ich denke, das Crewing ist auf Dauer nicht so deins.« Es ging also um den Job, aha. Ich ärgerte mich ein bisschen, dass ich so betrunken war, womöglich bot sich gerade die Chance für einen kometenhaften Aufstieg in der Reederei Hummel. Sei es drum. Ich wollte doch viel lieber knutschen!

»Ja, ja, machen wir«, stieß ich mühsam hervor und musste schon wieder aufstoßen. Ungehemmt ließ ich den Magenwinden freien Lauf. In dem Moment wurde es still. Mein rülpsiges »Öhrps!« kam gut hörbar hervor. Oh Gott! Boden, tu dich auf und friss mich, dachte ich, ob dieser monumentalen Peinlichkeit schlagartig ernüchtert. Doch der Erbe bewies Hanseatentum und ignorierte mein unappetitliches Aufstoßen. »Der DJ hat Feierabend. Was machen wir jetzt?« Dabei schaute er mich an und nicht seinen halbglatzigen Gesprächspartner. »Wir fahren ins Mary Lou's«, rief ich, plötzlich wieder voll dabei. Ich sah Chancen. Chancen, meine gefühlte Unwiderstehlichkeit auszuleben. Das Rülpsen hatte er womöglich doch gar nicht mitbekommen! Der Mann war ja auch nicht mehr ganz nüchtern. Ich zupfte ihn neckisch an seinem schwarzen Jackett: »Lass uns los. Hier geht nichts mehr!«

Zehn Minuten später saßen wir in einem Taxi. Er rechts, ich links auf der Rückbank. Der dicke Gesprächspartner war irgendwo zwischen Bar und Garderobe abhanden gekommen, meine Hemmungen erwiesenermaßen schon deutlich früher und so rutschte ich näher an ihn heran. »Zur Straßburger Straße«, sagte ich zum Fahrer. Frank Hummel küsste mich. Er küsste mich so gut, wie es in einem Taxi mit verrenktem Hals eben geht. Unglaublich, unfassbar, ich saß auf der Rückbank eines Taxis und knutschte mit meinem Chef! Und er fand es gar nicht eklig, dass ich eben noch kräftig gerülpst hatte! Gut gemacht, mein Ego gratulierte mir zu diesem Fang. »Hmmm«, stöhnte ich und schielte in den Rückspiegel des Taxifahrers. Guckte der, wie ich den Reeder-Erben knutschte? Er guckte nicht. Schade, ich hätte glatt noch eine kleine Extra-Show hingelegt. Mein verhängnisvolles Vamp-Programm lief auf Hochtouren, ich wollte die Königin der Welt sein. Und wenn die Welt nur so groß war wie das Taxi!

Wandsbek – das war ganz bestimmt nicht so Hummels Ecke. Ich wohnte in einem Backstein-Nachkriegsbau mit dem Charme eines Karnickelstalls. Als ich die Tür aufschloss, waberten uns unbestimmte Essensdünste entgegen. Und das nachts um drei, meine Nachbarn hatten sie auch nicht mehr alle. Beim Hochsteigen in den dritten Stock fielen mir das erste Mal die Schmierereien im

Treppenhaus auf: »Maja ist ne Votze.« – »Nils holt die Pozilei!« Meine Tarnung als gut betuchte Hanseaten-Tussi mit Perlenohrsteckern war gerade so was von aufgeflogen. Eine wie ich passte einfach nicht in eine Reederei. Er würde sich das mit meinem kometenhaften Aufstieg wohl doch noch mal überlegen. »Wow, das ist ja *real life* hier, sehr authentisch«, stieß Frank Hummel hervor. *Real life*, ja, so konnte man es auch nennen – in Blankenese gab es so was sicher nicht. Als ich ihn vor mir im Flur stehen sah mit seinen maßangefertigten Lederschuhen und dem teuren Anzug, umrahmt von meinem halbleeren Wäscheständer, Klamottenbergen und herumliegenden Frauenzeitschriften musste ich grinsen. Was für ein bizarrer Anblick! Mein Chef war *out of office*, mitten in meinem Real-Life-Chaos! »Das ist ja schön hier«, sagte Frank Hummel und sein Blick verriet, dass er es ernst meinte. »So echt. Rock'n'Roll-mäßig, finde ich. So ähnlich haben die Beatles 1960 hier bestimmt auch gelebt.« Oje. Ein Sozialromantiker. »Äh, die hatten bestimmt kein *Cosmopolitan*-Abo«, bemerkte ich trocken. Bevor er antworten konnte, schlang ich die Arme um seinen Hals und küsste ihn. Bloß keine Gespräche mehr, mein Vamp wollte sich nicht die Stimmung verderben lassen.

Ich zog ihn auf mein praktischerweise ausgeklapptes Schlafsofa und während wir knutschten, ließ ich heimlich meine grün karierte Schlafanzughose hinter der Lehne verschwinden. Ich machte beim Küssen immer wieder die Augen auf. Ja, er war es. Der scharfe Reederssohn, total enthemmt auf meiner Ikea-Couch. Er streichelte mich hingebungsvoll, zog mir vorsichtig meine Hose aus. »Du bist schön, so schön«, seufzte er und ich seufzte auch. Mehr ging nicht. Er rutschte ein Stück herunter und küsste mich zart, wanderte immer tiefer und streichelte mir dabei den Bauch. Es machte mich so geil, seinen Kopf zwischen meinen Beinen zu sehen, dass ich laut aufstöhnte. Frank Hummel, Juniorchef einer angesehenen Hamburger Reederei, leckte mir in einem Nachkriegsbau in Hamburg Wandsbek die Muschi. Großartig.

»Und jetzt fick mich«, stöhnte ich, zog seinen Kopf hoch und hielt die Luft an, weil sich schon wieder ein deftiger Rülpser ankündigte. Er blickte mich an, küsste mich tief, gierig und glücklicherweise ohne unappetitlichen Zwischenfall. Dann flüsterte er: »Du bist so heiß! Voller Magie!« Das war ja fast besser als eine Gehaltserhöhung! Mehr davon! Ich stöhnte noch lauter, noch fünf solcher Sätze und ich würde einen Orgasmus haben, ohne dass er mich noch ein Mal berühren musste. Er drehte mich auf den Bauch, machte seine Hose auf und schob seinen Schwanz in mich. Langsam und rhythmisch vögelte er mich von hinten, ich konnte es nicht lassen, immer wieder seinen Namen zu stöhnen.

»Frrrank! Oh ja, Frrank!« Ich fand es nur schade, dass ich keinen Spiegel über dem Sofa hatte, so musste ich mir das Bild vorstellen, das wir gerade boten. Er kam laut über mir. Sehr laut, er klang wie ein Tier, ein großes, pelziges Tier. Dabei hatte er kaum Brustbehaarung. Ich hatte kurz zuvor festgestellt, dass ich für einen Orgasmus leider zu betrunken war und mit gekonntem Stöhnen flott einen vorgetäuscht. Frank Hummel brach über mir förmlich zusammen, ließ sich einfach auf mich fallen. »Uargh, ich ersticke«, japste ich. Das war allerdings nicht das wesentliche Problem.

Das wesentliche Problem war das toxische Tequila-Whisky-Rotwein-Gemisch, das sich aufmachte, den Weg zurück in die Mundhöhle zu finden. Eine alkoholische Welle des magensaftdurchsetzten Grauens drohte, mit Wucht aus mir herauszuschießen. »Wrghh«, grunzte ich. Der Reederei-Erbe rührte sich nicht. War der auf mir eingepennt? »Frrrrrnk!«, versuchte ich es mit letzter Kraft, doch es war zu spät. Ich spürte, wie ein neuer, noch vernichtenderer Alkohol-Tsunami mit Matjeshäppchen aus meinem Magen schoss. Ich gab ein heiseres Ächzen von mir, versuchte, den Mund geschlossen zu halten, um das Verderben zu stoppen. Bitte, bitte, bitte! Nicht jetzt!

Und dann brach es aus mir heraus. Ein roter, stückchendurchsetzter Strahl, eine hochprozentige Bowle übelriechender Flüssigkeit schoss aus meinem Mund. Ich kotzte mein Sofa voll – und die Hand von Frank Hummel, die schlapp neben mir gelegen hatte. Und die jetzt in die Höhe schoss. »Oh mein Gott«, brüllte er und plötzlich war er sehr, sehr schnell und sprang von mir.

»Ich, äh, Entschuldigung«, stammelte ich mit hervortretenden Augen. Aber es war noch nicht vorbei. »Uaaaargh!«, noch ein Schuss Kotze. Der Geruch war das Schlimmste. Ich hustete, würgte, keuchte. Frank Hummel stand mit heruntergelassener Hose und angestrengt neutralem Blick vor meinem Sofa. Seine hanseatische Höflichkeit kämpfte mit monströsem Ekel. Ein inneres Gemetzel und eigentlich ein unfassbar komischer Anblick. Aber mir war eher nach Sterben zumute. In meinem Wohnzimmer stank es mittlerweile schlimmer als im Schulklo nach der Abifete. »Du Arme«, murmelte Hummel halb erstickt und zog sich schnell die Hose hoch. Ich wischte mir über den Mund, drehte mich um und sah ihn an. Hilflos. Schwer atmend. Ohne Maren-Gilzer-Grinsen.

Frank Hummel verließ meine Wohnung wenig später und hat sie seitdem nie wieder betreten. Die zartroten Umrisse meines Kotzflecks auf meinem Sofa werden mich für immer an diese Nacht erinnern. Er selbst hat selbstverständlich niemals ein Wort über die Ereignisse verloren. Aber er hat mich befördert, ich bin jetzt allein für den Bereich Versicherungen verantwortlich. Der Mann vermischt Privates und Geschäftliches eben nicht. Ich hoffe, mir gelingt das in Zukunft auch.

24. GESCHICHTE VOM SEX MIT KOLLEGEN

Eine Bilderbuchfamilie

*Nicoletta (32), Juniorchefin, Bremen,
über
Sven (39), Architekt, Bremen*

Georg Graf, Unternehmen für Laden- und Trockenbau in Bremen. Das ist die Firma meines Vaters. Ich bin seine einzige Tochter und werde den Laden eines Tages erben. Das heißt, wir werden den Laden eines Tages erben, Sven und ich. Als gutes Mädchen habe ich mir nämlich einen Gatten geangelt, der perfekt ins Unternehmen passt. Sven ist Architekt und mein Vater könnte gar nicht glücklicher sein über unsere Ehe. Ich schon, wenn ich ehrlich bin, aber ich glaube, ich muss das jetzt durchziehen. Vor drei Monaten habe ich nämlich festgestellt, dass ich schwanger bin. Da wächst der nächste Firmenerbe heran, ich werde ihn und seine Schwester großziehen und wir werden eine Bremer Bilderbuchfamilie sein. Die schöne blonde Tochter vom alten Graf, der smarte Architekt, Typ George Clooney, die zweijährige Lea und der kleine Christian. Auf den Namen für unseren Sohn haben wir uns nämlich schon geeinigt. Wir einigen uns immer irgendwie. Wir sind ein gutes Team. Und dass mir etwas fehlt, nämlich das Gefühl, den Richtigen geheiratet zu haben, das würde niemand glauben. Mein Vater, unsere Freunde, Ines, die Sekretärin – alle halten uns für das ultimative Traumpaar.

Manchmal kotzt es mich an, dass ich mich so angepasst habe. Ich bin eine Bremer Bürgerstochter und so sehe ich auch aus, wenn ich in den Spiegel schaue: blond, hochgewachsen, schlank und immer gut angezogen. Attraktiv und clean, die perfekte Ehefrau. Eine tadellose Verwandlung – denn das war nicht immer so. Ich war mal eine Rebellin. Wild unterwegs im Nachtleben, mit den falschen Freunden, zu viel Alkohol und zu vielen Drogen. Papa machte sich Sorgen um sein Töchterchen, wenn es wieder mal die Nacht durchfeierte und mit zerrissenen Strumpfhosen und roten Augen nach Hause kam. Meine heftige Phase dauerte so lange, bis ich Sven traf und der sich trotz derber Bikerboots und meiner Vorliebe für zu kurze Röcke in mich verliebte. Hätte er vielleicht lieber drauf verzichten sollen.

Mein Vater hat Sven eingestellt, wir brauchten für den Bau einer Reha-Klinik in Graal-Müritz einen Bauleiter. Harry, ein befreundeter Architekt, schlug Sven Michelsen vor, mein Vater lud ihn zum Gespräch und ich sah ihn das erste Mal, als er mit seinem braunen Saab auf dem Hof vorfuhr. Als er eine Stunde später wieder davonbrauste, herrschte im Büro die totale Hysterie. Die Auszubildende Julia stammelte Superlative vor sich hin (»Der schönste Mann, den ich je gesehen habe!«) und Ines, die Sekretärin meines Vaters, bekam fast Schnappatmung. »Oh Gott, oh Gott! Der Typ sieht ja aus wie ein Filmstar! Den müssen wir einstellen! Nicoletta, hast du den gesehen?« Ja, ich hatte den gesehen. Und ich war überhaupt nicht beeindruckt.

Sven Michelsen entsprach exakt meinem Antityp – weil er genau der Typ Mann war, auf den Frauen stehen. Groß, durchtrainiert, leicht graumelierte Schläfen, Siegerlächeln. Und um die Coolness perfekt zu machen, fuhr er einen braunen Saab. Ach je, wie individuell, wie lässig! Ich mag Männer mit Charakter, mit Ecken und Kanten, an denen man sich stoßen kann. »Ja, den habe ich gesehen. Ein Schönling, ein Waschlappen. Frage mich, ob der was kann«, antwortete ich. »Oh ja, der kann was, da bin ich mir ganz sicher«, sagte Ines mit einem Grinsen. »Was ist denn mit dir los? Du bist ja total enthemmt, nur weil hier so ein aufpolierter Casanova seinen Perlweiß-Charme versprüht!«, ich war wirklich fassungslos. Ines war normalerweise genau das, was man sich unter einer Vorzimmerdame vorstellt. Dezent gekleidet, Pferdeschwanz, ruhig, unauffällig und stets zu Diensten. Offenbar hatte sie zu lange keinen Mann mehr im Bett gehabt. Die brauchte es mal wieder. Jetzt wurde ich aber gehässig, pfui! In dem Moment kam mein Vater aus seinem Büro. »Was für ein Lackaffe«, stöhnte er. »Der sieht aus wie Clooney für Arme und macht hier einen auf Charmebolzen!« Ja, mein Papa und ich, wir haben eben viel gemeinsam. »Aber er hat Ahnung. Und er hat geputzte Schuhe, das gefällt mir. Er bekommt das Projekt.«

In den nächsten Wochen wurde aus Ines, der grauen Maus, so etwas wie ein hyperaktives Eichhörnchen. Allerdings nur mittwochs, denn Mittwoch war Michelsen-Tag. Da trug Ines ihm zu Ehren ihre frisch in Rot getönten Haare offen, brachte selbst gebackenen Marmorkuchen mit und starb fast vor Glück, wenn Sven ihr ein paar Sätze und ein Lächeln schenkte und anschließend zwei bis drei Stücke Kuchen verdrückte. Bei mir versuchte er es auch mit seiner Herzensbrecher-Masche. Er lächelte, war charmant, machte mir Komplimente.

Einmal erwähnte er sogar, dass er meine Lederstiefel gut fand. Ich hätte fast laut losgelacht. Was für ein Schleimer! Der lief immer im frisch gebügelten Hemd herum und wollte mir erzählen, dass er auf Frauen in Bikerboots stehe? Ja klar, dachte ich, wenn sie die Tochter vom Chef ist, dann findet er sie auch in rosa Frotteepantoffeln gut. Ich bemühte mich, unsere Gespräche so sachlich wie möglich zu halten. Mich interessierten die Baufortschritte in der Reha-Klinik an der Ostsee, nicht Svens zugegebenermaßen ziemlich charmante Bemerkungen über mein Outfit. Sven war rhetorisch eine glatte Eins, erzählte jede Woche, wie gut es lief. Alles bestens, alles prima, unser Architektenheld hatte selbstverständlich alles im Griff, die Feuerschutzwände würden nächste Woche eingezogen werden und pünktlich zur Bauabnahme wäre alles picobello.

»Ich habe mir etwas überlegt«, raunte mir Ines an einem Mittwoch ins Ohr, nachdem Sven gerade in seinen braunen Saab gestiegen und abgerauscht war. »Du verstehst dich doch ganz gut mit ihm. Und ich bin wirklich verliebt!« Was sie mir dann vorschlug, bescherte mir einen Abend, der unfassbar öde anfing und mit einer berauschten Liebeserklärung endete.

Unser Treffen eine Woche später begann allerdings erst einmal mit einer Katastrophe. Herbie, der schnauzbärtige Bauleiter aus Graal-Müritz, hatte Alarm geschlagen. Kurz vor der Bauabnahme hatte er festgestellt, dass einige Wände nicht die geforderte Feuerbeständigkeitsklasse 90, sondern nur F 30 besaßen. Der Telefonhörer platzte fast, so laut brüllte Herbie derbste Beschimpfungen. Mein Vater war stinksauer, ich ein bisschen hilflos. Ich arbeitete ja erst seit ein paar Wochen in der Firma und das eigentlich nur, weil Papa mein ausschweifendes Partyverhalten missfallen hatte und er wollte, dass ich nach meinem Studium endlich mal arbeitete. Ehrlich gesagt, was nun der Untschied zwischen F-90- und F-30-Wänden war – das war mir schnurzegal. Schien aber wichtig zu sein und so guckte ich betroffen aus der Wäsche.

Sven hingegen blieb ganz ruhig. Er nahm meinem Vater den Hörer aus der Hand und nach fünf Minuten war die Sache geregelt. Er würde sich darum kümmern, dass die Wände ordnungsgemäß bis zur Bauabnahme eingezogen würden. Er war völlig entspannt, kein bisschen triumphierend, kein bisschen überheblich. Mein Vater klopfte ihm anerkennend auf die Schulter. Ich schaute ihm bewundernd in die grünen Augen. Er lächelte. Ich lächelte zurück. Er wandte seinen Blick nicht ab. Ich auch nicht. Ich spürte ein Kribbeln. Er auch? Ich lächelte einfach noch ein bisschen weiter. Bis die Tür plötzlich aufging und Ines hereinkam. »Kaffee? Ich habe auch lecker, lecker Zitronenkuchen!«, flötete sie und warf mir einen verschwörerischen Blick zu. Ach ja, das. Unsere Absprache, hatte ich fast vergessen. Aber nach seinem Auftritt heute passte die mir ganz wunderbar in den Kram.

Bevor Sven wieder in seinen Saab stieg, zupfte ich ihn an seinem Designerhemd. »Wollen wir nicht noch ein Bier trinken gehen? Auf deinen heldenhaften Einsatz?«, fragte ich. Er antwortete mit George-Clooney-Lächeln und einem begeisterten Ja. Eine Stunde später saßen wir in einem Bremer Gartenlokal. Fünf ungestörte Minuten lang. Dann kam es, wie es kommen musste – weil es so abgesprochen war: Ines tauchte auf, im Schlepptau ihren trotteligen Exfreund, der als Tarnung herhalten musste. »Huuuhuuu«, rief sie schon von Weitem und bahnte sich ihren Weg an unseren Tisch.

»Ach neee, das wir uns hier treffen! Zufälle gibt's! Wie schön, Sven, Sie sind auch hier, ach, das freut mich aber.« Sie übertreibt es mit der guten Laune, dachte ich nur. So wird das nie was. »Das ist Günter, ein Bekannter von mir!«, stellte sie ihren blass-dicklichen Anhang vor. Günter hatte offenbar nicht mal die Kraft, sich gegen die Bezeichnung »Bekannter« zu wehren – obwohl er fast fünf Jahre mit Ines zusammengelebt hatte. Er ließ sich wie ein nasser Sack auf den Stuhl neben sie fallen und bestellte ein Radler. Ines ließ ihre Weißweinschorle unangetastet, sie plapperte ohne Unterbrechung. Irgendwann erklärte sie uns sogar Schritt für Schritt, wie sie ihren Zitronenkuchen anrührte, damit er so zitronig wurde. Oh Gott. Bei unserer sonst so diskreten Sekretärin führte Aufgeregtheit offenbar zu massivem Wortdurchfall. Sven sah mich zwischendurch hilfesuchend an und schnitt heimlich Grimassen. Ja, ich fand ihn schon ganz süß, wie er da so saß, unfassbar gut aussah und dabei auch noch witzig sein konnte. Und als ich seine SMS las, musste ich laut kichern: »Hast du Drogen für mich? Ich halte das nicht mehr aus! Sven« Klar hatte ich Drogen, ein bisschen Gras hatte ich damals immer in der Tasche und so antwortete ich: »Zahl die Rechnung, wir verschwinden und du lässt dich überraschen!«

Ines guckte mittelschwer entsetzt, als Sven und ich gemeinsam das Lokal verließen. Aber sie ließ sich nicht wirklich was anmerken, ich war schließlich die Tochter vom Chef und hatte ihr immerhin eine Chance bei unserem Bremen-Clooney verschafft. Dass der jetzt lieber mit mir abzog, lag sicher nicht daran, dass ich ihn so gnadenlos angeflirtet hatte. »Meintest du das ernst mit den Drogen?«, fragte ich ungläubig, als wir im Auto saßen. »Ja, na klar. Ich habe seit 15 Jahren nicht mehr gekifft. Hast du Gras dabei? Wäre doch lustig!« Ich war perplex. Das hätte ich Mister Superclean im weißen Hemd nun wirklich nicht zugetraut. Aber es versprach, lustig zu werden!

Wir hielten auf einem Waldweg, ich baute uns, immer noch staunend, einen Joint und reichte ihn Sven. Der nahm einen tiefen Zug. Und damit hatte sich der Herr Architekt tüchtig verschätzt! Er musste schwer husten, rauchte aber tapfer weiter. »Du bist eine tolle Frau«, sagte er unvermittelt, als er mir die Tüte herüberreichte. »Weil ich Gras in der Tasche habe?«, fragte ich und nahm einen Zug. »Nein, weil du bist, wie du bist. Unangepasst und lustig.« Er grinste. »Gib noch mal was rüber, ich brauch noch ein paar Züge, um weiterzureden.« Halt mal, der Mann, der hier neben mir in seinem Saab saß, war derselbe, der eben den tobenden Bauleiter beruhigt hatte? Dieser supersouveräne Sonnyboy war verlegen? »Du bist, äh, so anders. Auch schön. Sehr, sehr schön«, seufzte er und sah mich mit verklärtem Blick an.

Holla, das Zeug schien ja zu wirken. Sven nahm meine Hand und betrachtete sie. »Rote Nägel, du hast rote Fingernägel. Wie schööön.« Er sah auf und grinste. Ich konnte es immer noch nicht fassen, war aber auch irgendwie sehr gerührt. Wie süß er aussah, wenn er mich so duselig anlächelte. »Küsst du mich?«, fragte Sven. Absurd, wirklich absurd! Die meisten Frauen würden sich den kleinen Zeh dafür abschnippeln, dass dieser Mann ihnen diese Frage stellte. Und ich? »Hmmm, na gut«, sagte ich und beugte mich zu ihm hinüber. Er küsste ganz zart, gar nicht so, wie ich es erwartet hatte. Während wir uns küssten, nahm er meine Hand und streichelte sie sanft. Was für ein Romantiker! Ob das am Gras lag?

Er zog mich zu sich herüber, was wegen der Mittelkonsole des Saabs gar nicht so leicht war. Aber nach viel Geruckel saß ich auf seinem Schoß, wir knutschten und er schob mir meinen schwarzen Minirock hoch. Ich streichelte seine Brust, spürte seine Muskeln durch das Hemd und ja, es gefiel mir sehr gut, einen so durchtrainierten Mann in den Armen zu haben. Ich knöpfte sein Hemd auf, wow, er sah einfach verdammt gut aus.

Ob sich das so fortführte? Ich öffnete seinen Gürtel, rutschte ein Stück nach hinten, um ihm die Hose herunterzuziehen – auch das war in dem engen Auto gar nicht so einfach. Er trug Boxershorts von Hugo Boss, ein Mann mit Geschmack vom Scheitel bis zur Unterhose eben. Deren Inhalt war allerdings nicht ganz so voluminös, wie ich erhofft hatte – aber jeder Mensch hat eben so seine Schwächen. Ich konzentrierte mich wieder auf seinen Oberkörper und sein Gesicht, das mich selig anlächelte. »Ich will dich spüren«, flüsterte er und seufzte. Was Sven durch Größe nicht erreichte, das machte er durch Technik wett. Zumindest bei unserem ersten Mal. Vielleicht hatte das Gras eine stimulierende Wirkung auf ihn, keine Ahnung. Wir haben es nie wieder ausprobiert.

Nach unserer Nummer auf dem Fahrersitz hatte ich blaue Flecken auf dem Rücken, weil ich bei meinem heftigen Auf und Ab immer wieder ans Lenkrad gestoßen war. Aber das war mir egal. Sven hatte keins meiner Vorurteile bestätigt, er war weder oberflächlich noch bieder noch arrogant. Sondern ein extrem gutaussehender, charmanter Kerl. Sicher nicht meine große Liebe, aber perfekt für eine Sommeraffäre. Und die hatten wir! Sven bewunderte und beschenkte mich, lud mich zu Kurztrips nach Florenz und nach Ibiza ein, es war alles schön, leicht und lustig mit ihm. Trotzdem sagte ich es nicht meinem Vater, der ihn inzwischen auch sehr mochte. Ich hatte keine Lust auf ständige Nachfragen und auf lästige Erklärungen, wenn es irgendwann vorbei sein würde.

Aber es wird nicht vorbei sein. Acht Wochen nach unserem ersten Mal war ich schwanger. Ein Unfall, ich hatte die Pille ein paar Mal vergessen. Sven war außer sich vor Freude – ich wusste nicht genau, was ich fühlte. Ein halbes Jahr später haben wir geheiratet. Mein Vater war glücklich, Ines verdrückte bei der Trauung ein paar Tränchen der Rührung und der Trauer, und ich? Ich war zufrieden, so wie ich jetzt auf eine gelassene, unaufgeregte Art zufrieden bin. Mit meinem Mann, der humorvoll, fürsorglich und attraktiv ist. Ein toller Mann, weiß ich ja. Wahrscheinlich hatte ich einfach immer falsche Vorstellungen von der ganz großen Liebe. In vier Monaten werden wir zum zweiten Mal Eltern, nach Lea wird es jetzt ein Junge. Mein Vater freut sich auf den Stammhalter. Ich habe mich perfekt in meine Rolle eingefügt und führe jetzt das, was man ein solides Leben nennt. Hoffentlich bleibt das so, hoffentlich mache ich in den nächsten Jahren keine Dummheiten. Meine Kinder sollen glücklich aufwachsen.

25. GESCHICHTE VOM SEX MIT KOLLEGEN

Family Affairs

*Karina (39), Marketingchefin, Hamburg,
über
W. (41), Vertriebsmitarbeiter, Bremen,
und
S. (44), Marketingchef einer Hotelkette, Düsseldorf*

Es ist schon seltsam: Bei all meinen wirklich wichtigen Männern, also meinen Exfreunden und Ex-Ehemännern (es sind zwei), gibt es kein Schema, kein Muster, sie hätten alle nicht unterschiedlicher sein können. Aber bei meinen »Freundschaften plus«, wie ich meine gelegentlichen Ausflüge in erotische Abgründe nenne, gibt es einen eindeutigen Prototypen. Braune halblange Haare, blaue Augen, nicht besonders groß und eher schmal als kräftig. Ja, so sehen sie aus, meine Lover. Sie ähneln sich, alle. Manchmal sogar zum Verwechseln ...

Die Geschichte ist wirklich unfassbar. Eine Story, die nur das Leben schreiben kann, in einer Welt, die verdammt klein ist – und verdammt durchtrieben.

Mein ultimativer Teilzeitlover, ich nenne ihn immer nur S., entspricht äußerlich all meinen Anforderungen. Ich habe ihn, wie die meisten meiner Eroberungen, im Job kennengelernt. Ich arbeite für einen Reiseveranstalter, er ist Marketingchef einer großen Hotelkette. Wir trafen uns auf einer Geschäftsreise, es gab ein Business-Dinner und dann den Klassiker: Gin Tonic an der Hotelbar, dann

Rotwein aus der Minibar und schließlich das betrunkene Finale im Hotelbett. Aber er konnte was, trotz geschätzten 2,3 Promille. Wir trafen uns gelegentlich, eine entspannte Freundschaft plus unter Kollegen. Allerdings neigt er dazu, anstrengend zu werden. So, wie Männer eben anstrengend sind: Mal meldet er sich so oft, dass es fast aufdringlich ist – mal schweigt er. Mal sagt er zu, um dann in letzter Sekunde mit lächerlichen Ausreden wieder abzusagen. Das ist mal spannend und mal ermüdend. Und als es gerade wieder ermüdend war, begann ich auf einer Dienstreise ein wesentlich vergnüglicheres Kapitel mit meinem ehemaligen Chef W. Ja, ich wildere eben gern in der Branche. Und bisher hatte ich Glück – meine Affären haben sich noch nicht von hier bis Waikiki herumgesprochen.

Also, zurück zu W. Wir kannten uns schon länger – er war während meiner Tätigkeit für einen Clubreisenanbieter mein Chef gewesen. Nach endlosen Konferenzen und abendlichen Terminen in Top-Restaurants passierte es dann. Mal wieder. Gemäß meinem Beuteschema ist W. eine Kopie von S. Aber wie frappierend die Ähnlichkeit der beiden wirklich ist, fiel mir erst auf, als ich irgendwann meine Lieblingsfotos der beiden verglich. Die zwei könnten Brüder sein! Wie geklont: W. eine jüngere Version von S. – irre. Ich legte das entlarvende Bildmaterial einigen Freundinnen vor. »Gibt's nicht«, »Das kann kein Zufall sein«, »Das *sind* Brüder«, lautete das einhellige Urteil der Fachfrauen. Ich fand es auch seltsam – aber ich erlebe nun mal öfter seltsame Dinge und dachte mir nichts weiter dabei. Schließlich hatten die Jungs unterschiedliche Nachnamen und wohnten auch noch weit voneinander entfernt. Das konnte ja nicht sein … oder doch?

Wann immer sich die Gelegenheit bot, traf ich mich weiterhin mit beiden. Wann immer es unsere Geschäftsreisen erlaubten, traf ich an den schönen Orten dieser Welt W. Er arbeitete immer noch bei dem Clubreisenveranstalter und war viel unterwegs. So wie ich. Zu Hause, wann immer er es erlaubte, traf ich S. Auch das war äußerst angenehm, wenn auch mit ein wenig Planungsaufwand verbunden – denn schließlich war er verheiratet. Aber was tut man nicht alles. Der Gedanke an die seltsame Ähnlichkeit und die Worte meiner Mädels ließen mich aber nicht ganz los – und ich begann darauf zu achten, ob Parallelen auftauchten. Ich fing an, Fangfragen zu stellen. Und tatsächlich: Es gab einige ähnliche Geschichten aus ihrer Vergangenheit, ähnliche Stationen im Leben und manchmal, manchmal sagten sie sogar im Bett Dinge zu mir, von denen ich dachte, ich hätte sie dem anderen schon mal erzählt. Es war alles merkwürdig.

Dann kam sie. *Die* Gelegenheit, es herauszufinden, die Jahrestagung des Tourismusverbands in Frankfurt. Wir alle drei würden dabei sein, das stand fest. Herrjemine – was wird das bloß, dachte ich. Ein ganz großes Fiasko, ein ganz großer Spaß oder gar … ein ganz großes Abenteuer? Jedenfalls ein ganz großer Showdown. Ich war auf alles vorbereitet. Und fest stand: Mein Outfit musste sorgfältig ausgewählt sein. Ich kombinierte die Lieblingsteile der beiden miteinander: das kleine Schwarze, das W. mir gern mal in einem unbeobachteten Moment hochgeschoben hatte, mit den schwarzen Prada-High-Heels, die ich beim Sex mit S. gern anbehalten hatte. Den roten Lippenstift, den S. immer per MMS sehen wollte, mit dem mädchenhaften Pferdeschwanz, den W. so sexy fand. Ich war bereit. Bereit, meinen beiden Freundchen unter ihre staunenden blauen Augen zu treten und zu sehen, ob es sich nun um einen riesigen Zufall handelte oder nicht.

Der große Tag war gekommen. Nach der Landung in Frankfurt halte ich schon am Flughafen Ausschau. Sehe ich W., die sportlich junge Version meines Prototypen in Jeans und engem Hemd? Im Abenteurer-Look mit Lederband um den Hals? Oder rieche ich den unvergleichlichen Duft des Älteren? S. bevorzugt Tweedmantel und Cordhosen, gibt optisch gern den Gentleman. Ich rieche kein betörendes Parfum – die Luft ist rein, ich stelle mich ans Gepäckband. Kurz darauf höre ich eine Stimme an meinem Ohr, die mich zum Erschauern bringt: »Scharfes Kleid – hallo meine Schöne!«

Es ist W. Es geht los. Ich freue mich, ihn zu sehen. Und ich bin wahnsinnig aufgeregt, spüre ein Ziehen im Magen und ein Kribbeln im kleinen Finger. Das habe ich immer, wenn ich maximal nervös bin. W. kommt mir nah, sehr nah, während wir auf unser Gepäck warten. Er streift meinen Arm. Seine Hüfte berührt meine, wie zufällig, er ist heiß – kein Zweifel. Auf dem Weg zum Lift sagt er mit seinem unwiderstehlichen österreichischen Dialekt: »Wie wär's mit einem kleinen Warm-up-Champagner – gleich bei dir oder bei mir im Hotelzimmer?« – »Keine Zeit, mein Schöner – ich muss mich fertig machen, in zwei Stunden geht der Empfang los.«

Die Stunde ist noch nicht gekommen – erst will ich wissen, ob ich mir alles nur eingebildet habe, oder ob die feinen Herren tatsächlich in engerem Verhältnis zueinander stehen. Im Fahrstuhl sind wir nicht allein – zum Glück. So bin ich vor W.s Kuss-Versuchen sicher. Nur ein Stockwerk und die Zeit reicht gerade, um sich kurz und bis gleich zu verabschieden. Ich hauche ihm ein Küsschen auf die Wange und fahre zusammen. Dieser dreiste, scharfe, schöne Kerl beißt mich schnell und heftig in den Hals. »Na, reiß dich zusammen«, sage ich mühsam beherrscht und fliehe schnell aus dem Fahrstuhl. Total elektrisiert.

Ich komme in mein Zimmer und weiß es sofort. Ich kenne seinen Geruch. S. war hier. Sein Aftershave liegt in der Luft.

Aber ich habe mich geirrt. Er war nicht hier – er *ist* hier. Dann sehe ich ihn: Er liegt auf meinem Bett, im Smoking mit der Fernbedienung in der Hand und guckt Damenfußball. Wie kommt der hier rein? »Hallöchen«, grinst er – er ist der einzige Mann der Welt, der auf wahnsinnig lässige Art ein wahnsinnig lächerliches Wort wie »Hallöchen« sagen kann. Spricht's und nimmt einen Schluck Beck's aus der Flasche, die Fliege des Smokings nur lose um den Hals hängend. »Wie kommst du hierher? Und was genau hast du dir dabei gedacht, du Pflaume? Schon mal was von Privatsphäre gehört?«, frage ich und es soll giftig klingen, aber ich fürchte, es klingt verdächtig amüsiert und verräterisch danach, dass ich mich auch freue, ihn zu sehen. »Ich habe da so meine Möglichkeiten«, erwidert S. »Und Privatsphäre? Ich bitte dich! Als wenn wir irgendwelche Geheimnisse voreinander haben müssten! Ich dachte, wir machen es uns vorher noch ein bisschen nett«, sagt er und klopft neben sich auf die Bettdecke, grinsend. Unverschämter Bursche.

»Freundchen, wir müssen in dreißig Minuten nach unten zu unserem Termin. Ich würde vorschlagen, du bringst mal fix deine Fliege in Form und das Einzige, was du jetzt machst, ist den Verschluss meiner Kette zu. Bitte sehr.« Ich drücke dem flotten Kerlchen meine Perlen in die Hand und stelle mich vor ihn – mit provozierend durchgedrücktem Rücken, den Hintern eine Spur zu sehr herausgestreckt und die Beine eine Idee zu weit gespreizt. Er überlegt – erhebt sich aber seufzend und schließt brav das Collier, genau an der Stelle, die noch vom Biss seines Bruders im Geiste brennt. »Prima, dann schau du noch fünf Minuten Damenkicken, ich gehe mich schnell schön machen«, sage ich und ignoriere, dass sich eine deutliche Erektion in der schwarzen Hose abzeichnet. Noch nicht, Süßer, noch nicht.

Fünfzehn Minuten später betreten wir den großen Saal. Wir gehen nebeneinander, wie immer wie zufällig, und verlieren uns beim Small Talk mit den Kollegen aus der Reisebranche schnell aus den Augen.

Ich plaudere und lächle, grüße und schüttele Hände und bin doch nicht bei der Sache. Meine Blicke wandern hektisch durch den Saal, auf der Suche nach meinen beiden Männern – die nichts voneinander wissen, oder doch alles. Wer weiß das schon.

»Die Sonne geht auf! Allerdings ganz in Schwarz, trägst du Trauer, Darling? Ist dir eine deiner Mäuse abhandengekommen?« Eddy, mein Lieblingskollege! »Eddy! Du bist auch hier! Das ist ja großartig«, sage ich und falle ihm um den Hals. Über diesen Mann freue ich mich tatsächlich noch mehr als über meine Gespielen. »Ich wollte dich überraschen, komm, jetzt schnell an die Bar, wir schwänzen die tragenden Eröffnungsworte einfach!« Er nimmt meinen Arm und geleitet mich zur Bar, ich grinse. Dieser Kerl ist doch mal wieder der bestangezogene Mann des Abends, schade, dass er nicht auf Frauen steht.

»Was ist denn mit dir, Liebes«, fragt er plötzlich, »dein kleiner Finger ist ja eiskalt! Möchtest du mir irgendwas erzählen?« Ein strenger Blick von ihm und ich gestehe. Wir verstecken uns in einer Ecke neben der Bar, während die Menge im Saal der ersten Rede lauscht. Eddy ist begeistert. »Die beiden verwandt? Eine gewagte These! Aber wenn das stimmt und sie mit dir spielen, dann ist was los!« Ich gucke zerknirscht: »Na ja, aber ich habe ja dem einen auch nichts von dem anderen erzählt ...« Eddy winkt ab: »Na und? Bist du verheiratet? Na also. Meines Wissens haben die beiden zu Hause jeweils eine brave Ehefrau hocken und das bist nicht du.« Stimmt, ich bin ja mit den beiden quasi nur befreundet, Freundschaft plus.

»Pass auf, Darling. Ich hefte mich mal an ihre Fersen. Mal sehen, ob wir die nicht entlarven können«, sagt Eddy und zwinkert mir zu. In diesem Moment öffnen sich die großen Türen und die Menschen strömen aus dem Saal. Eddy taucht in der Menge unter, ich bestelle mir noch ein Glas Weißwein. Äußerlich bin ich die Ruhe selbst, innerlich hektisch wie ein Eichhörnchen. Ich nehme meine Runde wieder auf, flaniere übers Parkett, plausche hier und netzwerke da. Mein Blick schweift aber immer wieder durch den Saal. Wo sind die beiden nur?

Da! Da sind sie! Beide zusammen! Wusste ich es doch. Wie zufällig stehen sie nebeneinander, rechts und links von einer großen Kübel-Palme. Trotz des plötzlichen Herzrasens muss ich schmunzeln, denn hinter der Palme erkenne ich Freund Eddy in bester Matula-Manier. *Ein Fall für zwei*, wie passend, denke ich und mein Lächeln wird noch breiter. Jetzt trennen sich die Wege der beiden und Eddy kommt aus seinem floralen Versteck hervor und mit funkelnden Augen auf mich zu.

»Volltreffer«, raunt er und schiebt mich in eine ruhigere Ecke. »Die beiden sind durchtrieben. Und fast so gut wie du! Sie duzen sich, wirken ziemlich vertraut. Und ...«, Eddy grinst, »ich glaube, sie haben gerade gewettet, wer den Pokal heute Abend mit aufs Zimmer nehmen wird!« Ich weiß, ich sollte jetzt empört sein, aber ich kann nicht umhin, sie für ihre Abgebrühtheit ein bisschen zu bewundern. »Ich habe einen Plan«, flüstert Eddy, »wir locken die beiden zeitgleich auf dein Zimmer und du stellst sie dann zur Rede!« Oh Gott, ich sterbe jetzt schon vor Aufregung! »Ich gehe zu W. und richte es ihm aus, du kümmerst dich um den anderen. Los geht's!«

Eddy schubst mich ein bisschen und ich mache mich auf die Suche nach meinem Opfer. Muss ich gar nicht, direkt vor mir taucht S. auf, der Mann hat wirklich den 7. Sinn. Als ich ihn verführerisch anlächle, beginnt mir das Spiel Spaß zu machen. Ich gehe auf ihn zu: »Na, mein Lieber, immer noch scharf? Ich helfe dir ... in zehn Minuten auf meinem Zimmer. Den Weg kennst du ja.« Dann gehe ich weiter. Er grinst triumphierend, schaut auf die Uhr und setzt sich in Bewegung. Eddy hat ihn im Blick; als S. außer Sichtweite ist, macht er sich auf die Suche nach W. Mit wichtiger Miene bittet er ihn aus einem Gespräch, redet kurz auf ihn ein, klopft ihm gönnerhaft auf die Schulter und kommt zurück in meine Richtung. »So, Süße. Die Sache läuft. In diesem Moment dürfte S. in deinen Gemächern eintreffen, W. habe ich gerade die Ersatzkarte für deine Zimmertür in die Hand gedrückt. Zeig es ihnen! Ich bin gespannt!«

Ich gehe also los. Begebe mich mutig in die Höhle meiner Löwen. Ob sie wütend sein werden? Peinlich berührt? Ob sie es witzig finden? Ich stehe vor der Tür, sie ist nur angelehnt. Drinnen ist es dunkel. Was soll das denn? Ich bin ein bisschen verwirrt, trete aber ein. »Touché!« Das war S. Ich kann an seiner Stimme hören, dass er grinst. »Du hast es also herausbekommen. Respekt.«

Ich bin fassungslos. Irgendwie hatte ich doch nicht damit gerechnet, richtig zu liegen. Das ist doch alles viel zu verrückt! »Ihr seid, äh, Brüder?«, frage ich mit zitternder Stimme. »Nein«, antwortet W., »wir sind Cousins. Unsere Mütter sind Zwillingsschwestern. Wir sind uns sehr ähnlich. Nicht nur optisch. Sondern erwiesenermaßen ja auch in Sachen Frauengeschmack.« Seltsamerweise ist die Stimmung zwischen uns dreien friedlich – und gleichzeitig aufgeladen. S. zündet sich eine Zigarette an, kurz sehe ich in der Flamme sein Gesicht, er blickt mich direkt an. Daneben W., die Ähnlichkeit ist wirklich erstaunlich. Meine beiden Jungs. Sie lehnen nebeneinander am Fenster, sogar ihre Silhouetten sehen sich ähnlich. Wir schweigen.

»Es war eine Art Zufall«, sagt W. nach einem Augenblick. »Mein Lieblingscousin hat mir von dir erzählt. Und dann warst du mir plötzlich im Ferienclub unterstellt, du erinnerst dich. Da habe ich mich ja noch benommen. Aber als wir uns dann wiedertrafen – da konnte ich mich nicht mehr beherrschen.« Jetzt grinsen beide. Die zwei sind Spieler! Und ich auch. Ich gehe auf sie zu. Bleibe direkt vor S. stehen, blicke ihn an, mit hochgezogenen Augenbrauen und klopfendem Herzen. So, mein Lieber, denke ich, ihr wollt spielen? Das könnt ihr haben. Aber jetzt bestimme ich die Regeln.

Ich gebe ihm einen Kuss auf die Wange, nur gehaucht. Sein Geruch macht mich schwindelig. Dann wende ich mich W. zu. Blicke ihm kurz in die Augen und will ihn dann auch auf die Wange küssen. Aber er hält meinen Kopf fest. Küsst mich gierig, lässt mich nicht los. Ich bin unfähig, mich zu wehren. Mir stockt der Atem, als ich S.' Hand spüre, wie sie meine Taille entlangfährt. Was für ein Gefühl, ich habe wirklich Angst, die Besinnung zu verlieren. Ich umarme W., spüre, wie S. meinen Po streichelt, mir langsam das Kleid hochschiebt. Seine Hand zwischen meinen Beinen. Langsam schiebt er meinen schwarzen Spitzenslip zur Seite, der muss völlig durchnässt sein. Ich recke mich ihm entgegen, ich küsse W., spüre seine Zunge. Überall Berührungen, ich weiß nicht mehr, welche Hand zu S. gehört und welche zu W. Ich weiß nur, ich will mehr davon, ich will sie beide nackt spüren. Ihre Körper, ihren Geruch, auf mir, an mir – und in mir.

Doch plötzlich zieht S. sich zurück, berührt meine Schulter und zieht mich ein Stück nach hinten. Ich blicke ihn an. Na, hat dich doch die Eifersucht gepackt, mein Freund? Nein, ein leichtes Lächeln umspielt seine Lippen. »Aufs Bett, ihr beiden«, befiehlt er und seine raue Stimme verrät, dass er nicht so souverän ist, wie er tut. Wir gehorchen. »Setz dich auf ihn.« Seine Worte erregen mich. »Ja«, flüstere ich nur, öffne W.s Hose und tue, was S. mir gesagt hat. Ich setze mich auf ihn, lasse ihn in mich gleiten, ganz tief. Langsam bewege ich mich, mit geschlossenen Augen. Vertraut und doch neu. Ich öffne kurz die Augen, sehe, wie S. seine Hose öffnet. Ein Prachtexemplar, ich denke es immer wieder, wenn ich ihn sehe. Ich beuge mich zu ihm und berühre ihn. Ich bewege mich schneller auf W., spüre S.' Hand, die meinen Kopf an sich presst, ich bekomme kaum Luft. W. packt meinen Hintern, stöhnt dabei laut. »Oh mein Gott«, ruft er, sein schönes Gesicht vor Lust verzerrt, und ich spüre, dass er gleich kommt. Ich bin völlig berauscht, bewege mich weiter, immer schneller auf ihm. Jetzt ist es so weit, mit einem tiefen Schrei kommt W. zum Höhepunkt, bäumt sich auf, zuckt.

Ich werfe den Kopf nach hinten, ich spüre, dass es mir auch gleich kommt. Aber da packt mich S., stößt mich von W. herunter aufs Bett. »Jetzt bin ich dran«, keucht er, gar nicht mehr so beherrscht wie noch vor einigen Minuten. Ich bin so unglaublich erregt, so berauscht, dass ich nichts hinauszögern oder steuern kann. Ich bin fleischgewordene Lust, völlig willenlos, keine Kontrolle. S. bricht jetzt alle Dämme, ich spüre, wie eine heiße Welle in mir aufsteigt, ich komme. Ich schreie. Ich höre sein Stöhnen, er küsst mich. Mein Körper entspannt sich langsam wieder. Nein, das ist nicht sein Duft, das sind nicht seine Lippen. Es ist W. Ich liege da, keuchend, immer noch jagen kleine Schauer durch meinen Körper. Links von mir W., rechts von mir S. Einige Minuten lang sagt keiner von uns ein Wort, wir genießen die Benommenheit, den abklingenden Rausch. Den perfekten Zustand völliger Befriedigung.

Als wir eine Dreiviertelstunde später wieder den mittlerweile deutlich geleerten Saal betreten, grinst Eddy mir schon von Weitem zu. Er steht an der Bar und ordert sofort drei Gläser Schampus. »Na, so wir ihr ausseht, habt ihr eine erfolgreiche Familienzusammenführung gefeiert, hm?«, sagt er zur Begrüßung und reicht jedem von uns ein Glas. Ich muss plötzlich breit grinsen – meine beiden Jungs auch. »Cheers«, sage ich und erhebe mein Glas. »Auf das Leben. *Celebrate your life!*« Ich zwinkere Eddy zu. Ich werde eine Menge zu erzählen haben.

26. GESCHICHTE VOM SEX MIT KOLLEGEN

Wo ist der Fehler?

Sabrina (29), Mitarbeiterin interne Kommunikation, Eschweiler,
über
Erik (32), Jurist, Frankfurt

Ich wusste, dass ich einen Fehler beging. Ich wusste es vorher. Aber ich konnte mich nicht beherrschen. Und ich kann es immer noch nicht. Bin ich deshalb ein schlechter Mensch?

Ich bin verheiratet, seit zwei Monaten. Frisch verheiratet nennt man das wohl. Seit fünf Wochen habe ich eine Affäre mit meinem Kollegen. Warum mache ich das? Warum stehe ich so auf ihn? Wo ich doch immer dachte, ich wäre mit Frank glücklich.

Wir haben eine Eigentumswohnung in Eschweiler, wir haben einen netten Freundeskreis, einen Labrador Retriever, einen Volvo und wir haben dieselben Interessen. Kochen, Skifahren und guten Rotwein. Frank und ich sitzen sonntagmorgens beim Frühstück und lesen uns gegenseitig aus der Zeitung vor. Und danach haben wir meistens Sex – guten, vertrauten, liebevollen Sex. Es ist alles gut bei uns, wirklich! Es kann doch nicht sein, dass ich mich die vier Jahre, die wir jetzt zusammen sind, geirrt habe. Was fehlt mir denn in meiner Ehe, dass ich sie schon kurz nach den Flitterwochen aufs Spiel setze? Frank ist ein so großartiger Mensch. Keine Sekunde zweifle ich daran. Wenn ich auf Geschäftsreise bin, bringe ich Frank kleine Geschenke mit, um ihm zu zeigen, dass ich an ihn denke.

Das habe ich am letzten Wochenende auch getan. Aber da war ich nicht auf Geschäftsreise. Sondern mit Erik in Berlin. Zwei Wochen lang habe ich diese zwei Tage Freiheit vorbereitet, wohldosiert kleine Lügen gestreut, um den großen Betrug glaubhaft zu vertuschen. Um ein einziges Mal neben Erik aufzuwachen, mit ihm zu frühstücken, ihn berühren und küssen zu dürfen, wann immer ich will. Um mir selbst vormachen zu können, wir wären ein frisch verliebtes Paar mit einer gemeinsamen Zukunft. Vielleicht einer gemeinsamen Eigentumswohnung und gemeinsamen Freunden, irgendwann.

Wir arbeiten beide für ein großes Versandhaus in Frankfurt. Ich bin in der Unternehmenskommunikation, Erik in der Rechtsabteilung. Es ist wirklich absurd, aber das erste Mal sind wir uns beim Umtrunk zu meiner Hochzeit begegnet. Ich habe fünf Flaschen Sekt gekauft, mein Kollege Jan brachte Erik mit in mein Büro, die beiden sind eng befreundet. Wir haben kurz geplaudert, er hat mir zur Hochzeit gratuliert und lächelnd gesagt, er würde es bewundern, wenn zwei Menschen sich heutzutage noch die Ewigkeit versprechen würden. Und ich dachte kurz, wirklich ganz kurz, dass er recht hätte. Es war wirklich ein Wagnis. Erik ist groß, fast zwei Meter, er hat dunkelblonde, lockige Haare, grüne Augen. Auf den ersten Blick ein starker Teddy in Businesskluft. Einen zweiten Blick habe ich mir nicht gestattet. Und dann habe ich nicht mehr an ihn gedacht.

Bis wir uns das zweite Mal trafen. In der Kantine, ich verbrachte meine kurze Mittagspause allein mit einer faden Tomatensuppe an einem der hellen Plastiktische, und plötzlich standen Jan und Erik vor mir, mit ihren Tabletts und einem freundlichen Lächeln unter Kollegen. »Ist hier noch frei?« Ich war genervt und gestresst, aber meine Eltern haben mich zum Nettsein erzogen. Also lächelte ich zurück und bot den beiden Plätze an. »Es gibt so Tage«, seufzte ich, »da wünsche ich mir nur, mich abends allein in eine schummrige Bar zu setzen und schweigend einen Wodka nach dem anderen zu bestellen.« Erik grinste mich über seinen Kartoffelsalat hinweg an. »Ein klassischer Barfly-Abend. Hatte ich auch schon immer vor.« Ich wollte das darin mitschwingende Angebot überhören und erhob mich. »Guten Hunger noch, die Herren.« Mehr Plattitüde ging nicht, mehr Unverbindlichkeit auch nicht. Dieses Mal hatte ich allerdings einen zweiten Blick auf den großen Mann geworfen. Und er gefiel mir mehr als gut. Reiß dich einfach mal zusammen, dachte ich, du bist jetzt Ehefrau!

Zehn Tage später hatten wir das erste Date. Frank wusste sogar davon, ich hatte ihm gesagt, ich würde mich mit jemandem aus der Rechtsabteilung auf einen Drink nach Feierabend treffen. Dass es dazu keinerlei dienstlichen Anlass gab, erwähnte ich nicht, und Frank stellte keine weiteren Fragen. Mein süßer, treuer, vertrauensvoller Ehemann saß in unserer Wohnung in Frankfurts Speckgürtel und schaute *Tatort*, während seine Frau sieben Kilometer entfernt begann, ihn zu betrügen. Erik hatte mich zu einem »Barfly-Abend light« eingeladen, er hatte unser kurzes Gespräch in der Mittagspause nicht vergessen. Es war ein Donnerstag, wir trafen uns um acht, nach Feierabend, die Barock Bar hatte gerade geöffnet, wir waren die ersten Gäste. Zwei, drei Drinks – gegen den Stress im Büro, der auch ihn momentan voll im Griff hätte. Das war sein Vorschlag gewesen. Ich hatte seine E-Mail sofort beantwortet, eine kurze, hingeworfene Zustimmung, ich wollte mir keine Gedanken über mögliche Konsequenzen machen. Es war doch harmlos. So harmlos.

Eine Stunde später wollte ich gehen. Meine Vernunft wollte, dass ich gehe. Er gefiel mir zu gut. Seine großen Hände, die das Glas mit Maker's Mark Whisky umschlossen. Sein wacher Blick. Seine Fähigkeit, mich mit drei Sätzen zum Lachen zu bringen. Seine Präsenz. Ich weiß nicht wie, aber wir kamen auf Sex zu sprechen. »Eine Frau am Hals zu berühren – so zu berühren, dass sie schwach wird«, sagte er mit einem leichten Lächeln und ließ den Satz unvollendet. Ich fühlte mich plötzlich unwohl, weil ich merkte, wie seine Worte mich erregten, wie sofort mein Kopfkino ansprang. Seine Hände an meinem Hals. »Ich möchte es nicht wissen«, sagte ich schnell und viel zu laut, »bitte, nicht solche Gespräche. Ich glaube, das endet sonst in einem Desaster.« Er blickte mich an. »Ja. Wenn wir so weitermachen, werde ich dich gleich umarmen. Und zwar nicht so, wie man es in der Öffentlichkeit tun sollte.« Schon seine Worte verursachten ein Ziehen in meinem Unterleib. Ich darf nicht, ich will nicht, ich will nicht! Nein, ich darf nicht. Ich wollte ihn, viel zu sehr. Ich dachte an Frank. Dein Mann wartet auf dich, dein Ehemann, sagte ich mir.

»Ich muss los. Erik, ich sage es mal, wie es ist. Ich sitze hier mit dir und finde dich großartig. Von Minute zu Minute mehr. Wir haben denselben Humor, dieselben Ansichten. Und ob wir auch auf anderen Ebenen ähnlich gepolt sind, das möchte ich gar nicht wissen. Ich bin nämlich frisch verheiratet. Entschuldige mich. Ich bin einmal in meinem Leben vernünftig.« Ich legte ihm zwanzig Euro auf den Tresen, schnappte meine Handtasche und ging. Er rief meinen Namen, ich drehte mich nicht um. Nein, nein, nein, hämmerte es in meinem Kopf. Du wirst dieses Mal das Richtige tun. Du hast geheiratet, weil du endlich mal etwas richtig machen wolltest!

Vier Tage später sahen wir uns wieder in der Kantine, er stand in der Schnitzelschlange, ich am Salatbuffet. Als ich ihn sah, meinen großen, starken Kollegen, wurden meine Knie weich. Ich atmete tief durch, schaufelte mir geraspelte Möhren auf den Teller und überlegte krampfhaft, was ich tun sollte. Freundlich grüßen? So tun, als hätte ich ihn gar nicht gesehen? Da stand er schon hinter mir. Das realisierte ich einen Wimpernschlag, bevor seine Hand meine Schulter berührte. Ich drehte mich nicht um. »Du hattest recht«, flüsterte er, »es war wahrscheinlich richtig, dass du gegangen bist. Ich finde es trotzdem schade.« Ich atmete tief ein. Er fuhr fort: »Ich bin heute Abend wieder dort. Allein. Weil ich hoffe, dass deine Vernunft genauso brüchig ist wie meine.«

Frank hatte Verständnis. »Ich dachte, ich koche für uns. Ich habe Lachs eingekauft, den magst du doch so gern. Aber was fertig werden muss, das muss fertig werden. Der hält sich ja bis morgen. Halt durch, meine Süße.« Mir schnürte es die Kehle zu, ich umklammerte den Hörer. »Ja«, antwortete ich nur und verabschiedete mich. Herzklopfen, ja, ich hatte Herzklopfen. Und das schlechte Gewissen war nur zum Teil der Auslöser. Es war auch die Vorfreude darauf, Erik wiederzusehen. Dieses Mal bestellte ich insgesamt drei Wodka Lemon und blieb. Bis er sagte, er würde jetzt nach Hause fahren. Und mich mitnehmen. Es war jetzt, als ob meine Vernunft, die ich noch nie im Griff gehabt hatte, geschwächt von den Drinks seufzend kapitulierte. Ich erhob mich und griff nach meinem Mantel. »Ja, wir gehen«, sagte ich nur und folgte ihm zum Taxi.

Als ich ihn vor mir sah, wie er die Tür zu seiner Wohnung aufschloss, spürte ich eine heiße Welle in mir aufsteigen. Ich wollte ihn. Die Wohnung war im Hochparterre, Altbau, Parkettfußboden, Stuck an den Decken. Mehr sah ich vorerst nicht, Erik schloss die Tür hinter mir und umarmte mich. »Darauf habe ich so lange gewartet«, flüsterte er und hob mich hoch. Ich bin 1,71 Meter groß, kein kleines, zartes Püppchen – aber genau so fühlte ich mich in diesem Moment. Mühelos hielt er mich, küsste mich dabei, sein Fünftagebart kitzelte mich ein bisschen. Ich griff ihm in den Nacken, spürte seine weichen, lockigen Haare, mit der anderen Hand streichelte ich seine Oberarme. Starke Oberarme, die mich festhielten. Er kniete sich auf den Boden, legte mich vorsichtig vor sich aufs Parkett. Wie ein Löwe, der seine Beute in seine Höhle trägt, dachte ich und schloss die Augen. Es fühlte sich so gut an, die Beute dieses Mannes zu sein.

Er knöpfte meine Bluse auf, zog mir die Hose aus und betrachtete mich einen Moment lang. »Du bist so schön«, murmelte er und beugte sich vor, um mich zu küssen. »Ich will dich so sehr, ich habe so oft an dich gedacht. Es ist schlimm.« Ich stöhnte kurz auf. »Ja«, stieß ich dann hervor, »es ist schlimm. So schlimm. Wir dürfen das nicht!« Ich küsste ihn, umschlang ihn, presste mich an seinen kräftigen Körper. »Wir dürfen das nicht!« Er packte mich, setzte mich auf sich und sah mich wieder an. »Aber es macht so viel Spaß, dich zu küssen. Es macht so verdammt viel Spaß!« Ich schloss wieder die Augen. »Es, ja, es macht Spaß. Küss mich«, ich legte mich auf ihn, spürte seine Arme, die mich umschlangen, und fühlte gleichzeitig Lust und Geborgenheit. Ich konnte in der Stärke dieses Mannes versinken, mich einfach hingeben, die Kontrolle abgeben. Ich öffnete seinen Gürtel, er zog seine Hose aus. »Nein«, seufzte ich. Absurd, dachte ich. Es gibt keine Moral in der Unmoral. Er küsste meinen Bauch, wanderte langsam tiefer, der Bart immer noch kitzelnd, mein Körper jetzt völlig widerstandslos. Ich konnte es nicht lassen, ich konnte mich einfach nicht beherrschen. Dieses eine Mal, ich musste es tun. Und ich tat es. Wir taten es.

Eine Woche später hatte ich die Idee mit Berlin. Ja, ich hatte mich verliebt. Aber ich hatte es mir noch nicht eingestanden. Ja, ich wusste, dass ich einen Fehler beging, schon begangen hatte. Aber ich konnte einfach nicht anders. Und so machte ich den Fehler immer größer, immer fataler und weigerte mich, über die Konsequenzen nachzudenken. Es war wie ein Rausch. Ich war hingerissen von Erik, von seiner Männlichkeit, seinem Charme, seinem Humor. Unserem Sex.

Wenn ich mit Frank auf dem Sofa saß, verschwand ich alle dreißig Minuten auf die Toilette, um Erik eine SMS zu schreiben. Wenn ich mit Frank im Bett lag, täuschte ich vor, zu schlafen. Damit er nicht auf die Idee kam, mit mir Sex zu haben. Ich hätte es nicht ertragen. Mein Fehler beeinträchtigte mein Leben, mein heiles Leben mit Frank. Ich dachte an Erik, daran, wie ich ihn wiedersehen könnte. Ich betrog Frank nicht nur, indem ich mit einem anderen schlief. Ich betrog ihn auch mit meinen Gedanken. Sobald ich darüber nachdachte, zerriss es mir fast das Herz. Aber ich war schon immer gut im Verdrängen. Und wenn ich Erik sah, dachte ich nicht mehr an Frank. Ich bewunderte mich mittlerweile fast selbst dafür, dass ich ganz am Anfang die Bar verlassen hatte. Da hatte mein moralischer Kompass offenbar noch funktioniert.

Vor zwei Wochen waren wir in Berlin. Ein geschäftlicher Termin, verbunden mit einem Treffen mit Angela, einer alten Freundin aus Friedrichshain. Das war die Version für Frank. Ich weihte Angela vorher ein, besorgte mir so für den Notfall ein Alibi. Ich war von der nach Treue strebenden Ehefrau zur vorausplanenden Betrügerin geworden. Ich konnte mich nicht mehr beherrschen. Erik und ich checkten am Freitagnachmittag im Motel One ein und verließen es am Samstagabend.

Der Sex mit ihm ist zärtlich, er ist hemmungslos, er ist heftig. Er dringt ihn mich ein, langsam und hart, er umfasst meinen Hals, dabei hat er mich fest im Blick. »Fühl mich«, sagt er und schließt die Augen, sich immer schneller bewegend. Ich habe meine Hände hinter dem Kopf, liefere mich völlig aus, bin nur noch Gefühl. Manchmal haben wir drei Stunden lang Sex. Manchmal nur fünf Minuten. Im Stehen, im Liegen, im Sitzen, wir sind erfinderisch. Erik ist sexuell gesehen der Mann meines Lebens. Und ich fürchte, er könnte es auch in anderen Bereichen sein. Ich möchte nicht darüber nachdenken. Am Samstagabend waren wir in der Bar Tausend am Schiffbauerdamm. Ich habe Champagner getrunken, er hatte seine schönen Hände wieder um ein Whiskyglas geschlossen. Die Bar ist stylish, wir waren so aufgekratzt, wie man es an einem gestohlenen Wochenende mit viel gutem Sex und wenig Schlaf ist. In dieser Nacht fühlten wir uns unbesiegbar. Alles funkelte, wie mit Glitzer überzogen. Wir standen an der Bar, wieder einmal. Dieses Mal küssten wir uns, sahen uns mit vor Glück glänzenden Augen an. Noch eine Nacht! Noch ein Mal gemeinsam aufwachen! Das konnte kein Fehler sein, dafür fühlte es sich zu gut an.

Am Sonntag, auf der Rückfahrt in Eriks Audi, tat mir der Kopf weh. Und mein Herz. Mit jedem Kilometer, dem wir uns Frankfurt näherten, wurde mir die Realität bewusster. Und die schmeckte bitter, nach Betrug und Lüge. Erik streichelte mein Knie, ich nahm seine Hand, spürte seine Wärme. Aber das Wohlgefühl war durchsetzt von Schuld. Nach zwei Monaten betrügst du deinen Mann, dachte ich. Du bist das Allerletzte.

Als Frank mich empfing, mich in den Arm nahm und küsste, musste ich die Tränen zurückhalten. Ich bin doch kein schlechter Mensch. Ich liebe meinen Mann. Ich habe einen Fehler begangen und ich begehe ihn weiterhin. Ich werde mich nächste Woche wieder mit Erik treffen. Weil ich nicht anders kann.

Am Ende werden wir alle drei leiden. Und Frank ist der Einzige, der davon nichts ahnt. Ich fürchte, dass ich die Größe meines Fehlers noch gar nicht einschätzen kann.

27. GESCHICHTE VOM SEX MIT KOLLEGEN

Abgeblitzt

*Jana (26), Junior-Consulterin, München,
über
Bela Henschel (41), Unternehmensberater, München*

Eins vorweg: Ich hatte zwar Sex mit einem Kollegen, genauer gesagt mit meinem Chef. Aber nur im Kopf. Trotzdem: Lange hat ein Mann mich nicht mehr so befriedigt – und dann doch so enttäuscht.

Ich muss vollkommen irre sein. Was habe ich nur wieder angerichtet? Ich sitze in der Lobby eines Frankfurter Hotels und habe mich soeben auf das Allerschlimmste blamiert. Wie unfassbar erniedrigend! Er hat mich angestarrt wie ein rosa kariertes Wesen von einem anderen Stern. Vollkommen ungläubig und fassungslos. Das blanke Entsetzen im Blick. Kein Kuss, keine Umarmung. Nur ein Satz: »Das war keine gute Idee.« Bäng! Autsch! Verdammt!

Wie konnte ich nur so dämlich sein, mir einzubilden, dass er auch auf mich steht? Und noch schlimmer, wie konnte ich denken, dass er sich freuen würde, wenn ich ihm durch die halbe Republik hinterherfliege, um ihm in einem mittelmäßigen Kongresshotel am Frankfurter Flughafen vollkommen unvorbereitet an der Rezeption aufzulauern? Wo ist mein Verstand geblieben? Bela Henschel ist mein Chef! Er ist verheiratet! Und bisher ist zwischen uns nichts gelaufen! Bin ich irre? Ja, das hatte ich ja bereits festgestellt. Ich leide offenbar an massiver Selbstüberschätzung gepaart mit einem gefährlichen Maß an Gedankenlosigkeit und Spontanität. Ich habe mich nicht nur als Frau lächerlich gemacht, sondern auch als Mitarbeiterin. Adieu Beförderung, adieu Karriere. Was habe ich mir nur dabei gedacht?

Ich muss meine Gedanken ordnen. Zeit genug habe ich schließlich – denn den heutigen Abend werde ich wohl allein verbringen. Im fremden Frankfurt, ohne ein Ziel, ohne einen Plan. Wo soll ich bloß übernachten? Ich kenne hier niemanden. Bela Henschel wird mich wohl kaum in seiner Suite beherbergen. Ich bin raus, so was von raus – ich bin die dämliche Consultingmaus, die sich in ihren Chef, den heißen Hirsch, verknallt hat und total durchdreht. Ich brauche einen Plan!

Vor zwei Monaten begann das Unheil seinen Lauf zu nehmen. Und zwar in Form eines Angebots, das ich nicht ablehnen konnte. Die Unternehmensberatung, dessen Chef Bela Henschel ist, kontaktierte mich über einen Headhunter. Ich war geschmeichelt. Und nach zwei Gesprächen in einem Münchener Nobellokal und einem Termin in seiner Firma unterschrieb ich meinen Arbeitsvertrag. Mit klopfendem Herzen, was nicht nur an dem unfassbar geilen Gehalt lag, das dort aufgeschrieben war. Sondern auch an dem unfassbar heißen Henschel, der mir mit einem Lächeln den Stift zur Unterschrift reichte. Ich bekomme es einfach nicht hin! Ich bin nicht in der Lage, Berufliches von Privatem zu trennen. Aber wie denn auch – mein Privatleben besteht aus vier bis fünf Stunden Schlaf pro Nacht und kurzen Telefonaten, in denen ich einer meiner beiden verbliebenen Freundinnen erkläre, warum ich unseren Abend schon wieder absagen muss.

Bela Henschel ist Anfang vierzig, groß, dunkelhaarig und hat eine Föhnfrisur. Klingt furchtbar, bei ihm sieht das allerdings sehr lässig aus, wirklich. Im Lexikon könnte sein Foto neben dem Begriff »Unternehmensberater« stehen. Er ist cool, smart und braun gebrannt, was daran liegt, dass er am Wochenende gern Ski läuft. Oder golfen geht, im Sommer. Ich habe mir vom ersten Tag an eingebildet, dass er auf mich steht. Dieser Blick, diese zufälligen Berührungen, also mal im Ernst, das konnte doch alles kein Zufall sein! Er nahm mich mit zu wichtigen Meetings, auch wenn ich mit den jeweiligen Kunden eigentlich gar nichts zu tun hatte. Er ging mit mir Mittag essen, er erzählte mir von seiner Schwäche für Paris, von seinem Traum, dort eines Tages ein Lokal zu eröffnen, und von seiner gescheiterten Ehe. Was ich nicht ahnte: Er meinte seine erste Ehe. Dass er sich noch mal getraut hatte, erwähnte er nicht. Ich erfuhr es Wochen später von einer Kollegin, da war es allerdings bereits ernsthaft um mich geschehen und deshalb zu spät für Skrupel.

Immer wenn ich ihm gegenübersaß, ob im Meeting oder bei einem unserer Lunch-Dates, stellte ich mir vor, wie er mich mit seinen schmalen, perfekt manikürten Klavierspielerhänden berührte. Nicht zufällig an der Hand oder am Arm. Ich wollte ihn woanders spüren – zwischen meinen Beinen, erst sanft streichelnd, mit leichten, kreisenden Bewegungen, dann etwas fester, seine wunderschönen Finger in mir … ich konnte mir wunderbar ausmalen, wie sich das anfühlen würde, wie ich mit geschlossenen Augen die zärtlichen Berührungen dieses Alphamännchens genießen würde. Wie geil das wäre! Bei dieser verheißungsvollen Vorstellung verfiel ich einige Male in ausdrucksloses Starren, wahrscheinlich auch noch mit halb geöffnetem Mund. Bei einem unserer Lunchtermine fragte Bela Henschel deshalb leicht irritiert, ob mit mir alles in Ordnung sei. »Äh, ja, alles bestens. Die Scampi sind nur so glibberig«, antwortete ich hastig und verschluckte mich fast.

Meine unanständigen Gedanken kreisen nicht nur um Henschel, wenn ich ihn vor mir sah. Sondern auch, wenn ich allein im Bett lag. Wie wohl sein Schwanz war? So feingliedrig wie die Hände? Und ob die so virtuos waren, wie sie aussahen? Sanft, sensibel und auf der Klitoris-Klaviatur so meisterhaft wie Richard Clayderman am Piano? Wie schön es sich anfühlte, endlich mal wieder richtig verliebt zu sein – und das Beste: In der Firma drehte ich richtig auf, sprühte vor Tatkraft, Fleiß und Motivation. Jana Blau, die Mitarbeiterin des Monats – dank Rosa-Herzchen-Feeling für den Chef. Plötzlich machte es mir richtig Spaß, bis tief in die Nacht im Büro zu sitzen, sogar meine Freundinnen wimmelte ich ohne schlechtes Gewissen ab: »Heute geht es gar nicht, habe furchtbar viel zu tun!« Alles für den Chef. Für die Chance, ein paar Worte, ein paar Blicke mit ihm zu wechseln. Und Henschel? Der war angetan, er förderte mich, gab mir Projekte, nahm mich immer häufiger mit auf Kundentermine. Er flirtete mit mir, machte mir Komplimente, bedachte mich mit seinem Perlweiß-Lächeln und bezeichnete mich als »seine persönliche Overperformerin«. Also mal wirklich, was hätte ich denn da denken sollen? Dass er mit mir ins Bett wollte, na klar! Und aufgrund massiver romantischer Verblendung glaubte ich in einer rosa Ecke meines Herzens auch ein bisschen daran, dass es vielleicht mehr werden könnte …

Dann kam der Workshop in Frankfurt. »Core Consulting Skills«, Bela Henschel war für mehrere Vorträge verpflichtet worden. Ein Könner halt. Er erzählte mir davon am Donnerstag, bei einer unserer flirtigen Business-Lunch-Verabredungen. »Ich fliege am Sonntag, komme Dienstag zurück. Du könntest am Montag einfach mal entspannen, ist ja ein paar Wochen her, dass du überhaupt mal drei freie Tage am Stück hattest«, bot er an. Ja, wir waren mittlerweile beim Du, was in der Branche nicht unbedingt üblich ist. Einerseits freute ich mich über sein Angebot. Andererseits wusste ich nach all der Schufterei schon gar nicht mehr, was ich mit der plötzlich zur Verfügung stehenden Zeit anstellen sollte. Und dann auch noch ohne Henschel. Meine Heimat war mein Büro. Und mein Lebensinhalt war mein Chef. Hmm, war das nun besorgniserregend?

Auf die Idee mit dem Flug nach Frankfurt kam ich am Samstagabend, angefeuert von meiner Freundin Nicole und mehreren Sekt auf Eis. »Wenn du verknallt bist, dann flieg ihm hinterher! Das ist doch die beste Möglichkeit überhaupt – seine Frau und alle

Kollegen sind weit weg!«, erklärte sie mir und schenkte nach. Ja, genau, das klang doch einleuchtend und außerdem hatte ich das tiefe innere Bedürfnis, auch mal etwas Verrücktes zu tun. Ich war immer so schrecklich brav gewesen in meinem Leben! Ich schaute online, ob es noch Flüge von München nach Frankfurt gab. »Was, die kosten knapp dreihundert Euro *one way*«, kreischte ich erschrocken. Also bei aller Liebe – das war ein bisschen viel! »Du hast doch sonst eh keine Gelegenheit, die ganze Kohle auszugeben, die du in dem Laden verdienst«, kommentierte Nicole trocken. Ich nahm noch einen großen Schluck Sekt. Und tat es. Ich buchte einen Flug: München – Frankfurt am Montagnachmittag.

Und jetzt hocke ich hier. Nach der beschämendsten Abfuhr meines bisherigen Lebens. Wobei ich nur hoffen kann, dass ich niemals eine schlimmere ertragen muss. Vor zwei Stunden bin ich gelandet, jetzt sitze ich an der Bar des Holiday Inn Airport Hotels in Frankfurt. Allein. Ohne Zimmer, ohne die Aussicht auf Sex und vor allem: ohne Würde. Dabei hatte ich es mir wirklich grandios ausgemalt – genau wie in einer öffentlich-rechtlichen Vorabendserie.

Das Drehbuch hatte ich während des Fluges längst in meinem Kopf geschrieben: Nach meiner SMS »Komm an die Rezeption, dort wurde etwas für dich abgegeben« sehe ich ihn etwas ratlos in der Lobby stehen und komme lasziv lächelnd auf ihn zu gestöckelt. Als er mich erblickt, seufzt er unvermittelt. Sein Blick ist erst vollkommen ungläubig, dann huscht ein Lächeln über sein Gesicht. Ich bleibe vor ihm stehen, wir sehen uns in die Augen, eine Ewigkeit scheint zu vergehen. Dann seine Klavierspielerhände, die zärtlich meine Wange streicheln, ich, wie ich mit blau-wässrigem Blick flüstere: »Ich musste es tun. Ich musste dich sehen ... allein.« Dann Großaufnahme Bela Henschel, wie er sich umsieht – werden wir beobachtet? Dann drückt er mir seinen Zimmerschlüssel in die Hand, sagt mit heiserer Stimme und brennendem Blick: »Oh Gott, Jana. Ja, ich habe es doch auch gespürt, schon so lange.

Hier, warte in meinem Zimmer auf mich!« Und dann hungrig-hingebungsvoller Sex, seine Hände, die mich umfassen, sein Schwanz, der so gar nichts Zartes hat, sein tiefes Stöhnen, meine Hände, die voller Gier seine mühevoll hingeföhnte Frisur verwuscheln. Ja, das Drehbuch war geschrieben und ja, es war kitschig und platt.

Tja, aber das Leben ist eben nicht kitschig und platt – sondern grausam. Bela Henschel stand nach meiner SMS tatsächlich etwas orientierungslos in der Lobby. Und ich stöckelte tatsächlich lächelnd und mit klopfendem Herzen auf ihn zu. Sein Blick war so ungläubig, wie ich es mir vorgestellt hatte. Nur leider kam da kein Lächeln, und er streichelte mir auch nicht die Wange. Er stand wie festgewachsen da, in seinem maßgeschneiderten Anzug und den brauenen Kalbslederschuhen. Kein Perlweiß-Lächeln, sein Gesichtsausdruck so starr wie seine Föhnfrisur. »Was machst du denn hier?«, fragte er. Meine Antwort war so dämlich, dass ich danach noch mehr errötete: »Ich bin hierhergekommen.«

Statt sich zu freuen, nahm er mich am Arm und zog mich Richtung Ausgang. »Das war keine gute Idee«, zischte er nur. »Hier sind alle Consulter aus München. Das ist hier ein Workshop, kein Freizeitvergnügen!« Ich stolperte fast, so schnell verließ er das Hotel und zog mich um die Ecke, dorthin, wo wir vermeintlich unbeobachtet waren. »Ich, äh, also, ich dachte, es wäre eine gute Gelegenheit ...«, stammelte ich. »Gute Gelegenheit wozu? Ich bin verheiratet! Das hier ist mein Job, verdammt! Heute Abend habe ich noch einen Vortrag, was hast du dir denn gedacht?« Außer dem kitschigen Drehbuch hatte ich mir eigentlich gar nichts gedacht. Also schwieg ich und spürte, wie mir die Tränen aufstiegen. Einen letzten Rest Souveränität kramte ich dann zum Glück doch noch hervor: »Das ist alles kein Problem, also, äh, ich habe viele Freunde in Frankfurt. Die wollte ich auch eigentlich besuchen, ich dachte nur, ich schaue mal vorbei, wo ich doch in der Nähe bin ...«

Nein, souverän war das auch nicht wirklich gewesen. »Okay, jetzt ganz ruhig bleiben. Ich muss da wieder rein, meine Präsentation halten. War ja sicher nett gemeint von dir, aber das geht gar nicht«, sagte er, anscheinend etwas versöhnt, tätschelte mir den Arm und verschwand.

Tja, das ist jetzt eine Stunde her. Seitdem sitze ich hier an der Bar und meine Gedanken drehen sich im Kreis. Ich werde mir meine dritte Weinschorle bestellen und mich um ein Hotel kümmern müssen. Ich kann unmöglich hier im Holiday Inn bleiben. Wie peinlich wäre es, wenn er mich allein an der Hotelbar sehen würde. Wo ich doch angeblich Freunde in Frankfurt habe. Das war glatt gelogen, ich kenne in dieser Stadt absolut niemanden. Langsam kriecht ein deprimierendes Gefühl in mir hoch, ich fühle mich richtig erbärmlich. Ob ich jetzt kündigen sollte, weil ich mich selbst so bloßgestellt habe? Oje, oje, was habe ich nur verzapft! Da wollte ich einmal wild und gefährlich sein und es endet im Desaster! Wie arm ich bin. Ich greife nach meinem Handy. Gut, dass ich Wiebke noch nicht völlig vergrault habe – in der Not kann man Freundinnen ja doch ganz gut gebrauchen. Meine Stimme ist weinerlich, als ich sie nach einer Bahnverbindung nach München frage. »Wieso, ich dachte, du verbringst eine heiße Nacht mit deinem Chef?«, fragt sie. »Lass uns nicht darüber reden. Ich erzähle es dir später«, antworte ich und nun steigen mir die Tränen wirklich hoch. Ich schluchze – jetzt fange ich auch noch an der Hotelbar an zu flennen. Ich lasse aber auch gar nichts aus heute.

»Bitte, ich muss zurück«, bringe ich hervor. Wiebke verschont mich mit weiteren Fragen, fährt den Computer hoch und teilt mir mit, dass in einer halben Stunde der letzte Zug Richtung München fährt. Ich wedele mit meiner Kreditkarte, nicht mal Bargeld habe ich dabei, und zahle völlig übertreuerte neunzehn Euro fünfzig für meine drei Schörlchen. Jetzt bloß schnell hier raus, im Taxi zum Bahnhof und dann fort von diesem unseligen Ort. Ich marschiere auf meinen Plateausandalen durch die Lobby, werfe aber trotzdem noch einen verstohlenen Blick auf die Glasfront des Hotelrestaurants und glaube, dort die große, schlanke Statur meines Chefs zu erspähen.

Na toll, jetzt wird mir zu all meiner Heuligkeit auch noch ganz übel, mein Magen fühlt sich also auch überfordert. Ich steige in ein vor dem Hotel wartendes Taxi und beschließe auf der Fahrt, diesen unseligen Tag aus meinen Gedanken zu streichen. Und Bela Henschel auch. Und überhaupt, ich werde niemals mehr Sex mit einem Kollegen haben! Nicht mal mehr im Kopf! Aufgabe eins für die Zukunft: Such dir einen neuen Job mit einem hässlichen, alten Chef. Aufgabe zwei: Lerne, Berufliches und Privates zu trennen.

28. GESCHICHTE VOM SEX MIT KOLLEGEN

Der Mann meines Lebens

*Felicitas (25), Redakteurin, München,
über
Justus (24), Redakteur, München*

Wir waren Mitte zwanzig. Und eigentlich ist man dann ja über so etwas hinweg. Aber jetzt waren wir noch mal in der »Schule« – und benahmen uns auch so. Plötzlich waren wir wieder wie Teenager im Klassenzimmer, vorn der Lehrer, hinten die Schüler, das volle Programm inklusive heimliches Rauchen auf dem Klo.

Als ich am ersten Tag in den Klassenraum der Journalistenschule kam, fühlte es sich richtig gut an. Zwei Jahre Ausbildungszeit lagen vor mir, ein Volontariat in einem großen Verlag, ich hatte es geschafft. Der Traumjob schien in greifbarer Nähe. Außer mir saß nur ein Mädel bereits im Raum. Gut so, dachte ich, dann habe ich freie Platzwahl. Langsam füllte es sich, die zukünftigen Kollegen kamen herein. Und man kann sagen, was man will, es stimmt alles, was man auf den ewig gleichen Partnerschafts-, Sex- oder Liebes-Seiten lesen kann: Man scannt ab. Wie sieht der aus? Kommt der infrage? Und was ist mit dem kleinen Blonden?

Es heißt ja immer, die ersten zehn Sekunden seien entscheidend – und so war es auch. Justus kam in den Raum, schon seinen Gang fand ich lässig. Dunkle, dicke Haare, braune Augen. Die Jeans hing irgendwo sehr weit und sehr locker, eigentlich null mein Ding, aber irgendwie fand ich genau das an ihm gut. Von der ersten Minute an begeisterte mich seine Art, die witzig und unterhaltsam war. Dabei war er kein Mann, er war ein Junge. Und der Klassenclown, das stand schon in den ersten Minuten fest. Er setzte sich neben mich in die letzte Reihe. Das heißt fast, ein Stuhl zwischen uns blieb frei, auf dem später Stefan sitzen würde. Und hätte der geahnt, was das bedeutete, er hätte einen anderen Platz gewählt.

Es dauerte noch nicht einmal zwei Tage, da fing es schon an. Wir hatten Blickkontakt, plauderten die Pausen durch und schrieben uns Zettelchen. Ja, wir schrieben uns Zettelchen! Und Stefan war derjenige, der sie zwischen uns hin und her schieben musste. Es war alles so unfassbar unreif und jung und naiv, aber es war gut. Und aufregend.

Nach einer Woche fragte er mich, ob ich ihn im Auto mit nach Hause nehmen könnte, seine Wohnung liege ja auf dem Weg. Das stimmte nicht wirklich. Aber es war mir egal, ich tat es trotzdem. Eine Viertelstunde Fahrt, unbeschwertes Scherzen, ich hinterm Steuer, er neben mir. Es fühlte sich gut an. Auch wenn es nur oberflächiger Small Talk war – er schaute mich immerzu an. Bis ich ihn absetzte und ihm zum Abschied einen Kuss auf die Wange gab, gefolgt von einem verlegenen Lächeln. Am nächsten Tag fragte er wieder, ob ich ihn mitnehmen würde. Und da ergriff er die Initiative. Er fragte mich mit einem Grinsen, ob ich nicht mit raufkommen wolle. Kam gar nicht infrage. Wochenlang fuhr ich ihn nach Hause, wochenlang weigerte ich mich, ihm mehr zu geben als einen Kuss auf die Wange zum Abschied. Ich blieb stur. Wobei »stur« der falsche Ausdruck ist. Es machte Spaß, ihn zappeln zu lassen. Es gehörte zum Spiel.

Dann, zwei Monate später, im September, passierte es doch. Und ich hatte es vorher gewusst. Wir waren beide in einer anderen Stadt, in Hamburg, absolvierten ein »Schnupper-Praktikum« in verschiedenen Redaktionen. Beide weg von zu Hause und weg von den anderen Volontären. Es musste passieren.

Am entscheidenden Abend war ich mit einer Freundin in einer Bar in Ottensen und er auf dem Geburtstag seiner Schwester. Wir hatten uns für später verabredet, trafen uns dann so gegen 23 Uhr im Astor. Ich war wahnsinnig aufgeregt, das war ja unser erstes Date. Er wahrscheinlich auch. Wir haben sehr viel getrunken – sehr viel Gin Tonic – und saßen sehr eng zusammen. Je mehr wir tranken, desto enger rückten wir. Bis wir anfingen zu tanzen. Die Musik war schrecklich, Oldies und Schlager, aber das war uns egal.

Wir waren ausgelassen, lachten und unterhielten uns mit den anderen Gästen. Und irgendwann saß er vor mir, volltrunken, mit einer Kippe in der einen und einem Bier in der anderen Hand, und fragte mich: »Darf ich dich jetzt küssen?« Ich musste lachen wie ein kleines Mädchen. In diesem Moment war ich einfach nur glücklich und nickte wortlos, mit strahlenden Augen. Und er tat es. Wir hockten knutschend in dieser kitschigen Bar, mittlerweile fast die letzten Gäste, wir waren betrunken und hielten uns im Arm. Wir erfüllten wirklich alle Klischees von verliebten Teenagern, die wir ja gar nicht waren. Aber es fühlte sich unfassbar gut an! Wir waren monatelang umeinander rumgeschlichen, hatten uns abgecheckt, beäugt und diese enorme Spannung aufgebaut. Es musste an diesem ersten Abend in Hamburg passieren. Sonst wäre es nie passiert.

Und wir beließen es nicht beim Knutschen. Wir hatten Sex. In der Wohnung von Lucas, bei dem ich während meines Praktikums wohnte. Nachdem Justus mich so oft vergeblich zu sich eingeladen hatte, war ich es nun, die ihn mit nach oben bat. Und Lucas, dieser großartige Kerl, schleppte sogar noch einen Fernseher in unser Zimmer. »Jetzt müssen wir den auch anmachen«, sagte ich, obwohl klar war, dass wir eigentlich etwas viel Besseres vorhatten. Im Ersten lief ein *James Bond*-Film, Sean Connery rettete die Welt, aber ehrlich gesagt war uns das schnuppe. Es war so großartig, Justus nach all den Monaten endlich zu küssen, seinen Geruch in der Nase, meine Haut an seiner. Ich war richtig, richtig verknallt! Unser erstes Mal – es war aufregend und irgendwie auch schon vertraut. Es fühlte sich so richtig an, Justus war die perfekte Mischung aus zärtlich und wild. Ehrlich gesagt waren wir beide ja auch gut angetrunken, da lässt man die Hemmungen ja sowieso gern mal weg. Aber so viel war klar: Justus war definitiv doch kein Junge, sondern ein Mann. Ich weiß nicht mehr genau, wie und wann, aber wir leerten zwischendurch noch den billigen Rotwein, den wir von der Tanke mitgebracht hatten. Irgendwann frühmorgens schliefen wir breit, selig und eng umschlungen ein.

Und wir schliefen. Und schliefen. Und schliefen. Wir hatten beide vergessen, einen Wecker zu stellen, und so war es schon hell, als ich versuchte, meine verquollenen Augen zu öffnen. Oh Gott, halb elf! Rotwein-Kater und Panik hämmerten in meinem Kopf um die Wette. Ich weckte Justus – mit einem Kuss, obwohl ich das Gefühl hatte, dass auf meiner Zunge gerade ein Eichhörnchen verweste. Er schreckte hoch, wir sprangen hektisch in unsere nach Rauch und Kneipe stinkenden Klamotten und riefen uns ein Taxi. Wie peinlich, nach ein paar Tagen Praktikum schon mit Fahne und Verspätung zur Arbeit zu kommen! Zum Glück arbeiteten wir in verschiedenen Redaktionen, sonst wäre es ja offensichtlich gewesen. Nach einer halben Stunde hatte ich die erste SMS von Justus. Zum Mittagessen trafen wir uns im Archivraum meiner Redaktion.

Wir hatten sowieso keinen Appetit auf Essen, also machten wir da weiter, wo wir letzte Nacht aufgehört hatten. Verkatert und geil zugleich vögelten wir – nur fünf Meter vom Büro des Chefredakteurs entfernt! Ich gab mir alle Mühe, nicht laut zu sein, aber die Situation machte mich so unfassbar geil! Justus vögelte mich im Stehen in der Ecke hinter einem vollgepackten Zeitschriftenregal; als ich kam, hielt er mir vorsichtshalber den Mund zu, was mich noch mehr erregte. Nach unserem Mittagsquickie waren meine Kopfschmerzen jedenfalls verschwunden.

Und in den nächsten Wochen lernten wir jede, aber auch wirklich jede erdenkliche Ecke des Verlagshauses kennen. Es gab

Stockwerke, wo niemand arbeitet, Serverräume oder aber unseren Lieblingsplatz: den Raum mit der Klimaanlage. Lauter große Rohre, seltsame Maschinen, die unter uns frische Luft durch die Filter in die Büros pusten. Wir waren so scharf aufeinander, dass wir uns jeden Tag zwei bis drei Mal trafen. Mal bestellte er mich zu einem bestimmten Ort, mal war ich dran. Ich glaube, wir kennen diesen Verlag besser als alle anderen. Wir trafen uns im sechsten Stock im Wirtschaftsraum, im 14. Stock unter dem Dach, in den Treppenhäusern und in der Tiefgarage. Es war unfassbar, es war berauschend. Ich kam mir vor wie in einem Film. Wir taten etwas, das verboten war; es gab ständig die Gefahr, erwischt zu werden. Es war wie ein Sog, und wir wollten immer mehr und mehr.

Nach dem Praktikum nahm ich Justus im Auto mit zurück nach Berlin. Zurück in unser altes Leben an der Akademie. Wieder in der Klasse, wiedervereint mit den Klassenkameraden. Und wir? Waren immer noch süchtig nach dem Reiz der Gefahr. Wir verheimlichten unsere Affäre. Mal gingen wir in der Pause in einer Ecke »eine rauchen«, mal fuhren wir vom Treppenhaus mit dem Fahrstuhl in den Keller, um dort im stillstehenden Aufzug hektisch übereinander herzufallen. Fünf Minuten später stiegen wir im dritten Stock mit einem fetten Grinsen und roten Wangen wieder aus. Wir gingen zusammen essen, zusammen Kaffee holen oder schnell etwas kopieren. Das dauerte bei uns zwar alles etwas länger und wir kamen immer leicht derangiert zurück, aber das erregte keinen Verdacht. Es war absurd. Weil es so wahnsinnig albern war. Und so viel Spaß machte! Aber es hat tatsächlich keiner etwas gemerkt.

Bis zu einem ganz bestimmten Abend im White Trash, einem Absturzladen in Berlin. Justus und ich hatten bei ihm zu Hause gekocht und gegessen, wir waren mittlerweile ein richtiges Paar. Trotzdem hielten wir die Sache immer noch geheim, zumindest in der Akademie. An diesem Abend hatten wir noch Lust, unter Leute zu gehen. Im White Trash saßen wir an einem Tisch, bestellten eine Flasche Wodka für uns, tranken, knutschten und tanzten.

Es war großartig, genau so, wie an unserem ersten Abend – nur vertrauter und noch aufregender.

Der Laden war voll – doch in all dem Gewusel entdeckte ich auf ein Mal den roten Zwerg: Tini aus unserer Klasse! Wir nannten sie Zwerg, weil sie höchstens 1,55 Meter groß war und rote Haare hatte, dazu kamen meist auch noch hektische rote Flecken im Gesicht. Oh Gott! Ausgerechnet die! Tini war *die* Tratschtante schlechthin. Ständig verbreitete sie den neuesten Klatsch mit ihrer schrill-unangenehmen aufgeregte Stimme. Sie war die geborene Trash-Reporterin, der nichts entging; wir hatten schon überlegt, ob das an ihrer Schilddrüsenüberfunktion liegen konnte. Tini hatte uns natürlich sofort gewittert. Sie steuerte direkt auf uns zu, es gab kein Entrinnen.

»Ach nee! Jetzt sag doch mal, wie kommt das denn, dass ihr hier zusammen seid?«, kreischte sie mir ins Ohr und ihre Augen blitzten und funkelten nur so. Ich blieb ganz lässig: »Das hat sich in Hamburg so ergeben, da haben wir viel zusammen gemacht.« – »Ach! Das ist ja schön«, quiekte sie und rührte aufgedreht in ihrem Glas. Sie wollte mehr hören, sie war nicht zufrieden. Ich lachte in mich hinein, die blöde Hexe würde gar nichts herausfinden. Wir saßen zu dritt am Tisch und rührten gelangweilt in unseren Drinks. Es war ja eh zu laut und zu voll für geistreiche Gespräche und die ganze Situation war so glasklar erstunken und erlogen. Aber wir spielten das Spiel weiter.

Zehn Minuten hielten wir durch, dann flohen wir vor Tini auf die Tanzfläche. Es war so voll, dass wir vor den gierigen Zwergen-Blicken sicher waren. Wir fühlten uns sicher. Und flogen doch auf! Neben uns tanzte nämlich die Freundin von Tini! Wie fies, sie hatte uns tatsächlich einen Spion hinterhergeschickt! Besonders schlau stellte der sich allerdings nicht an. Als wir uns in die Arme fielen und uns wild küssten, rannte sie hysterisch von der Tanzfläche. Irritiert blickten wir ihr nach und sahen, wie sie sich durch die Menge bis zum roten Zwerg durchkämpfte. Der Spitzel wollte seinen Bericht liefern! Wir stürmten hinterher und wurden schon sehnlichst erwartet. »Na so was!«, schrie Tini, ihre Stimme überschlug sich fast, sie strahlte übers ganze Gesicht. Frischer Klatsch, sie war beglückt! Triumphierend zückte sie ihr Handy. »Ich sag keinem was, ihr beiden!«, rief sie, lächelte noch immer, tippte hektisch etwas in ihr Handy und rauschte davon. Am nächsten Morgen erfuhren wir, dass es eine Rundmail an die gesamte Klasse gewesen war. Zack! Aufgeflogen!

Nun gut, dann waren wir eben das erste Liebespaar des Jahrgangs. Justus und ich. Es gab überall Gekicher, als wir am Montag in die Akademie kamen, Blicke, denen man einfach nur ausweichen wollte. Haben wir ja schon immer geahnt, sagten die einen. War doch klar, sagten die anderen. Keiner war wirklich überrascht. Und wir? Wir waren einerseits erleichtert, kein Geheimnis mehr aus unserer Verknalltheit machen zu müssen. Doch andererseits waren nun die verborgenen Treffen vorbei. Keine heimlichen Absprachen mehr, die verrieten, wann es wo weitergehen würde. Keine zufälligen Berührungen mehr. Keine Sex-Treffen in leeren Räumen. Nein. Wir waren jetzt ganz offiziell verliebt und zusammen. Mhhhm. Fast irgendwie schade. Fanden wir beide. War jetzt alles vorbei?

War es nicht. Was als geheime Klo-Fahrstuhl-Affäre begann, ist mittlerweile erwachsen geworden. Unser Kennenlernen ist noch keine zwei Jahre her, aber trotzdem: Wir wohnen zusammen! Wir wollen heiraten! Wir sind glücklich! Wir sprechen von Kindern!

Es ging alles sehr schnell bei uns: Justus zog nach drei Monaten bei mir ein. Das war so eine Sache, über die wir gar nicht groß reden mussten. Weil er ja eh immer bei mir war. Wir beide auf 36 Quadratmetern, eine Ein-Zimmer-Wohnung mit offener Küche.

Unser gesamtes Privatleben fand daraufhin eigentlich auf dem Bett statt. Wir aßen hier, wir tranken hier, wir rauchten hier. Wir schauten fern, schauten DVDs, wir spielten Spiele, wir filmten uns, fotografierten uns, alles, alles, alles geschah auf diesem Bett. Voller

Vorfreude glucksend lag ich fast jeden Abend darin, die Decke bis über den Mund gezogen, während er in der Küche Köstlichkeiten brutzelte, die er mir dann freudestrahlend und voller Stolz servierte. Entenbrust mit Salat! Oder Eierpfannkuchen! Gott, diese Eierpfannkuchen! Ein eigenes Kapitel dieser ganzen Geschichte. Oder der Champagner. Wunderbar! Häufig ließen wir im Bett die Korken knallen. Und dann tanzten wir um dieses herum. Zu Frank Sinatra oder den Schnulzensongs von Rod Stewart.

Diese kleine Wohnung, auf dem dritten Hinterhof, ein Zimmer mit Balkon im ersten Stock. Sie war immer dunkel, immer kalt. Aber sie war der schönste Ort der Welt, unser Liebesnest. Wir waren ständig zusammen. Immer. Im Büro, auf dem Heimweg in meinem kleinen Auto, in dieser kleinen Wohnung. Es gab nie eine Pause. Außer, wenn ich in der Badewanne saß. Aber auch dann kam er zu mir, brachte mir ein Glas Wein, eine Zeitung oder einfach nur einen Kuss. Es war der Beginn von allem, was wir jetzt haben. Und das ist viel: Eine Zwei-Zimmer-Wohnung in München. Wir sind zusammen in eine andere Stadt gezogen! Justus fragte mich nach ein paar Wochen: »Wollen wir nicht zusammen eine Wohnung suchen?« Per SMS! Ich bin fast gestorben. Gott, war ich aufgeregt. Aber ich habe Ja gesagt und es keine Sekunde bereut.

Mittlerweile haben wir so viel erlebt, sind im Rosé-Glimmer am Strand von Ibiza eingeschlafen, mit dem Auto durch Israel gefahren und mit dem Jeep acht Wochen durch Afrika getourt. Wir haben alle erdenklichen Prüfungen bestanden. Und wir waren immer glücklich, weil wir nichts anderes brauchen als den anderen Menschen neben uns. Justus sagte neulich zu mir: »Als ich dich das erste Mal gesehen habe, wollte ich dich haben. Und ich wusste, dass du mein Leben verändern würdest.« Unsere Begegnung war das Beste, was uns passieren konnte.

29. GESCHICHTE VOM SEX MIT KOLLEGEN

Mehr geht nicht

*Antonia (42), Personalreferentin, Düsseldorf,
über
Lutz (45), Controller, Düsseldorf*

Heute bin ich Lutz fast dankbar dafür, dass er mich betrogen hat. Schließlich hätte ich Karla sonst niemals getroffen. Für diese Freundschaft hat sich das Desaster, das er angerichtet hat, gelohnt. Aber dass die Sache so völlig absurd enden würde, hätte ich mir ja auch nicht träumen lassen, als ich ihn vor zwei Jahren eingestellt habe.

Ich arbeite in der Personalabteilung eines großen Energiekonzerns, es wurde ein Controller gesucht und Lutz war perfekt geeignet für die Stelle. Fachlich kompetent, erfahren und souverän. Ich leitete seine Bewerbung ans Controlling weiter und war dann bei den beiden Interviews anwesend. Und dabei habe ich ihn so betrachtet, wie ich eigentlich alle Menschen betrachte, mit denen ich beruflich zusammenarbeite – rein professionell. Hat Herr Dreyer blaue oder braune Augen? Und der Anzug? Nadelstreifen oder uni? Keine Ahnung, interessiert mich nicht. Wir sind ja schließlich nicht auf einem Casting für *Germanys Next Sex-Controller* und ich war zu der Zeit zwar Single, aber die Firma ist kein Jagdrevier, das weiß ja nun jeder.

Ich bin fachlich übrigens auch sehr kompetent, vor allem im Schlau-Daherreden. Denn ganz offensichtlich bin ich ja doch mit Lutz ins Bett gegangen. So viel zum Thema Konsequenz. Es hat einige Monate gedauert – und begann als klassische Büro-Romanze. Wir verabredeten uns zum Mittagessen in der Kantine, tauschten freundlich flirtige E-Mails und nach vier Wochen hatten wir unser erstes Date. Wir trafen uns nach Feierabend auf einen Drink. Es wurden gefühlte zehn Rotwein bei mir und diverse Red Bull Wodka bei ihm. Dass er das Zeug trank, fand ich zwar sehr unsexy, aber der Rotwein hatte mich ausreichend benebelt und so landeten wir gegen Mitternacht total blau bei mir. Er war dank des Energydrinks mit Schnaps aufgedreht, ich war dank des Rotweins eher willenlos-betrunken. Daher kann ich mich an den Sex auch gar nicht mehr so genau erinnern. Aber es war wohl gut, denn wir fingen tatsächlich eine Affäre an.

Und ich muss es zugeben: Aus heutiger Sicht war Lutz zwar ein totaler Vollidiot, aber im Bett hatte er es wirklich drauf. Vielleicht auch infolge entsprechender körperlicher Ausstattung. Mal ganz ehrlich, Lutz hatte den schönsten, dicksten und längsten Schwanz, der jemals die Ehre hatte, in mich einzudringen. Rückblickend wohl der entscheidende Faktor. Aber das wollte ich mir damals noch nicht eingestehen. Ich dachte tatsächlich, ich hätte mich verliebt. Und so nahm das Unheil seinen Lauf: Aus der Affäre wurde tatsächlich so etwas wie eine Beziehung. Da ich mich selbst aber als professionell betrachte, bestand ich darauf, dass wir die Sache geheim hielten. Ich wollte auf keinen Fall Berufliches mit Privatem vermengen. Und ich wollte auch nicht das Klatschobjekt der Firma werden. Ich bin nämlich kein Mensch, der gern im Mittelpunkt steht.

Bald verstrickte ich mich – aber verschloss die Augen davor. In der Firma ahnte niemand, dass die Randecker aus der Personalabteilung mit dem Huber aus dem Controlling liiert war. Ich wollte alles unter Kontrolle behalten. Obwohl ich die schon längst verloren hatte.

Wir trafen uns nach Feierabend, verbrachten gemeinsam die Wochenenden und sahen uns beim Sex tief in die Augen. Na ja, jedenfalls manchmal. Unsere Beziehung war nämlich von Anfang an sehr temperamentvoll, um es mal freundlich auszudrücken. Ganz ehrlich: Wir haben uns permanent gestritten. Lutz war eifersüchtig, missgünstig und kleinkariert. Ständig bekam ich böse SMS von ihm, er beschuldigte mich, mit anderen Kollegen zu flirten, er zweifelte an meiner Ehrlichkeit und unterstellte mir, mich eigentlich gar nicht wirklich für ihn zu interessieren. Warum auch immer, ich war fast schon besessen davon, ihm das Gegenteil zu beweisen.

Bei der Arbeit war ich unkonzentriert, weil ich ständig damit beschäftigt war, ihn zu besänftigen und die zahllosen Mails und SMS von ihm zu beantworten. Egal ob ich gerade ein Bewerbungsgespräch führte, ein Abteilungsmeeting hatte oder mit meinem Chef beim Business-Lunch saß – mein Handy piepte Amok. Und Lutz erwartete von mir eine Antwort. Immer. Innerhalb von zehn Minuten, sonst wurde der Terror noch schlimmer. Ich war einfach wie ferngesteuert, ständig unter Strom, ständig an meinem Handy zugange. Einfach nur dumm. Das sagten mir auch meine Freundinnen, die ich eingeweiht hatte. Keine von ihnen konnte Lutz leiden. Aber wie das so ist, wenn man verknallt ist, man hört ja leider auf niemanden mehr. Ich faselte was von »Er ist eben ein besonderer Mensch« und »Ihr versteht nicht, was uns verbindet«. Aber was uns verband, war nüchtern betrachtet nur guter, nein, sehr guter Sex. Und eine große Illusion von wahrer Liebe.

Das ging ein halbes Jahr so. Niemand enttarnte uns, kein Kollege kapierte, was da vor sich ging. Auch ein Vorteil großer Unternehmen – wir arbeiteten in verschiedenen Stockwerken und hatten nur selten dienstliche Berührungspunkte. Dafür wurden Lutz' private Ansprüche immer höher. Er wollte mich jeden Abend sehen, war beleidigt, wenn ich Überstunden machte. Mit der Zeit kontrollierte er mein Leben. Und dadurch, dass wir im selben Unternehmen arbeiteten, wusste er auch genau Bescheid. Sah er mich in der Kantine mit einem Kollegen, bekam ich sofort eine garstige SMS: »Na, wieder Hintern-Wackeln für die Karriere? Wusste ich es doch. Bestätigt nur mein Bild von dir.«

Unfassbar, aber so was hat er mir mittags geschrieben – und abends bekochte ich ihn mit Pasta. Ich dusselige Kuh. Natürlich fühlte ich mich nicht wohl dabei. Natürlich war mir klar, dass ich dabei war, meinen Stolz abzulegen wie eine Bluse mit Rotweinflecken. Ich war ständig gestresst. Der einzige Spaß war Sex. Mit Lutz. Er drückte alle meine Knöpfe. »Es ist, als hätte dir jemand mein sexuelles Drehbuch gegeben«, sagte ich ihm einmal. Was da drin steht? Ich liebe es, wenn ein Mann Stärke zeigt. Wenn er sich nimmt, was er will – und dabei trotzdem zärtlich bleibt. Lutz nahm mich in den Arm und ich konnte mich darin verlieren. Er küsste mich besinnungslos. Er war so aufmerksam, so hingebungsvoll, so leidenschaftlich. Er vögelte mich, bis ich kam. Nicht ein einziges Mal ließ er es zu, dass ich keinen Orgasmus hatte. Und die musste ich bei ihm nicht vortäuschen. Er liebte es, mich zu küssen. Und er liebte es, mir zu sagen, was er gleich mit mir anstellen würde. »Süße, ich werde dich lecken, ich werde deine feuchte Spalte richtig nass machen. Dann schiebe ich meine Finger in dich, um zu fühlen, wie geil du bist. Nur ich kann dir geben, was du brauchst.«

Solche Ankündigungen machten mich schon genauso scharf wie deren Ausführung. Dirty Talk – ich stehe darauf. Und wenn die SMS, die ich von Lutz bekam, mal nicht bösartig waren, dann stand genau so etwas darin. Etwas Geiles. Etwas, das mich dazu brachte, sofort mit ihm schlafen zu wollen. Und fast immer dieser Satz: »Nur ich kann dir geben, was du brauchst.« War das sein Mantra? Unsere Beziehung war ein unerträglicher Spannungszustand. Das ständige Schwanken zwischen Lust und Leid, Geilheit und Terror. Niemand verstand mich, und ich tat es allmählich auch nicht mehr. Aber ich konnte nicht aufhören.

Bis zum 16. August. Da brach alles zusammen. Und ich tat es auch. Auslöser war eine fast schon beiläufige Bemerkung unserer

Sekretärin Frau Klein. »Haben Sie schon gehört, dass der Herr Huber, den Sie vor einem halben Jahr eingestellt haben, jetzt mit der Kollegin Schnee-Köpf aus dem Marketing liiert sein soll?«, fragte sie mich bei einer Plauderei am Kaffeeautomaten. »Kann nicht sein«, platzte es aus mir heraus. Und im selben Moment durchschoss es mich. »Äh, woher haben Sie das? Kann ich mir nicht vorstellen«, schob ich hinterher, mit unprofessionell geröteten Wangen. Jetzt nur ruhig bleiben, redete ich mir ein. Das ist ja völlig unmöglich. Dämlicher Büroklatsch. Da gebe ich nichts darauf. »Ja, das ist lustig«, antwortete Frau Klein und goss Milch in ihren Filterkaffee, »Herr Ludwig hat die beiden abends im Phil's gesehen«, sie drehte sich verschwörerisch zu mir um, »und zwar in ziemlich eindeutiger Pose.«

In dem Moment fiel mir zwar alles aus dem Gesicht – aber glücklicherweise nicht der Kaffee aus der Hand. Ich atmete sehr, sehr tief ein und drehte mich auf dem Absatz um. »Ich habe einen Termin«, stammelte ich im Gehen. Ich war fassungslos. Ungläubig. Verletzt. Und hilflos. Das konnte doch nicht sein! Oder doch? Und nun? Er hatte doch immer von Liebe gesprochen. Und mir permanent vorgeworfen, ihn zu betrügen. Ich wäre niemals auf die Idee gekommen, dass er hinter meinem Rücken ... Das war doch alles zu schlimm, um wahr zu sein.

In absoluten Krisensituationen hilft nur eins: der Rat der besten Freundin. Ich schaffte es das erste Mal seit Monaten, die bösen SMS von Lutz zu ignorieren. Er war sauer, weil ich mich nicht meldete. Schrieb mir im Minutentakt. Aber dieses Mal hatte ich sehr viel Wichtigeres zu tun. Gemeinsam mit Katja schmiedete ich einen Plan. Und am nächsten Tag suchte ich im Büro mit Herzklopfen den Namen meiner vermeintlichen Nebenbuhlerin aus dem Outlook. Ich frage mich heute noch, wie ich den Mut dazu aufbrachte. Aber ich war einfach zu verletzt, um noch Skrupel zu haben. Ich schrieb ihr. Eine E-Mail. Rein intuitiv. Mit nur zwei Sätzen. »›Nur ich kann dir geben, was du brauchst.‹ Kennen

Sie diese Worte?« Die Antwort kam prompt. »Wir sollten uns treffen.«

Das taten wir. Am nächsten Tag, nach Feierabend. Ich war aufgeregter als beim ersten Date mit Lutz. Und total am Ende mit den Nerven. Nicht nur wegen des Treffens mit dieser Frau. Sondern auch, weil er mir die Hölle heiß machte. Er wollte mich sehen. Er war wütend, weil ich abgesagt hatte. Ich kannte Karla nicht, sie arbeitet im Marketing, wir hatten nie etwas miteinander zu tun gehabt. Und dann saß sie vor mir, in einer kleinen Bar, das war mein Vorschlag gewesen. Wie gesagt, ich mag es nicht, wenn Kollegen etwas mitbekommen. Hübsch war sie, blond wie ich. Mein Alter. Roter Lippenstift, wie ich. Hohe Stiefel über Jeans, mein Stil. Und sie wirkte genauso nervös wie ich. Wir begrüßten uns schüchtern, gaben uns die Hand. Und trotzdem war da gleich etwas. Wir checkten uns ab, klar. Aber ich konnte nichts Unsympathisches an ihr entdecken. Ich mochte ihre Stimme, ihren Humor, schon nach ein paar Sätzen. Erst sprachen wir über die Firma, lästerten über den Vorstand und das Kantinenessen.

Und dann war sie es, die das Gespräch nach einigen Minuten auf das Wesentliche lenkte. »Geht es um Lutz Huber? Ist der Typ ein Arschloch?« Großartig, die Frau brachte die Sache auf den Punkt. Sie wurde mir immer sympathischer. Aber das ging ja eigentlich gar nicht! Hassen sollte ich sie! Meine Nebenbuhlerin, das Miststück! Aber das gelang mir nicht. Die Sache war schnell geklärt. Lutz hatte seit drei Monaten ein Verhältnis mit ihr. »Aber mal ehrlich«, sagte sie gleich, »ich habe das Gefühl, der Typ tickt nicht richtig. Der bombardiert mich mit SMS, ständig.« Es war unfassbar. Lutz hatte mit ihr fast exakt dasselbe Spiel gespielt wie mit mir. Und um Zeit zu sparen, hatte er teilweise einfach identische SMS an uns beide geschickt! Und den Satz: »Nur ich kann dir geben, was du brauchst«, den hatte er auch bei beiden von uns verwendet.

Nach drei Weinschorlen und ungläubigem Staunen gepaart mit Wut wurden wir uns immer vertrauter. »Die ganze Sache mit uns ist eigentlich rein sexuell«, gestand mir Karla. »Das ist Ihnen gegenüber jetzt geschmacklos, aber das ist das Einzige, was mir an ihm gefällt.« – »Wir sollten uns duzen«, war meine Antwort. »Ich glaube, wir haben nicht nur den Mann, sondern auch einige Vorlieben geteilt.« Mit diesem Satz war das Eis endgültig gebrochen. Wir waren uns ähnlich. Und wir waren von ihm beide auf richtig miese Art benutzt worden. »Was machen wir jetzt?«, fragte ich nach einer weiteren Stunde Informationsaustausch. »Wir zahlen es ihm heim«, war Karlas Antwort. Sie bestellte uns zwei Wodka, zückte ihr Handy und bat die Barfrau, ein Foto von uns zu machen. »Wir schicken ihm eine kleine Erinnerung. Und dann haken wir den Idioten ab. Endgültig!« Wir zogen uns beide kichernd noch mal die Lippen nach, nahmen die Wodkagläser in die Hand und prosteten herausfordernd lächelnd in die Linse. »Finde deinen Fehler – aber ohne uns! Viele Grüße, Antonia und Karla«, schrieben wir zu der MMS. Und schickten sie ab.

Seltsam, aber weder Karla noch ich bekamen eine Reaktion auf die Nachricht. Lutz, der Weltmeister im SMS-Tippen, war plötzlich verstummt. Fast fehlte mir das permanente Piepen in den ersten Tagen. Aber ich riss mich zusammen. Wir hatten ausgemacht, uns nicht bei ihm zu melden. Und wir hielten uns daran. Ich war die Erste, die Lutz in der Firma begegnete, es war in der Kantine. Ich erstarrte fast vor Schreck, mein Herz raste; so abgeklärt wie ich gedacht hatte, war ich nämlich doch nicht. Aber er ging an mir vorbei und tat so, als hätte er mich gar nicht gesehen. Am Abend erzählte ich Karla von der Begegnung – wir mussten beide lachen über die Armseligkeit dieses Vollhonks, mit dem wir so viel Zeit verschwendet hatten.

Wir sehen ihn beide noch, manchmal begegnen wir ihm auch gemeinsam. Aber mittlerweile, einige Monate später, lässt mich Lutz völlig kalt. Karla ist eine enge Freundin geworden. Wir genießen unser Single-Leben – und haben entdeckt, dass man mit Männern wunderbar spielen kann. Wenn man die Kontrolle behält. Und das werde ich in Zukunft tun, ich habe es mir fest vorgenommen.

30. GESCHICHTE VOM SEX MIT KOLLEGEN

Im Nahkampf

*Nicola (39), Psychologin, Bremen,
über
Nils (41), Gynäkologe, Bremen*

Es war der geilste Sex meines Lebens – als ich Nils traf, dachte ich, dass Liebe am Arbeitsplatz das Beste ist, was einem passieren kann. Und es ist mir zum Glück nicht nur einmal passiert ...

Um mein Studium zu finanzieren, jobbte ich in einem großen Fitnessstudio. Psychologie und Muckibude – eine Kombination, die zu mir passt. Konventionen sind nichts für mich, ich hasse Regeln und geistige Beschränktheit – ich bin eine selbstbewusste und leidenschaftliche Frau, die viele für sehr tough, fast schon dominant halten. Das stimmt aber nur bedingt: Ich erwarte Respekt und gleiche Augenhöhe im Umgang mit anderen, sexuell lasse ich mich allerdings gern dominieren. Ich finde es befreiend, mich total fallen lassen zu können.

Als neue Mitarbeiterin von FitCom wurde von mir erwartet, alle Kursangebote einmal mitzutrainieren. Step Aerobic, Bauch-Beine-Po, Pilates, alles kein Problem, ich war gut in Form. Dann kam die Selbstverteidigung – und die war alles andere als ein harmloser Frauenkurs. Die meisten der Teilnehmer waren Männer, was wohl auch am Namen lag, das Training nannte sich »Anti-Terror-Kampfübungen«.

Dementsprechend sahen die Jungs auch aus – richtige Kerle, breite Schultern, Tattoos, nicht mein Beuteschema, aber ich war gespannt. Nils, der Trainer, kam zur Begrüßung auf mich zu und ich hatte sofort das Gefühl, diesen Mann zu kennen, oder vielmehr war mir, als wäre ich schon einmal sehr intim mit ihm gewesen. Nils war ein Kerl wie ein Baum, mindestens 1,90 Meter groß, breites Kreuz und einen extrem austrainierten Körper. Seine Haare waren mittellang und rotbraun, dazu kamen seine Sommersprossen im Gesicht, die ihm etwas Charmant-Jungenhaftes gaben. Ein Mann, der auffällt, keine Frage. Aber so sehr ich auch grübelte, ich bekam keine Verbindung zu diesem Gesicht und doch war ich mir sicher, ihn zu kennen. Ich suchte Blickkontakt, um bei ihm ein Erkennen zu finden, aber er musterte mich nur freundlich, aber nichtssagend. Also konzentrierte ich mich auf das Training und tröstete mich mit dem Gedanken, dass ich schon darauf käme, wenn ich nicht so sehr grübeln würde.

Ich lächelte still in mich hinein – und dann blieb mir vor Schreck fast das Herz stehen. Nils griff mich von hinten und packte mich fest, fast schon brutal, um der Gruppe einen Übergriff zu demonstrieren. Ich war in dem Spiel das wehrlose Opfer, nicht vorbereitet, völlig erschrocken. Meine Rolle spielte ich gut. »Oh Gott«, keuchte ich. Außer dem Schreck durchzog mich aber noch ein anderes Gefühl: Ich spürte, wie der Griff seiner starken Arme mich erregte. Mein Körper an seinen gedrückt, wehrlos. Ich atmete tief ein, seinen markanten Geruch in der Nase. Was für ein Mann, dachte ich, der Griff könnte gern noch etwas fester ...

»Und was machst du jetzt?«, unterbrach mein »Angreifer« meine Gedanken. Es war unmöglich, ihm die Wahrheit zu sagen – denn »fick mich« hat so gar nichts mit Selbstverteidigung zu tun. So versuchte ich, mich in die Opferrolle hineinzuversetzen, und faselte irgendwas von »in die Eier treten« und »ganz doll schlagen«. Er konnte ja nicht ahnen, dass er mit seinem »Übergriff« gerade meine sexuellen Knöpfe gedrückt hatte, und sagte bestimmt: »Dann zeig es mir«, während die sieben anderen Kerle gespannt zuschauten. Das stachelte meine Lust noch mal an. Beherrsche dich, dachte ich nur. Kämpf jetzt, los! Also versuchte ich, mich zu wehren. Völlig sinnlos, klar. Nils fing jeden meiner Schläge souverän ab und rief sehr energisch: »Nicola, das ist hier kein Häkelkurs, bitte richtig schlagen, sonst lernen wir hier alle nichts!«

Das provozierte mich. So ein Eiteitei-Huhn, das sich nichts traut, wollte ich nicht sein und schlug nun richtig zu. Nils fing meine Schläge und Tritte mit einem Lächeln ab. Jetzt wurde ich langsam echt wütend – und geil zugleich, ich schlug wie wild um mich, verausgabte mich total. Als ihm das Schauspiel reichte, drückte er mich zu Boden, fixierte mich und erklärte den anderen, was jetzt zu tun sei. Nils saß breitbeinig über meinem Bauch, und ich? Ich hörte nicht zu, während er der Gruppe Technik und Griffe erklärte. Ich genoss einen hervorragenden Blick auf das Wesentliche, das sich deutlich unter seiner schwarzen Trainingshose abzeichnete. Extrem vielversprechend!

Leise stöhnte ich auf, woraufhin er mich irritiert fragte, ob sein Griff zu hart sei. Wie rücksichtsvoll. Ich nahm all meinen Mut zusammen, blickte ihm fest in die Augen und antwortete ehrlich und provozierend: »Ganz im Gegenteil!« Nach kurzer Irritiertheit verstand er wohl, was ich meinte – und ein wissendes Lächeln breitete sich über sein Gesicht aus. Meinem Empfinden nach dauerte es eine Ewigkeit, bis er aufstand und sich den anderen Kursteilnehmern zuwendete.

Nach der Stunde ging ich als Erste aus dem Raum.

In den nächsten Tagen ertappte ich mich immer wieder dabei, wie meine Gedanken zurück zu dieser speziellen Kurssituation abdrifteten und ich ständig an Nils, na ja, hauptsächlich an seinen unfassbar scharfen Körper, dachte. Und ich gab mir plötzlich sehr viel mehr Mühe, mich zu stylen und zu schminken, bevor ich zum Job ging – immer in der Hoffnung, ihm zu begegnen. Leider traf ich ihn die ganze Woche nicht im Studio, obwohl ich – natürlich rein zufällig – ständig an den Kursräumen vorbeitigerte. Das war zwar normalerweise gar nicht mein Arbeitsbereich, denn ich trainierte im Saal mit den Maschinen, aber irgendeinen Vorwand fand ich immer. Einer davon waren die Personaltoiletten direkt neben dem Trainingsraum von Nils. Aber er hatte offenbar Besseres zu tun. Also fieberte ich dem Donnerstag entgegen, an dem der nächste Kursabend im Anti-Terror-Kampf stattfinden würde. Da musste er ja da sein!

Als es endlich so weit war, verflog eigenartigerweise meine Nervosität und ich konnte ganz ruhig und souverän in den Kurs gehen. Diesmal machten wir erst mal eine extrem harte Aufwärmeinheit, unerbittlich verlangte Nils Disziplin und Ausdauer – obwohl ich nicht die Einzige war, die mächtig ins Keuchen kam. Als einzige Frau und um vor Nils keine Schwäche zu zeigen, kam Aufgeben aber so gar nicht in Frage! Klitschnass geschwitzt und vor Anstrengung glühend durften wir endlich kurz durchatmen. Nils beachtete mich kaum – und das machte mich fast wahnsinnig. Permanent versuchte ich, in seiner Nähe zu sein – er sollte doch bitte noch mal eine Übung an mir demonstrieren! Tat er aber nicht.

Zum Ende der Stunde, als ich schon fast die Hoffnung aufgegeben hatte, wandte er sich plötzlich doch an mich. »Das ist jetzt ein besonders brisanter Griff«, erklärte er, stellte sich hinter mich und zog mich mit dem linken Arm fest an sich. Im selben Moment fasste seine rechte Hand unter mein Kinn, hob es an und strich mit der anderen langsam meinen Hals entlang. Oh Gott, das war mehr, als ich mir ausgemalt hatte. Ich spürte ein Kribbeln im ganzen Körper – Nils berührte gerade eine meiner erogensten Zonen. Wenn eine starke Männerhand meinen Hals fest umfasst und sanft drückt, gibt es bei mir kein Halten mehr. Tja, leider redete Nils lieber über den Kehlkopfgriff und wie wirkungsvoll dieser im Ernstfall sei. »Man darf den Kehlkopf nicht eindrücken, das kann tödlich sein«, erklärte er und ich hörte nur halb zu, »aber herausziehen – das ist für den Gegner sehr, sehr schmerzhaft – aber ungefährlich. Ich zeige euch das mal!« Wie jetzt, meinte der mich? Zu spät, Nils drehte mich zu sich herum, griff ohne zu zögern meinen Kehlkopf und zog ihn ein Stück heraus. Schreck und Schmerz durchfuhren mich, ich schrie auf. »Spinnst du?«, brüllte ich und starrte ihn wütend an.

»Hey, du kannst dich jetzt rächen. Mach das Gleiche bei mir. Du musst ein Gefühl dafür entwickeln, die Theorie ist ohne die Praxis nichts wert.« Obwohl ich wirklich geladen war, gelang mir der Kehlkopfgriff erst nach dem dritten Versuch, ich war eben trotz allem zu zögerlich. Und Nils verzog keine Miene, als ich es schließlich schaffte. Mit dieser frustrierenden Erfahrung endete die Stunde, und er bedankte sich bei mir und allen anderen Kursteilnehmern, die nach und nach in den Umkleidekabinen verschwanden.

Nur ich ließ mir Zeit. Ich hatte mich eine Woche auf diesen Moment vorbereitet, jetzt oder nie. Ich trank ein bisschen Wasser, dann piepte mein Handy. Sehr gut! Ich hatte meiner besten Freundin extra gesagt, sie solle genau um 21 Uhr eine lange SMS schreiben, die ich natürlich auch unbedingt noch im Kursraum lesen musste. Ich blieb also stehen und tat so, als würde ich gebannt auf mein Handy starren.

Nils räumte währenddessen auf und rollte Matten zusammen. »Nicola...«, rief er plötzlich nicht sehr laut. Oh Gott! Ich konnte förmlich das Adrenalin spüren – es breitete sich wie ein Tsunami in meiner Blutbahn aus!

Angestrengt lässig ging ich auf ihn zu, woraufhin er mich sanft am Oberarm fasste und grinsend sagte, er würde den Kehlkopfgriff gern noch mal kurz üben. »Ich bin mir nicht so ganz sicher, ob du vorhin wirklich aufmerksam warst. Ich hatte den Eindruck, du denkst an etwas ganz anderes...« Er hatte mich durchschaut. »Äh, kann sein...«, antwortete ich und starrte ihn provozierend, aber mit klopfendem Herzen an. Nils hob den Arm, griff mit der Hand fest um meinen Hals und drückte mich langsam gegen die

Wand neben den Lichtschalter. Ich konnte mich nicht beherrschen, stöhnte kurz auf – aber er sah mir nur wortlos direkt in die Augen und machte das Licht aus. »Wenn ich dich loslasse«, flüsterte er mir heiser ins Ohr, »dann wirst du dich ausziehen, und zwar komplett. Ich will dich sehen ...« Dann nahm er die Hand von meinem Hals, ich atmete schwer. Nicht etwa, weil sein Griff zu fest gewesen wäre – ich war unglaublich erregt. Ich ließ ihn nicht aus dem Blick, während ich mir langsam mein T-Shirt über den Kopf zog, den BH öffnete und schließlich meine kurze Baumwollhose und den Slip zu Boden gleiten ließ. Ich war aufgeregt, fühlte mich aber keinesfalls unsicher. Er hatte die körperliche Macht über mich – aber ich war in der Lage, ihn schwach zu machen. Mit meiner Nacktheit, mit meiner Schutzlosigkeit.

Er sah mich an, berührte mich sanft und ich erwiderte seinen Blick. »Öffne deine Hose. Ich will dich schmecken ...«, flüsterte ich. Ich sah die Irritation in seinem Blick. Ich hatte die Rollen gewechselt. Ich war jetzt die Aktive, ich war diejenige, die Ansagen machte. Ein kleines Lächeln umspielte seine Lippen, aber er gehorchte wortlos. Ich glitt auf die Knie, er hielt seinen Schwanz fest, präsentierte ihn mir wie ein massives, aber kostbares Schmuckstück. Das war er auch. Ein großartiger, harter Schwanz, gerade gewachsen, wunderschön, ich war begeistert und spielte vorsichtig mit meiner Zunge an seiner Eichel. Er atmete scharf ein, musste sich beherrschen, um nicht laut aufzustöhnen. Das gefiel mir. So knockt man einen Nahkampfprofi aus, dachte ich und musste innerlich grinsen.

Aber Nils war wohl nicht danach, die Kontrolle zu verlieren. Plötzlich zog er mich hoch, fast schon grob. Er packte mich und trug mich zu dem Mattenstapel in der Ecke des Trainingsraums. Er drehte mich auf den Bauch und drang von hinten in mich ein. Er hielt mir die Hand vor den Mund – kluge Vorsorge, sonst hätte ich in dem Moment laut aufgeschrien vor Geilheit. Nach einigen festen, harten Stößen drehte er mich um – und ich konnte sein

Gesicht sehen, als er erneut in mich eindrang. Es war genau dieser Moment, sein Gesicht über mir, sein Schwanz in mir, als es mir einfiel. Als es plötzlich ganz klar wurde.

Ich kannte diesen Mann. Oh mein Gott. Ich schloss die Augen. Es war unfassbar. Das konnte doch nicht sein! Und warum kam ich ausgerechnet jetzt darauf? Nils packte mich an den Oberarmen, ich spürte, wie sehr er sich zurückhalten musste – aber er blieb ganz still, mit verzerrtem Gesicht steuerte er auf seinen Höhepunkt zu. Ich starrte ihn an wie ein erschrockenes Kaninchen. Nein! Nein! Nein! Er war es wirklich. Warum musste mir das ausgerechnet jetzt einfallen? Die Situation war so absurd, dass sie eigentlich komisch war. Er kam, gewaltig, zuckend, seine Hände fest um meine Oberarme, dann sackte er mit dem Kopf auf meine Brust, schwer atmend. Seine Haare kitzelten mich in der Nase, ich musste kurz niesen. Er drehte sich zu mir um: »Was ist mit dir los? Du guckst so komisch – habe ich was falsch gemacht?«

»Ich erkläre es dir gleich. Wenn du mich zum Essen einlädst«, antwortete ich lächelnd. Üblicherweise geht man zwar erst essen und dann ins Bett, aber so gefiel es mir eigentlich auch sehr gut. Wir bestellten uns Apfelschorle – und als ich seinen erwartungsvollen Blick sah, erklärte ich es ihm. »Du bist Gynäkologe und arbeitest im Diakonissenkrankenhaus in Bremen.« Nun war er sprachlos und verwirrt. Ich redete einfach weiter, erzählte ihm von meiner anfänglichen Gewissheit, ihn zu kennen, und dem Moment auf dem Mattenstapel, als er in mich eindrang und es mir plötzlich klar wurde. »Ich war damals für einige Tage in der Klinik«, erzählte ich, »bei der Abschlussuntersuchung – da warst du der behandelnde Arzt. Warum ich darauf ausgerechnet beim Sex kam, ist psychologisch sicher leicht erklärbar!« Wir mussten beide furchtbar lachen – und gingen nach zwei Stunden und vier Apfelschorlen auf allen Ebenen satt nach Hause.

Die nächsten Wochen verliefen ähnlich, fast schon rituell. Jeden Donnerstag nach dem Kurs blieben wir noch etwas länger – und es wurde immer besser, leidenschaftlicher und hemmungsloser. Leider – oder zum Glück – endete der Kurs allerdings nach zehn Wochen, für mich ging es mit Yoga weiter. Die Trainerin Elke war logischerweise kein Ersatz für meinen Frauenarzt und Verführer. Unsere Trainings-Sex-Treffs zwar vorbei, und so begannen wir, uns »ganz normal« und privat zu verabreden. Kino, Kochen, Kneipe, wir holten das ganze Kennenlernprogramm nach und hatten endlich auch das erste Mal Sex im Bett statt auf dem Mattenstapel im Trainingsraum. Nils und ich – das fühlte sich richtig gut an. Und das drei Jahre lang. Wir lebten zusammen, wir planten zusammen, wir dachten, das wäre jetzt für immer.

Bis der potenzielle Mann meines Lebens etwas mit einer Hebamme in seiner Klinik anfing. Ich hätte es ahnen müssen! Es passierte bei einer seiner zahllosen Nachtschichten. Ich glaube, er hat mich ein paar Monate lang betrogen – und als er merkte, dass es zwischen Elena und ihm ernst wird, hat er es mir gestanden. Wer einmal sündigt, tut es immer wieder. Aber die beiden passen einfach gut zusammen, sie teilen ihre Interessen und das große medizinische Fach, was eine ungeheure Verbindung schafft. Ich kann das mittlerweile sehr gut beurteilen – mir geht es nämlich ähnlich.

Nach Beendigung meines Studiums habe ich mich in einen Kollegen verliebt. Carsten und ich überlegen gerade, eine gemeinsame Praxis zu eröffnen. Und dieses Mal lasse ich mir meine Pläne nicht von einer Kollegin durchkreuzen!

31. GESCHICHTE VOM SEX MIT KOLLEGEN

Atemberaubend

Jiska (28), Fotografin, Münster,
über
Juri de Wolf (36), Fotograf, Amsterdam

Mein Idol erreichte mich an einem Dienstagabend um 21 Uhr per Handy. Er sprach nicht direkt zu mir, nein, dafür hat er seine Leute. Seine Repräsentantin aus Amsterdam war dran: Jennifer, eine freundliche Amerikanerin. Als sie den Grund ihres Anrufs nannte, fiel mir fast mein Nokia aus der Hand. Sie wollte mich – nein, *er* wollte mich! Juri de Wolf, holländischer Modefotograf mit russischen Wurzeln. Russisch und holländisch! Was für eine tolle Kombination, was für ein toller Künstler. Ich liebe seine abgefahrenen Inszenierungen, seine schrill-avantgardistischen Fotos. Und jetzt hatte ich einen Job – als seine Assistentin bei einem Shooting für ein englisches Modemagazin in Köln. Nach diesem Telefonat konnte ich zwei Wochen nur das Nötigste essen, musste dafür aber umso mehr Rotwein trinken, um überhaupt schlafen zu können. Ich war wahnsinnig aufgeregt. Gleichzeitig sah ich meine Chance …

Er wollte mich treffen, mich kennenlernen – am Abend vor dem Shooting in der Marsil Bar. Das verunsicherte mich ein bisschen – der Laden wird hauptsächlich von Schwulen besucht. Mein Lieblingsfotograf stand doch nicht etwa auf Jungs? Mann, das wäre wirklich zu schade! Meine Bedenken waren in dem Moment dahin, als ich ihn das erste Mal sah. Als er mich das erste Mal sah. Ich kam herein, er saß bereits an der Bar. Ich erkannte ihn sofort. Natürlich, jeder Brad-Pitt-Fan würde ja auch bemerken, wenn der Typ auf einem Hocker in einer Kölner Bar hockt. So ungefähr fühlte es sich für mich an, Juri de Wolf da sitzen zu sehen. Ich wurde fast ohnmächtig, als er meinen Blick erwiderte. Und zwar nicht so, wie ein Superstar das 231. Groupie begutachtet. Sondern eher so, wie Brad damals Angelina Jolie angeschmachtet haben muss. Er schaute mir direkt in die Augen, ließ mich keine Sekunde aus dem Blick, während ich den Laden durchquerte. Er fixierte mich durch seine stylishe Brille, ich hatte das Gefühl, ein Funkeln in seinen braunen Augen zu erkennen. Aber vielleicht war das auch nur meine romantische Vorstellungskraft. »Hi«, sagte ich zur Begrüßung. »Da bist du«, erwiderte er auf Deutsch. »Du bewegst dich gut, ich mag deinen Gang«, fügte er hinzu. Ein Kompliment, lässig ausgesprochen wie die Bestellung an einer Bar. Gut, dass der Hocker neben ihm frei war; ich setzte mich schnell, sonst wäre ich womöglich in Ohnmacht gefallen.

Ich schlug langsam die Beine übereinander und versuchte, trotz Herzklopfens souverän zu bleiben. Der Mann steht auf mich, dachte ich fast ungläubig. »Was trinkst du?«, fragte er. »Ein Glas Barolo«, erwiderte ich mit der Andeutung eines Lächelns. Langsam gewann ich meine Lässigkeit zurück. Der Starfotograf war auch nur ein Mann – und wie die funktionieren, war für mich kein Geheimnis. Ich begann, mich großartig zu fühlen. In den nächsten zwei Stunden besprachen wir alle Einzelheiten des Shootings. Ich genoss das Gespräch und meinen Barolo, griff aber auch immer wieder nach seinem Glas Chivas Regal auf Eis. Erstens, weil ich Whisky sehr gern mag, zweitens, weil ich so eine gewisse Vertrautheit herstellen konnte. Zwischendurch rief ich mir immer wieder ins Gedächtnis, dass neben mir mein absolutes Fotografen-Vorbild saß.

Der reagierte allerdings wie andere Kerle und sprang voll auf mich an. Kaum zu glauben, wie einfach es war. Ich gab die kühle Künstlerin, die selbstbewusste Femme fatale. Und das, obwohl er mich als Assistentin gebucht hatte. Ich würde das Licht aufbauen. So, wie er das wollte. Die Kameras einstellen. Nach seinen Vorgaben. Er war der Meister. Der Gestalter. Der Star und der Fotograf. Aber nicht heute Abend. Ich fühlte mich wie berauscht – meine Masche funktionierte einfach zu gut. Das tut sie fast immer.

Um halb drei verließen wir die Bar. »Ich habe hier ein kleines Apartment«, sagte Juri mit seinem holländischen Akzent, den ich wahnsinnig charmant fand. Als wir durch die Kölner Altstadt gingen, er neben mir, betrachtete ich ihn von der Seite. Was für ein Mann – wie für mich zusammengebastelt. 1,86 Meter groß, athletisch gebaut. Seine Haare fielen ihm dunkel ins Gesicht, was ihm etwas Verwegenes gab. Seine Brille, nicht von Gucci, das wäre viel zu gewöhnlich für ihn. Das dunkle Gestell war mit Sicherheit von einem wahnsinnig angesagten Nachwuchs-Designer. Sein Bart, nicht drei Tage alt, nein, Juri de Wolf ließ seine Stoppeln sicher sechs Tage lang stehen. Und dann sein Schmuck an seinen wahnsinnig schönen, großen, gepflegten Händen. An der linken trug er einen breiten silbernen Ring mit Emblem, dazu die passende Uhr, am rechten Handgelenk eine massive Kette, ebenfalls aus Silber und mit dem Emblem. Spezialanfertigungen, vermutete ich. Dieser Mann steht mir extrem gut, schoss es mir durch den Kopf, als ich uns im Vorbeigehen in einem Schaufenster gespiegelt sah. Ob es im Bett genauso gut passen würde wie auf der Straße?

Seine kleine Dachwohnung war sehr puristisch eingerichtet. An den weißen Wänden kein einziges Foto. Gefiel mir extrem gut. Juri de Wolf hatte es nicht nötig, sich selbst zu inszenieren. Er schenkte uns zwei Gläser Chivas Regal ein. »Wünsch dir ein Lied«, forderte er mich auf. Ich setzte mich auf sein schwarzes Ledersofa, griff nach meinem Glas und nahm einen Schluck Whisky. »Jamie Cullum: *Please don't stop the Music*«, antwortete ich langsam und sah ihn direkt an. Sein Blick verriet mir, dass er beeindruckt war. »Love that song«, kommentierte er und ich lehnte mich langsam zurück, die Beine ein bisschen zu weit gespreizt – in Anbetracht der Tatsache, dass ich meinen schwarzen Bleistiftrock trug. Jamie Cullums tiefe, jazzig-raue Stimme, der Alkohol und die Anwesenheit von Juri, ich spürte ein warmes Kribbeln, eine leichte Erregung gepaart mit Vorfreude und einem vagen Glücksgefühl. Dieser Moment funkelte. Er war perfekt. Einer der Augenblicke, die ich für immer bewahren würde. Er setzte sich neben mich auf das Sofa und sah mich an. »Sehr sexy«, stellte er fest, »ich stehe auf dich« – ausgesprochen wieder mit dieser sachlichen Entspanntheit, die kein bisschen plump klang.

»Ja«, antwortete ich nur und in diesem Moment war ich ganz ich, keine Masche, kein Vamp. Ich sah ihm in die Augen, fühlte, wie er sanft mein Handgelenk umfasste. »Küss mich, Schöne«, flüsterte er und ich beugte mich zu ihm. So zärtlich er eben noch gewirkt hatte – sein Kuss war wild, fast brutal stieß er mir seine Zunge in den Mund. Er packte mich am Hinterkopf, drückte mich an sich, sodass ich kaum noch Luft bekam. Mit der anderen Hand spreizte er meine Beine, wanderte höher, bis zu meinem Slip, den er beiseiteschob. Ich stöhnte, halb erschrocken über diese plötzliche Grobheit, halb erregt aus genau diesem Grund. Er ließ meinen Kopf los, seine Hand umfasste meinen Hals. Er drückte zu, fest, immer fester. Ich bekam keine Luft mehr, keuchte, versuchte mich aus seinem Griff zu befreien. Doch er war gnadenlos. Noch einmal drückte er zu, dann gestattete er mir einen Atemzug. Ich schnappte nach Luft, jetzt nur noch erschrocken. »Was machst du da?«, stieß ich hervor.

Er sah mich an, sein Blick wurde plötzlich weich. »Baby, sorry. War ich zu heftig? Das will ich nicht, ich will dir nicht wehtun«, sagte er, küsste mich wieder, ganz zart. Seine Hand wanderte meinen Oberschenkel hinab, sanft massierte er mein Knie. »Ich bin so scharf auf dich, so fucking scharf auf dich«, flüsterte er und küsste meinen Hals. »Komm, lass uns ins Bett. Ich tue nichts, was du nicht willst. I promise.« Ich entspannte mich ein wenig – und folgte ihm ins Schlafzimmer, in dem nur eine riesige Matratze auf dem Parkettboden lag. Ich ließ mich nieder, legte mich auf den Rücken, Sekunden später war er über mir, knöpfte meine Bluse auf.

»Du machst mich so geil«, flüsterte er und betrachtete mich. Dann beugte er sich herunter, küsste mich, tief und innig dieses Mal. Ich schloss die Augen, spürte, wie die Erregung in mir aufstieg, heftiger jetzt, ungehemmter, ohne Vorsicht, ohne Angst vor einer erneuten Attacke. Er schob meinen Rock hoch, öffnete seine Hose und drang in mich ein. Regungslos lag er auf mir, sah mir in die Augen. »I will fuck you, baby«, murmelte er und begann, sich langsam in mir zu bewegen. »Ja«, stöhnte ich und gab mich ganz seinen sanften, tiefen Stößen hin. Sein Atem, der nach Whisky und Zigaretten roch, sein Körper, der eine solche Geilheit verströmte, ein herb-würziges Aroma, betäubend, betörend. Immer schneller wurden seine Bewegungen, ich öffnete die Augen, sah zu, wie mein Idol mich fickte. Das gab mir einen zusätzlichen Kick, leise feuerte ich ihn an. »Mach es mir, ja, komm. Schneller«, stöhnte ich, »spüre meine Geilheit, meine Nässe, komm, komm!« Er wurde noch schneller, schloss jetzt die Augen, klammerte sich an meinen Oberarmen fest. »Oh my god«, stöhnte er und sein Kopf sank auf mein Dekolleté. Ich atmete den Geruch seines Haares ein, spreizte die Beine noch weiter, damit er tiefer in mich eindringen konnte. Er stieß zu, heftiger, immer heftiger und schneller. Zu heftig jetzt.

Es tat weh. »Hey, ganz ruhig«, flüsterte ich und versuchte, die Beine wieder ein Stück zu schließen. Aber er reagierte nicht, stieß zu, nicht zu stoppen. »Hör auf, bitte, das ist zu heftig«, rief ich, jetzt schon ziemlich laut. Er hob den Kopf, sah mich an, wieder dieses Flackern im Blick »Sei still«, knurrte er, seine Augen angestrengt zusammengekniffen. »Ich ficke dich – so wie ich es will.« Wieder stieß er hart zu, ich schrie auf. »Du tust mir weh!«, ich versuchte, die aufsteigende Panik in mir zu unterdrücken. Ich stieß ihn mit den Armen von mir weg. »Hör auf, verdammt!« Ich krallte mich in seine Schultern, versuchte mit aller Kraft, ihn von mir herunterzuschieben. Plötzlich hielt er kurz inne, erhob sich ein Stück und sah mich an. »Damned! Sei still!«, rief er und packte wieder meinen Hals. Er drückte zu, nicht so fest, dass ich keine Luft mehr bekam. Aber fest genug, um mir Angst zu machen.

Ich keuchte, das war kein Spiel mehr, jedenfalls nicht für mich. Er schien es gar nicht zu bemerken, noch einmal stieß er seinen Schwanz hart in mich, schloss die Augen – und stöhnte laut auf, zuckend, sein schweißnasser Körper bebend, vibrierend. Er kam – er kam in mir, angestachelt davon, dass ich mich gewehrt hatte. Plötzlich ließ er meinen Hals los, ich schnappte nach Luft. »Du Arschloch«, brach es aus mir heraus. »Was zur Hölle sollte das? Du bist ja wohl vollkommen irre!« Ich spürte, wie nach der Angst eine heftige Wut in mir aufstieg. »Verdammt, das war kein Spaß! Ich hatte Panik!« Er wich zurück, immer noch schien er berauscht. »Hey«, murmelte er, »bleib mal ruhig, ich dachte, du magst es etwas härter. Baby, ich habe dir gegeben, was du wolltest.«

Ich sah ihn voller Verachtung an. »Einen Dreck hast du! Lass mich«, ich stieß ihn zur Seite. »So etwas macht keiner mit mir, Mr Starknipser, du Scheißkerl!« Er gab mich frei, mit erschrockenem Blick. Er hatte offenbar wirklich nicht kapiert, was er da gerade getan hatte. Ich stand auf, schnappte mir meine Schuhe und blickte noch einmal voller Wut auf ihn hinab – wie er da unten lag, nackt, verschwitzt, schwer atmend sah er grandios aus. Der perfekte Mann für mich. Wild, verwegen und doch verletzbar. Aber verdammt, er hatte es gründlich versaut. »Idiot«, zischte ich nur und drehte mich um, verließ die Wohnung und rief mir erst auf der Straße ein Taxi.

Am nächsten Morgen um acht stand ich ihm wieder gegenüber. Nicht in High Heels, sondern in Turnschuhen. Nicht als verführerisches Weib, sondern als Assistentin. Ich hatte ernsthaft überlegt, den Job abzusagen. Aber das hätte ich mir nie verziehen – trotz allem. Ein Shooting mit Juri de Wolf, war eine Chance, egal, ob der Typ ein Arschloch war oder nicht. Als er mich sah, kam er lächelnd auf mich zu, er trug ein eng geschnittenes, weißes Hemd und einen karierten Baumwollschal um den Hals. Er sah schon wieder verdammt gut aus, musste ich mir eingestehen. »Hi, da bist du, wie schön«, sagte er und seine Stimme klang sanft. Ich lächelte knapp: »Wir haben einen Job. Darum bin ich hier.«

Wir waren bis spät in der Nacht im Studio, das Shooting war anstrengend, aber es war großartig. Juri ist voller Leidenschaft, voller Ideen, besessen davon, das perfekte Foto zu machen. Ich bewundere ihn als Künstler. Ich liebe seinen Style. Aber im Bett ist er mir eine Nummer zu gefährlich – schade eigentlich. Andererseits hätte ich niemals gedacht, dass ich das überhaupt je würde beurteilen können. Juri de Wolf war eine atemberaubende Erfahrung, in jeder Hinsicht.

32. GESCHICHTE VOM SEX MIT KOLLEGEN

Supermarkt-Manni

*Anneke (27), Supermarktangestellte, Ort bei Berlin,
über
Manfred (23), studentische Aushilfe, Bernau*

Es ist alles eine Frage des Geschmacks. Manni ist das hässlichste Frettchen im Markt und ich bin scharf auf ihn. Sogar mehr als das. Ich bin total verliebt. Mit der Meinung, dass Manfred, genannt Manni, Mewes sexy ist, stehe ich allerdings allein da. Na und, es hat mich noch nie interessiert, was andere denken. Und im Einkaufsmarkt Dorfstraße, in dem ich jede Woche zwanzig Stunden Kasse abreiße, arbeiten außer mir eh nur Blockflöten.

Wobei ich auch eine bin, fürchte ich. Ich habe Abitur und verschwende meine Zeit damit, Hackfleischpackungen und Klopapier in Familienpackungen über den Scanner zu ziehen. Ich bin jetzt 27 Jahre alt und habe keine Ahnung, was aus mir werden soll. Wohl nichts. Außer einer dauerfrustrierten Kassenkraft in einem Supermarkt, natürlich. Aber das wird von ganz allein passieren, ich muss einfach genauso weitermachen. Ich habe es ja mit dem Erfolg versprechenden Weg versucht, ich habe angefangen, BWL zu studieren. In Berlin, in der Weltstadt, die mir trotzdem unsympathisch ist. Drei qualvolle Semester lang. Aber Stochastik, Mikroökonomie, das ist alles nichts für mich. Viel zu theoretisch. Ich praktiziere die Ökonomie stattdessen lieber praktisch. Ich arbeite in der freien Wirtschaft. In einem »Beruf mit Aufstiegschancen in einem netten Team«. Klingt toll, oder? Genau so steht es in der Job-Beschreibung im Internet. Die Wahrheit sieht natürlich anders aus. Trüber. Banaler. Ich hocke jeden Tag an der Kasse, wenn ich nicht dazu eingeteilt bin, Regale mit Fressalien aufzufüllen. Und dämliche Kundenfragen zu beantworten, von Menschen, die ich kenne, weil ich ja in dem Kaff hängen geblieben bin, in dem ich aufgewachsen bin. Die Leute wissen nach Jahren noch nicht, wo der Senf steht. Oder die Hefe, nach der wird ständig gefragt. Wahrscheinlich, weil die Würfel so klein sind. Sie ist im TK-Fach links neben der Milch. Fragen Sie mich, ich weiß es. Ich kenne den ganzen verdammten Supermarkt besser als den Inhalt meines Kühlschranks. Wobei der nun wirklich übersichtlich ist, mein Gehalt erlaubt keine üppigen Einkäufe.

Meine Eltern sind entsetzt von meiner nicht vorhandenen Weiterentwicklung, wen wundert das. Es hätte doch so viel aus mir werden können. Wirtschaftsprüferin. Bankangestellte. Bereichsleiterin einer großen Discounterkette – ich hätte quasi mein eigener Chef sein können. Stattdessen verdiene ich mein schmales Salär seit Jahren mit einer Arbeit, für die ich mein Gehirn noch eine Spur weniger beanspruchen muss als meinen linken Arm, mit dem ich all die Konsumgüter über den Scanner schiebe. Für die ich wie gesagt beschämend wenig verdiene und bei der ich mich von einem schnauzbärtigen Idioten herumkommandieren lassen muss, der wahrscheinlich nicht mal weiß, wie man Stochastik schreibt. Aber Hochmut kann ich mir ja nun einmal so gar nicht leisten. Wahrscheinlich bin ich deshalb so dankbar für die Aufheiterung in all dem faden Einerlei. Der Name der Aufheiterung ist Manni.

Er macht es so wie ich damals: Er finanziert sein BWL-Studium mit Supermarkttätigkeiten. Armer Kerl, ich kann nur hoffen, dass er den Absprung aus der Lebensmittelbranche schafft. Weil ich schon seit drei Jahren da bin, ein alter Discounthase sozusagen, durfte ich ihn anlernen. Manni heißt übrigens nicht nur Manni, er sieht auch so aus. Sein Kurzhaarschnitt bedarf einer dringenden

Aktualisierung, die aschblonden Haare hängen ihm schlapp und unfrisiert auf dem Kopf herum, die blonden Strähnchen vom letzten Herbst sind zur Hälfte rausgewachsen. Manni ist nicht besonders groß, aber immer noch größer als ich. Nicht schwierig, ich bin nur 1,61 Meter groß, was praktisch ist, weil mittelprächtig gewachsene Typen wie Manni sich da als ganzer Kerl fühlen dürfen. Manni hat Pickel, obwohl er längst nicht mehr in der Pubertät ist. Nicht schlimm, sie wachsen zwar eifrig, aber klein, bevorzugt auf den üblichen Mitesser-Oasen wie Stirn, Nase und Kinn. Ich finde das nicht abschreckend. Für seine Haut kann Manni ja nichts.

Was mich schier um den Verstand bringt, sind seine Augen. Sie sind so unbegreiflich blau wie der Himmel über Capri. Wobei ich den noch nie gesehen habe, aber mehr Azur geht einfach nicht. Und Manni ist schüchtern, das finde ich rasend charmant. Er tut, was ich ihm sage. Und er schaut mich dabei an, mit einem Blick, der mein Herz in einen heißen Wachsklumpen verwandelt. Er lächelt zurückhaltend und frech zugleich. Schlau von ihm, denn mit den schlimmen Mitessern, der nicht vorhandenen Frisur und den Hochwasser-Jeans ist das seine einzige Chance, sexuell zum Zuge zu kommen. Und die hat er genutzt, was mich betrifft. Man muss auch mal hinter die Fassade gucken und stille Wasser sind tief, das hat meine Tante Elke schon immer zu mir gesagt.

Manni, damals für mich noch Manfred, war gerade eine Woche bei uns, da habe ich ihn mir geschnappt. Es passiert ja sonst nichts in unserem Kaff am Berliner Ring, in dem ich lustlos vor mich hin existiere. Männer sind Mangelware. Manni ist auch kein richtiger, aber Supermarktangestellte ist auch kein richtiger Beruf. Jedenfalls kein richtig toller. Und ich war froh, dass ich zumindest mal wieder daran dachte, Sex zu haben.

Er war gerade dabei, Ananasdosen im Regal zu stapeln, als ich mich an ihn ranmachte. Ziemlich dreist, aber ich hatte eben den Mut der Verzweifelten und mir war absolut klar, dass er genau den auch haben würde, wenn er einigermaßen bei Verstand war.

»Schön machst du das«, bemerkte ich gönnerhaft und er drehte sich erschrocken um. »Äh, danke, ist ja auch keine Kunst«, stammelte er und sah mich mit seinen meerblauen Augen an. »Wollen wir nicht mal was trinken gehen? Das gehört traditionell zu meinem Rundum-Einarbeitungsprogramm«, sagte ich und sah ihn herausfordernd an. »Äh, ja danke, gern«, war seine Antwort. »Äh, ja danke«, gehörte ganz offensichtlich zu seinem bevorzugten Wortschatz. Ich war dankbarer, als ich es zeigte. Er hatte Ja gesagt – und keine meiner Kolleginnen hatte was bemerkt. Da geht was, dachte ich erleichtert.

Wir trafen uns am nächsten Tag, er hatte wie erwartet nichts vor und kam zu mir. Treffpunkt Wohnzimmer – das hatte für mich rein pragmatische Gründe. Ich behaupte zwar, dass es mir egal ist, was andere denken. Aber das ist natürlich eine Lüge. Ich wollte im Ort nicht mit Manni Mewes gesehen werden. Und ehrlich gesagt wollte ich möglichst leicht zum Ziel kommen, und mein Ziel war klar definiert. Ich wollte in seine blauen Augen schauen, bestenfalls während er mich mit seinem idealerweise gut gebauten und unbepickelten Schwanz erfreute.

So kam es. Endlich mal ein Plan, der funktionierte. Es war furchtbar einfach. Zwei verlorene Einzelhandelsseelen feilschten eben nicht lange. Er begleitete mich nach Feierabend, also um halb neun, nach Hause. Es war schon dunkel, so sahen weder Jaqueline noch Gertrud, unsere Kolleginnen, dass wir in dieselbe Richtung verschwanden. Manni war schweigsam. Wahrscheinlich aus reiner Nervosität, der Arme. Er setzte sich auf mein ausklappbares Korbsofa, trank brav das Bier, das ich ihm hinstellte, und lauschte mir scheinbar hingerissen. Ich redete, meckerte, lästerte über die Kollegen. Über mein einigermaßen verpfuschtes Leben. Über die Chancen, die ich nicht erkannt hatte.

Und ich spürte, dass es mir guttat, dass er mir guttat. Manni sieht zwar aus wie ein Manni, aber benimmt sich nicht so. Er kann zuhören. Er stellt die richtigen Fragen. Und nach dem dritten Bier fing er sogar an zu flirten. Ich rutschte näher. Und dann küssten wir uns in einer Gesprächspause, die sonst peinlich geworden wäre. Und ich kann nur sagen: Elke, du weise Tante, du hattest recht. Stille Wasser sind tatsächlich tief! Manni küsste wie George. So, wie ich es mir von Mr Clooney nicht besser würde vorstellen können. Wir versanken quasi ineinander, ausgehungert, gierig, geil. Endlich mal wieder knutschen! Er fackelte nicht lange, öffnete meine Jeans, geschmeidig und schnell. Wow. Manni Mewes, ein Mann für Überraschungen. Und diese Einschätzung bestätigte er in den nächsten zweieinhalb Stunden eindringlich.

Ich war hingerissen, durchwühlte seine strohigen Haare, die nicht so fettig waren wie seine Gesichtshaut. Ich küsste seinen Oberkörper, der zwar kalkweiß, aber von einer anziehenden Sehnigkeit war, ich atmete seinen Duft ein, der markanter war, als sein Träger vermuten ließ. Wir hatten Sex auf meinem Sofa, richtig guten Sex, und das sage ich nicht nur, weil ich so lange keinen gehabt hatte. Ich küsste ihn immer wieder, mit offenen Augen, weil ich es so schön fand, wenn er mich dabei kurz ansah, das tiefe Blau ganz nah vor mir sah, zum Versinken.

Manni ist ein Indianer vom Stamme Streichler: Während er in mir war, streichelte er meinen Rücken, meine Schultern, mein Gesicht. Zärtlich, richtig liebevoll, er ließ mich einfach dahinschmelzen wie Schokolade im Sommer. Es war schön, ja, das ist das richtige Wort. Es war sanft, liebevoll und einfach eine absolute Wohltat für meinen Körper. Ich hatte einen Orgasmus, und ich habe nur einen Orgasmus, wenn ich absolut entspannt bin und mich gehen lassen kann. Mit meinem letzten Aufriss Dirk, meinem Fernsehtechniker, war ich davon meilenweit entfernt gewesen. Mit Manni hatte ich einfach Gespür bewiesen. Danach lagen wir eng aneinandergeschmiegt da, was auf meinem Sofa gar nicht einfach ist. Aber dank seiner schmalen Statur und seiner festen, innigen Umarmung schliefen wir sogar ein.

Mitten in der Nacht weckte er mich mit einem Kuss auf die Stirn. »Ich muss los«, flüsterte er. »Wir sehen uns morgen. Anneke, du bist wunderbar«, flüsterte er, als ich benommen die Augen öffnete. Dann zog er sich an, kam noch mal zu mir, beugte sich hinab und küsste mich noch mal. Auf den Mund.

Mittlerweile hat Gertrud Lunte gerochen – und wenn die Klatschtrine es weiß, dann weiß es die ganze Filiale. Manni und ich sind verliebt. Gertrud hat mich tatsächlich gefragt, was ich von der pickligen Kalkleiste wolle, aber ich habe ihr diese unverschämte Bezeichnung nicht mal übel genommen. Sie ist einfach frustriert und ahnungslos. Für mich ist Manni ein Mann. Ein wundervoller Mann. Einer, der mein Leben schön macht. Und mich womöglich eines Tages erfolgreicher. Ich werde es mit der Studiererei noch mal versuchen. Germanistik liegt mir mehr, glaube ich. Im nächsten Sommersemester geht es los. Das Leben wird super, auch ohne Markt.

33. GESCHICHTE VOM SEX MIT KOLLEGEN

Ja, Chef!

*Nina (36), Werbetexterin, Stuttgart,
über
Sven Obermann (50), Creative Director, Stuttgart*

Frau Kruse, Sie machen das jetzt alles noch einmal neu. Ich erwarte, dass die Sachen morgen früh auf meinem Tisch liegen.« Mein Boss Sven Obermann gab mir nicht einmal die Möglichkeit, ihm zu erklären, dass ich heute Geburtstag hatte, Gäste erwartete und unter keinen Umständen schon wieder die halbe Nacht in der Agentur verbringen konnte. Bevor ich auch nur einen Pieps von mir geben konnte, war er schon wieder aus meinem Büro gerauscht und hatte die Tür hinter sich ins Schloss gedonnert.

Mist! Schon wieder eine Spätschicht, schon wieder würde ich meinen Freunden sagen, dass sie den Abend leider ohne mich verbringen müssten, weil ich bis zum frühen Morgen an ein paar dämlichen Texten für eine Müsliverpackung feilen würde. Und dann auch noch an meinem Geburtstag! An meinem zwanzigsten Geburtstag! Und mein Freund Thomas war sicher auch alles andere als begeistert, dass ich wie so oft erst nach Hause kommen würde, wenn er sich bereits auf den Weg ins Büro machte. 16 Jahre ist diese Geschichte mittlerweile her, aber ich weiß noch genau, wie ich Obermann in Gedanken den Hals umdrehte, während ich mich seufzend daran machte, alles noch einmal neu zu schreiben.

Sven Obermann, Creative Director der Werbeagentur, in der ich seit einem halben Jahr eine Ausbildung zur Texterin machte. Wie sehr hatte ich mich gefreut, diese Stelle sofort nach dem Abitur gefunden zu haben. Und wie sehr verfluchte ich jetzt diesen Job. Das heißt, nein, den Job eigentlich nicht, nur meinen Chef, der keine Gelegenheit ausließ, mich zu drangsalieren. »Frau Kruse, das ist nicht auf den Punkt!« – »Frau Kruse, wer soll Ihnen denn das abkaufen. »Frau Kruse, Sie sind zwei Minuten zu spät, ich erwarte, dass Sie heute länger bleiben!« – »Frau Kruse, hatten Sie in der Schule kein Deutsch?« – »Frau Kruse, Sie müssen doch selbst merken, dass das alles Scheiße ist!«

So ging das seit Monaten von früh bis spät; den ersten Anschiss bekam ich, wenn ich morgens die Agentur betrat, den letzten, wenn Obermann – natürlich Stunden vor mir – die Firma verließ und vorher noch einmal bei mir reinguckte, ob ich auch brav an meinem Schreibtisch saß. Gern ließ er seine Gemeinheiten auch mal vor versammelter Mannschaft los, bei Besprechungen gab er seine Häme coram publico ab. Kurz gesagt: Sven Obermann war ein doofes Arschloch. Und ich als Auszubildende war ihm hilflos ausgeliefert, seine Art machte mich so fertig, dass ich mich einige Male heulend in der Damentoilette eingeschlossen hatte und darüber nachdachte, ob ich nicht lieber kündigen sollte, statt diesen Terror weiter auszuhalten. Aber was dann? Ich wollte doch so gern Werbetexterin werden, und wenn ich den Job hinschmiss, müsste ich mir einen neuen Ausbildungsplatz suchen. Und die Agentur an sich war super, interessante Kunden und nette Kollegen – nur eben Obermann, der mir das Leben zur Hölle machte.

Ich fragte mich auch, weshalb er sich ausgerechnet auf mich so eingeschossen hatte, alle anderen behandelte er ziemlich normal. Klar, auch bei denen spielte er sich hin und wieder auf, aber kein Vergleich zu den Dingen, die er mir an den Kopf warf. Absurderweise hatte ich ihn bei meinem Vorstellungsgespräch extrem nett gefunden. Und extrem gutaussehend. Groß, bestimmt 1,90 Meter, schwarze Haare, nicht richtig lang, aber auch nicht kurz, irgendwie lässig, und knallblaue Augen, die einen umwerfenden Kontrast dazu bildeten. Klar, mit 14 Jahren Altersunterschied nicht ganz meine Liga – und außerdem hatte ich ja einen Freund, mit dem ich gerade zusammengezogen war – aber bei diesem ersten Gespräch mit ihm hatte ich schon ein ziemliches Prickeln im Bauch. Aber mittlerweile waren aus diesem Prickeln eher Magenschmerzen geworden ...

Ein halbes Jahr, nachdem ich in der Agentur angefangen hatte, bekamen wir einen neuen Geschäftsführer. Um alle Mitarbeiter besser kennenzulernen und außerdem unseren »Teamgeist«, wie er es nannte, zu wecken, ordnete er einen dreitägigen Workshop in einem Tagungshaus in der Eifel an. Blöderweise fiel ausgerechnet in diese Zeit mal wieder mein Geburtstag, und ich fragte mich, wie ich Thomas erklären sollte, dass wir ihn dieses Jahr schon wieder nicht zusammen feiern würden. Ob ich mich krankschreiben lassen sollte? Aber ich wollte natürlich auch nicht die Einzige sein, die den neuen Geschäftsführer nicht richtig kennenlernen würde, für meine Karriere wäre das sicher nicht so klasse. Also erzählte ich meinem Freund von der Tagung, und natürlich war er alles andere als begeistert. Aber er verstand, dass das wichtig für mich war.

»Vielleicht kriegt der neue Boss dann ja mal mit, wie dich dieser Obermann immer zusammenscheißt, und tut mal was dagegen«, meinte er. Der alte Geschäftsführer hatte nämlich nie etwas dagegen gesagt, wie mein direkter Vorgesetzter mich behandelte. Am Tag der Abfahrt brachte Thomas mich sogar noch morgens zur Agentur, wo schon ein Reisebus auf uns wartete. Bevor ich einstieg, drückte er mir noch ein kleines Päckchen in die Hand. »Aber mach es erst morgen um Mitternacht auf«, sagte er und gab mir einen zärtlichen Kuss. »Ist ja schließlich dein Geburtstagsgeschenk drin.« In diesem Moment erklang direkt hinter uns eine Stimme und ließ uns auseinanderfahren: Sven Obermann. »Na? Ist der Trennungsschmerz so groß, dass Frau Kruse sogar noch ein Geschenk mit auf den Weg bekommt?«, wollte er spöttisch wissen. Thomas starrte ihn feindselig an. »Sie sind dann wohl Herr Obermann«, stellte er fest, er hatte ihn davor noch nie gesehen. Mein Chef zog die Augenbrauen hoch. »Ach? Sie haben also schon von mir gehört? Da bin ich aber geschmeichelt, Frau Kruse!« Ehe ich Thomas in die Seite boxen konnte, damit er nichts mehr sagte, fuhr mein Freund Obermann schon an: »In der Tat habe ich viel von Ihnen gehört. Und ich kann nur sagen: Es war nichts Gutes!« Ich wäre am liebsten im Erdboden versunken. Natürlich meinte Thomas es lieb, aber mir war in diesem Moment klar, dass das Verhältnis zu meinem Chef ab sofort noch viel schlechter werden würde ...

Wurde es dann auch, bereits während der Busfahrt musste ich mir Gehässigkeiten anhören, der erste Seminartag war grauenhaft, der zweite nicht viel besser. Zwar gab ich mir Mühe, bei den Gruppenaufgaben nicht in ein Team mit Obermann zu kommen, aber da meistens das Los entschied, hatte ich hin und wieder Pech. Besonders großes Pech hatte ich bei einer Aufgabe, die wir ausgerechnet zu zweit bewältigen mussten: eine Ralley durch den Wald, bei der wir bis zum Abend mehrere Rätsel lösen mussten.

Mein Partner für diese Übung: Sven Obermann! Diesmal waren die Teams nicht gelost worden, sondern der neue Geschäftsführer hatte uns eingeteilt. Offenbar hatte Thomas recht gehabt, ihm waren die Differenzen zwischen mir und meinem Chef durchaus aufgefallen. Vermutlich wollte er uns einander näherbringen oder so. Mir grauste davor! So stapften wir nebeneinanderher durch den Wald, suchten nach Hinweisen, um die Aufgaben zu lösen und möglichst vor den anderen wieder im Tagungshaus zu sein. Es ging dabei nämlich auch um Geschwindigkeit, dem Siegerpaar winkte ein Gutschein für einen Wellnesstag. Na, der Gutschein war mir ziemlich egal, ich war nur froh, dass Obermann offensichtlich so ehrgeizig war, dass er darauf verzichtete, mich zu triezen, sondern konzentriert eine Aufgabe nach der anderen abhaken wollte.

Als wir uns durch ziemlich dichtes Unterholz kämpfen mussten, passierte es: Ich übersah einen Baumstumpf im Gestrüpp, stolperte und schlug der Länge nach hin. Dabei fiel ich so unglücklich auf mein Handgelenk, dass ich vor Schmerzen laut aufschrie.

»Mensch, Frau Kruse, was machen Sie denn da? Passen Sie doch auf, wo Sie hintreten«, fuhr Obermann mich an. Da platzte mir endgültig der Kragen. Auf dem Boden hockend und mir das Handgelenk haltend pöbelte ich ihn an. »Sie blöder, Idiot, Sie! Merken Sie nicht, dass ich mir wehgetan habe! Warum sind Sie immer so ein Arschloch zu mir? Was haben Sie gegen mich, können Sie mich nicht einfach in Ruhe lassen und Ihre sadistischen Züge woanders ausleben?«

Während ich noch schrie, liefen mir gleichzeitig die Tränen über die Wangen, die angestaute Wut und der Frust der vergangenen Monate brachen einfach so aus mir heraus. Obermann stand vor mir wie zur Salzsäule erstarrt, er wirkte regelrecht schockiert. Doch dann kniete er sich zu mir, streckte mir seine Hand entgegen und sagte überraschend freundlich: »Zeigen Sie doch mal.« Er umfasste mein Gelenk und tastete es ab, murmelte etwas von »anscheinend nicht gebrochen« und strich mit seinen Fingern darüber. In diesem Moment machte sich in meinem Magen wieder dieses seltsame Prickeln breit, das ich damals schon einmal beim Vorstellungsgespräch verspürt hatte. Noch dazu war seine Berührung nicht unangenehm, dabei hätte ich Obermann noch vor einer Minute nicht mit der Kneifzange angefasst.

Nachdem er seine kleine Untersuchung abgeschlossen hatte, sah er mich an – und plötzlich schienen seine stahlblauen Augen noch mehr zu leuchten als sonst. Sekundenlang bewegte sich keiner von uns, dann kam Obermanns Gesicht meinem ganz nahe und ehe ich wusste, wie mir geschah, spürte ich seine warmen Lippen auf meinen. Kurz dachte ich noch, dass ich ihn jetzt wegschubsen müsste, doch als sich seine Zunge in meinen Mund schob, verselbstständigte sich mein Körper und ich erwiderte seinen Kuss.

Mit einem Mal lagen wir auf dem Boden, fest umschlungen, ich fühlte den schweren Körper meines Chefs auf mir und zwischen seinen Beinen spürte ich eine deutliche Erregung. Wie ferngesteuert wanderte meine rechte Hand in seinen Schritt und machte sich daran, den Reißverschluss seiner Hose zu öffnen. Aber er schob sie zur Seite und stützte sich mit den Händen links und rechts von mir ab, musterte mich schweigend, um mich dann wieder zu küssen und mir etwas ins Ohr zu flüstern. »Weißt du, ich habe mir mal geschworen, niemals Dienstliches und Privates zu vermischen. Und du hast meine Prinzipien erschüttert. Deshalb war ich gemein zu dir. Denn das hier ist es eigentlich, was ich schon seit Monaten mit dir tun will.«

Wieder zog er mich an sich, seine Zungenspitze fuhr über meine Lippen, gleichzeitig schob er mein T-Shirt hoch und knetete mit den Fingern meine Brustwarzen, die vor Erregung bereits hart waren. Wahnsinn! Auf diese Erklärung wäre ich wirklich niemals gekommen! Und jetzt lag ich hier im Wald auf dem Boden und war kurz davor, mit meinem Chef zu vögeln – noch etwas, was ich nie erwartet hatte. Noch dazu machte es mich so dermaßen geil, dass ich kaum noch Luft bekam. Vor allem, als Obermann nach einer gefühlten Ewigkeit auf einmal ein Stück herunterrutschte, meine Hose öffnete, mich davon befreite und dann mit seiner Zunge in meine ohnehin bereits feuchte Muschi stieß. Dann leckte er meine Klit auf unglaublich virtuose Weise, seine Zungenspitze flatterte wie ein Schmetterling über meine heiße Pussy und mein gesamter Unterleib zog sich vor Lust zusammen. So war ich noch nie oral befriedigt worden, in diesem Moment wurde mir klar, dass 14 Jahre Altersunterschied durchaus von Vorteil sein können.

Sicher, mit Thomas war der Sex auch sehr schön, aber das hier war … tatsächlich eine vollkommen andere Liga. Mittlerweile fing mein gesamter Körper an zu zittern, lange würde ich es nicht mehr aushalten und kommen. Noch drei, vier Zungenschläge, dann hatte Obermann mich so weit: Ich zuckte ekstatisch zusammen und schrie dabei so laut, dass wir nur hoffen konnten, dass in unmittelbarer Nähe nicht irgendwelche Kollegen unterwegs waren, sie würden es mit Sicherheit hören. Wie heiße Wellen durchfuhr mich der Orgasmus, wieder und wieder, es dauerte mehrere Sekunden. Doch statt aufzuhören, machte mein Chef mit seiner Zunge weiter und trieb mich so gleich noch einmal zum Höhepunkt. Viermal nacheinander tat er das, bis ich schließlich erschöpft rief, er solle damit aufhören, ich würde es nicht mehr aushalten. Er schob sich wieder auf mich und küsste mich fest und fordernd, sein Mund schmeckte herrlich nach meiner Muschi, ich war so dermaßen scharf auf ihn, dass ich ihn sofort in mir spüren wollte. Doch wieder schob Sven meine Hand zur Seite, als ich seine Hose öffnen wollte. »Jetzt noch nicht«, raunte er mir ins Ohr. »Wir müssen noch unsere Aufgaben lösen. Und unsere Belohnung holen wir uns, wenn ich heute Nacht in dein Zimmer komme.«

Als ich mich wieder angezogen hatte, setzten wir kichernd unseren Weg fort und hin und wieder, wenn wir sicher waren, dass wir auch ganz bestimmt vollkommen allein waren, blieben wir stehen, küssten uns und flüsterten uns ins Ohr, was wir nachts noch alles tun würden ... Es war der Hammer! Und ich merkte, dass ich mich Knall auf Fall in Obermann verguckt hatte. Völlig verrückt! Nach der Ralley und beim Abendessen mit den anderen mussten Sven und ich uns ziemlich viel Mühe geben, uns nicht die ganze Zeit anzugrinsen, wir wollten ja nicht, dass den Kollegen etwas auffiel. Wir saßen ziemlich weit voneinander entfernt, aber wenn mein Blick doch einmal zu ihm wanderte und er mich auch gerade ansah, spürte ich sofort wieder die feuchte Hitze in mir aufsteigen. Ich konnte es einfach nicht erwarten, mit ihm in mein Zimmer zu kommen und dort weiterzumachen, wo wir im Wald aufgehört hatten. Sicher, ich hatte meinem Freund gegenüber ein schlechtes Gewissen – aber ich wusste auch, dass ich auf den mit Sicherheit fantastischen Sex, der mir bevorstand, auf gar keinen Fall verzichten wollte!

Gegen neun Uhr verabschiedete ich mich von meinen Kollegen unter dem Vorwand, ich hätte leichte Kopfschmerzen. Auf dem Weg in mein Zimmer zitterten mir allein bei der Vorstellung, dass Sven gleich zu mir kommen und wir Sex miteinander haben würden, die Knie so dermaßen, dass ich fast Angst hatte, hinzufallen. Schnell sprang ich noch einmal unter die Dusche und zog mir lediglich Unterwäsche an, froh darüber, Spitzendessous eingepackt zu haben. Wer weiß, vielleicht hatte ich ja unterbewusst schon irgendetwas geahnt, als ich meine Sachen in die Reisetasche geworfen hatte …

Kaum war ich fertig, klopfte es an der Tür. Ich öffnete, Sven huschte schnell herein und kam sofort und ohne Umschweife zur Sache. Er packte mich an den Schultern, schob mich rückwärts zu meinem Bett und warf mich darauf. Er selbst blieb stehen, sah mich unverwandt an und begann, sich langsam auszuziehen. Dass er eine gute Figur haben musste, war mir auch schon vorher klar gewesen, aber was jetzt zum Vorschein kam, war mehr als erfreulich: Eine breite, glatte Brust, der gesamte Körper durchtrainiert und sein steifer Schwanz hatte genau die richtige Länge und Dicke. Als Sven komplett nackt war, kniete er sich vors Bett, umfasste meine Hüfte und zog mich zu sich heran. Er schob mein Höschen beiseite und leckte mich in kürzester Zeit wieder mehrfach zum Höhepunkt. Dann schob er zwei Finger in mich hinein, die er danach genussvoll ableckte, bevor er flüsterte: »Und jetzt zieh dich ganz aus und leg dich hin.« Ich tat es, Sven legte sich neben mich, nahm mich ganz fest in den Arm und küsste mich.

»Ich bin nicht der Chef, der seine kleine Auszubildende ficken will«, raunte er mir ins Ohr, »ich habe hiervon schon lange geträumt. Aber wenn du es doch nicht möchtest, sag es mir, dann verschwinde ich sofort.« Statt ihm zu antworten, stieß ich ihm meine Zunge in den Mund, umschlang ihn mit meinen Beinen und presste meine heiße Pussy fest gegen sein hartes und pulsierendes Glied. Einen Moment später drehte Sven mich mit einer schnellen

Bewegung auf den Bauch, packte mit beiden Händen meinen Po, zog ihn hoch und stieß dann vorsichtig, aber doch fest in mich hinein. Ich konnte nicht anders, ich musste vor Lust so laut schreien, dass es draußen sicher zu hören war, aber das war mir in diesem Moment egal. Mit der Zeit wurden Svens Stöße immer fester und fordernder. »Ist es gut, wie ich dich ficke?«, brachte er stöhnend hervor, und ich konnte nur keuchen, dass er bitte weitermachen und nicht aufhören solle. Irgendwann zog er sein Glied aus mir heraus, ich drehte mich zu ihm um und sah dabei zu, wie er seinen wunderschönen Schwanz umfasste und sich selbst zum Höhepunkt brachte. Danach legten wir uns erschöpft nebeneinander, Sven nahm mich in den Arm und streichelte mir durch die verschwitzten Haare. Wir schliefen noch dreimal miteinander, dann verabschiedete Sven sich mit einem zärtlichen Kuss und wünschte mir eine gute Nacht.

Ziemlich aufgewühlt lag ich in meinem Bett, an Schlaf war nicht zu denken. Hatten wir das gerade wirklich getan? Hatte ich Sex mit meinem Chef gehabt? Mit dem Mann, den ich bis heute Nachmittag noch mehr gehasst hatte als jeden anderen Menschen auf der Welt? Wie würde es jetzt weitergehen? Und was war mit meinem Freund? Thomas!, schoss es mir durch den Kopf, ich fuhr hoch und warf einen Blick auf meine Uhr. Es war kurz vor Mitternacht, mit Sicherheit würde er mich gleich anrufen. Was sollte ich ihm dann sagen? Ich griff nach meiner Tasche, die neben dem Bett lag, und holte das kleine Päckchen heraus, das er mir vor der Abfahrt mitgegeben hatte. Während ich noch überlegte, ob ich es öffnen sollte, klingelte mein Handy ...

Ich habe das Päckchen damals nicht ausgepackt, sondern es Thomas nach meiner Rückkehr zurückgegeben.

Und: Seit mittlerweile zehn Jahren heiße ich Obermann.

SCHWARZKOPF & SCHWARZKOPF

UNISEX

33 STUDENTEN ERZÄHLEN ÜBER LANGE PARTYNÄCHTE, FOLGENSCHWERE
FLURBEGEGNUNGEN UND HERZZERREISSENDE CAMPUSDRAMEN

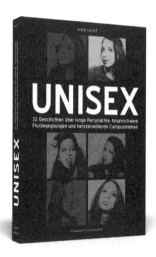

UNISEX
33 GESCHICHTEN ÜBER LANGE PARTYNÄCHTE UND
HERZZERREISSENDE CAMPUSDRAMEN
von Kira Licht
272 Seiten, Taschenbuch
ISBN 978-3-89602-571-5 | Preis 9,95 €

An der Universität kann man vieles studieren: Germanistik, Maschinenbau, Betriebswirtschaft – und vor allem die Liebe.

Denn zwischen Mensa, Seminar und Fachschaftssitzung begegnet man so mancher hübschen Kommilitonin und so manchem gutaussehenden Studienkollegen, die nicht nur den Wissensdurst, sondern auch die Lust auf Liebesabenteuer mit einem teilen.

Kira Licht hat 33 wahre Geschichten über das aufregende Leben und Lieben von Studenten gesammelt. Offen erzählen Uni-Neulinge und Campus-Erprobte von ihren witzigsten Abenteuern, größten Sexschlamasseln und denkwürdigsten Begegnungen auf dem Hochschulgelände.

Ein Buch, das ganz schnell zur fachübergreifenden Lieblingslektüre werden könnte!

WWW.SCHWARZKOPF-SCHWARZKOPF.DE

SCHWARZKOPF & SCHWARZKOPF

SEXGÖTTIN

33 FRAUEN ERZÄHLEN VON IHREN SPANNENDSTEN EROBERUNGEN,
VON DER KUNST DER VERFÜHRUNG UND DER HERAUSFORDERUNG MANN

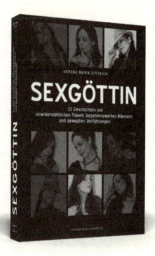

SEXGÖTTIN
33 GESCHICHTEN VON UNWIDERSTEHLICHEN FRAUEN
UND GEWAGTEN VERFÜHRUNGEN
Von Verena Maria Dittrich
Ca. 304 Seiten, Taschenbuch
ISBN 978-3-89602-986-7 | Preis 9,95 €

Man(n) liebt sie, fürchtet sie und will sie – in diesem Buch berichten 33 Frauen, von ihren Eroberungen. Sie verführen vermögende Geschäftsmänner, einflussreiche Reporter und unverschämt attraktive Schauspieler, und das mit Spaß und Freude an der Herausforderung.

Guter Sex ist dabei nicht immer garantiert, aber in den meisten Fällen lohnt sich die Mühe. Und egal, ob ein einmaliges Abenteuer, eine Affäre oder sogar eine Beziehung am Ende steht – die Männerjagd hat definitiv einen hohen Suchtfaktor.

Die Autorin Verena Maria Dittrich hat 33 weibliche Don Juans dazu gebracht, ihre Geheimnisse zu lüften. Das Resultat ist lehrreich und unterhaltsam zugleich: ein auf- und anregendes Buch zum Schmunzeln und Mitfiebern.

WWW.SCHWARZKOPF-SCHWARZKOPF.DE

SCHWARZKOPF & SCHWARZKOPF

SEITENSPRÜNGE

33 FRAUEN ERZÄHLEN VON AUFREGENDEN AFFÄREN,
GEFÄHRLICHEN LIEBSCHAFTEN UND HAARSTRÄUBENDEN ESKAPADEN

SEITENSPRÜNGE
33 FRAUEN ERZÄHLEN VON AUFREGENDEN AFFÄREN, GEFÄHR-
LICHEN LIEBSCHAFTEN UND HAARSTRÄUBENDEN ESKAPADEN
Von Mia Ming
288 Seiten, Taschenbuch
ISBN 978-3-89602-953-9 | Preis 9,90 €

»Mia Ming ist ihrem Konzept treu geblieben: Wieder hat sie Geschichten von 33 Frauen aufgeschrieben. Diesmal geht es um aufgedeckte Seitensprünge und einige Affären, also jede Menge verbotenen Sex. Interessant!«
Grazia

»Mia Ming wagt sich an das pikante Thema Fremdsex. Und so berichten hier 33 Frauen von ihren verbotenen Abenteuern.« Bild.de

»Mia Ming hat mit 33 Frauen gesprochen. Sie sind fremdgegangen. Der Katzenjammer hinterher war meistens groß – und ist für uns Leser höchst amüsant.«
Hamburger Morgenpost

»Die Autorin Mia Ming erzählt diese intimen Geschichten sensibel, amüsant und absolut schnörkellos.«
Hessische Niedersächsische Allgemeine

WWW.SCHWARZKOPF-SCHWARZKOPF.DE

SCHWARZKOPF & SCHWARZKOPF

BESTER SEX 2

DIE FORTSETZUNG DES ERFOLGREICHEN SPIEGEL-BESTSELLERS »BESTER SEX«!

BESTER SEX 2
33 FRAUEN ERZÄHLEN IHRE AUFREGENDSTEN,
UNANSTÄNDIGSTEN & ROMANTISCHSTEN ABENTEUER
Vom Autorinnen-Allstar-Team
320 Seiten, Taschenbuch
ISBN 978-3-89602-954-6 | Preis 9,90 €

Frauen erzählen von amourösen Begegnungen an ungewöhnlichen Orten, von fesselnden Abenteuern mit dem eigenen Geschlecht, aber auch von atemberaubend zärtlichen Liebesnächten mit dem langjährigen Geliebten.

Die 33 Geschichten in diesem Band zeigen, wie aus gutem, solidem Geschlechtsverkehr fantastisch heißer Sex werden kann.

»33 garantiert echte und sehr erotische Storys über unvergesslichen Sex.« BZ

»Ein Buch, in dem 33 Frauen offenherzig, mit Witz und Selbstbewusstsein über erotische Abenteuer berichten. Von hart bis zart, von hetero bis homo, von alter Liebe bis One-Night-Stand reicht die Bandbreite. Eines steht nach der Lektüre fest: Phänomenaler Sex kann überall passieren.« Der Nord-Berliner

WWW.SCHWARZKOPF-SCHWARZKOPF.DE

DIE AUTORIN

Miriam Kaefert wurde 1979 in Hamburg geboren. Bereits während ihres Volontariats bei der *Hamburger Morgenpost* begann sie, das Balzverhalten von Angestellten zu studieren. Interessiert verfolgte sie vielsagende Blicke, ging heißen Gerüchten nach und schaute selbst manch hübschem Kollegen hinterher. Inzwischen arbeitet sie als freie Journalistin und Autorin, u.a. für *Bild*, *Petra* und *FHM*.

Miriam Kaefert
KOLLEGE KOMMT GLEICH
33 Frauen erzählen von kooperativen Kollegen,
unwiderstehlichen Chefs und talentierten Praktikanten

ISBN 978-3-89602-570-8
© bei Schwarzkopf & Schwarzkopf Verlag GmbH, 2010
Alle Rechte vorbehalten. Dieses Werk ist urheberrechtlich geschützt.
Jede Verwendung, die über den Rahmen des Zitatrechtes bei korrekter vollständiger Quellenangabe hinausgeht, ist honorarpflichtig und bedarf der schriftlichen Genehmigung des Verlages.
Lektorat: Maren Konrad

KATALOG
Wir senden Ihnen gern kostenlos unseren Katalog
Schwarzkopf & Schwarzkopf Verlag GmbH / Abt. Service
Kastanienallee 32 | 10435 Berlin
Telefon: 030 – 44 33 63 00 | Fax: 030 – 44 33 63 044

INTERNET | E-MAIL
www.schwarzkopf-schwarzkopf.de
info@schwarzkopf-schwarzkopf.de